未来
站在中国
这一边

产业升级
引领中国未来

宁南山 著

红旗出版社

图书在版编目（CIP）数据

未来站在中国这一边 / 宁南山著. —北京：红旗出版社，2020.1
ISBN 978-7-5051-5110-9

Ⅰ.①未… Ⅱ.①宁… Ⅲ.①中国经济—经济发展—研究 Ⅳ.①F124

中国版本图书馆CIP数据核字（2020）第015776号

书　　名	未来站在中国这一边			
著　　者	宁南山			
出 品 人	唐中祥	总 监 制	褚定华	
责任编辑	朱小玲	封面设计	水玉银文化	
出版发行	红旗出版社	地　　址	北京市沙滩北街2号	
邮政编码	100727	编 辑 部	010-57274497	
发 行 部	010-57270296			
印　　刷	唐山富达印务有限公司			
成品尺寸	690毫米×980毫米　1/16			
字　　数	233千字	印　　张	17.5	
版　　次	2020年5月第一版	印　　次	2020年5月第一次印刷	
ISBN　978-7-5051-5110-9		定　　价	58.00元	

欢迎品牌畅销图书项目合作　　联系电话：010-57270270
凡购本书，如有缺页、倒页、脱页，本社发行部负责调换

自 序 Preface

中国经济已经高速增长了 40 年,已经有一代人在经济发展的辉煌期成长。在经过长时间的高速发展之后,中国的发展其实已经逐渐地逼近向发达国家进阶的临界点。

为什么这样说呢?我们可以从以下几点来观察。

第一点是,中国很多软硬件基础设施已经具备发达国家特征,甚至超越了发达国家的水平。

最为典型的是中国的特高压电网、中国的高速铁路网、中国的通信网络,还有中国的物流网络,是公认的世界一流水平,总体上甚至超越了西方发达国家。类似的还有中国迅速进步的治安水平,2019 年的中国,如果我们注意的话,凡是热门案件,警方基本能在 24 小时内锁定嫌疑人,48 小时内抓获嫌疑人并且初步公布案情。这背后反映的是中国技术的迅速进步。

今天中国人出国旅游到任何地方,包括美国、日本和欧洲这样的发达国家或地区,是很难在基础设施上得到什么"震撼教育"的，倒是中国本土时速 350 公里的高速铁路网、24 小时可达的物流速度、干净整洁治安良好的地铁、设施现代化且规模巨大的机场、覆盖国土全境的 4G 通信网络，这些即使在发达国家也未必会有。以地铁为例，在 2019 年，绝大部分发达国家首都的地铁，其干净程度、现代化程度、4G 网络覆盖程度和网速都无法和中国相比，绝大部分的线路屏蔽门没有普及。

中国人自驾出行，一般不会考虑手机的信号问题，都会默认手机有信号，可以通过手机 GPS 导航；但这在一些发达国家，必须要提前考虑道路无手机信号覆盖以至于无法导航的情况。

发达国家的基础设施，目前领先中国的主要是软特性，比如基础设施对残疾人、对携带婴儿和幼童出行人员的友好程度等。

第二点是，中国的发达地区已经迈入了发达国家门槛。

发达国家人均 GDP 的最低标准，如果我们看希腊、葡萄牙等国，人均就是 2 万美元左右。而根据 IMF（国际货币基金组织）在 2019 年 4 月发布的报告，中国的人均 GDP 已经达到 9608 美元，到 2019 年底，中国的人均 GDP 更是会史无前例地突破 1 万美元，这对一个 14 亿人口的国家来说，是非常了不起的。

2018 年全世界人口过亿的国家有 13 个，但是同样根据 IMF 世界经济展望报告，人口过亿同时人均 GDP 突破 1 万美元的国家只有美国、日本、俄罗斯、中国 4 个，而且中国将很快超过俄罗斯。

如果看中国的发达地区，在 2019 年，除深圳、上海、北京、广州四大一线城市人均 GDP 已超过 2 万美元以外，南京、苏州、常州、无锡、珠海、武汉、长沙、杭州等二线城市也都已经超过了 2 万美元，也就是达到和超过了发达国家。而整个中国将在 10 年内整体性地人均 GDP 超过 2 万美元，接近葡萄牙、捷克、希腊等发达国家的同一水平线。这最后的 10

年，中国人的心理将会逐渐发生巨大的变化，心态开始逐渐向发达国家国民的心态转型。

第三点是，中国的科技和产业水平逐步呈现发达国家特征。

在以前，全球的主要产业呈现被少数几个发达国家占据的特征，只是具体到产业，不同的产业由不同的发达国家把持。而在2019年，越来越多的全球主要产业迎来了新的"玩家"，那就是中国。尤其是在全球中高端产业的竞争里面，中国几乎是发达国家以外唯一的存在。

例如，我们熟知的并不会被广泛认为是高端产业的家电产业，实际上全球前10名的主要家电品牌全部在欧洲和日本、韩国、美国、中国，这里除了中国，其他全部是发达国家或地区。

再比如智能手机、笔记本电脑、显示面板、高铁列车、第三代核电、海工设备、油气开采设备、视频安防、芯片设计、芯片制造、半导体生产设备和材料、民航客机研发和制造、工业机器人、操作系统、数据库、人工智能、云计算等先进产业，除了零星产业以外，中国都是行业里面发达国家以外的唯一参与者，中国企业在和发达国家的同行企业正面竞争，并且份额在逐渐扩大。

同时，中国的产业发展呈现出了全球独一无二的全面性，这是中国14亿人口体量的超大规模决定的。

在智能手机品牌领域，中国在和韩国、美国竞争，欧洲国家和日本品牌已经退出了世界前十；在高速列车和城市轨道交通车辆领域，主要是中国在和日本、欧洲国家的公司竞争，美国公司已经不在全球主要供应商之列；在显示面板领域，中国在和韩国、日本竞争，欧洲国家和美国的制造企业在该领域已经不存在了；在人工智能、大数据和云计算领域，全球主要是中国在和美国竞争，全球前列的行业巨头都来自中美两国，欧洲和日本的公司则被甩在后面；在以 5G 为核心的通信设备和网络领域，全球主要的供应商来自中国、韩国和欧洲，日本和美国都主要购买国外通信设备来完成本国通信网络组网；在民航客机领域，世界将形成欧洲空客、美国波音和中国商飞三足鼎立的局面，而日本、韩国等国家短时间内看不到参与国际竞争的希望。

这本书是我 2016—2019 年部分文章的一个合集，涉及全球各国综合实力的变化以及中国制造业在这几年的进步和变化。中国经济的高速增长期将在未来逐渐结束，进入类似今日发达国家的增速状态，而那个时候回头看，会通过本书发现中国经济高速增长期，尤其是制造业领域的一些时代变化，以及这个时代人们的思想状态。

希望本书能够成为一个时代的记录。

宁南山
2019 年 12 月

目录
Contents

PART 1 当今中国在世界究竟是什么位置

第一章
国家的崛起——过去几年全球经济变化趋势 / 003

新增财富四巨头 / 004
"印度制造"计划瞄准中国 / 006
中国与韩国的竞争 / 013
中美竞争才是未来主旋律 / 016

第二章
打破西方霸权的中国制造 / 019

军事工业俱乐部开门迎新 / 020
闯入石油禁区的"野蛮人" / 022
农业民族的新姿态 / 027
进军高端制造 / 031
传统产业也赚钱 / 034

第三章
大国重器——千亿美元公司的世界竞争 / 035

只有9个国家的牌桌 / 035
美国拥有最多数量的千亿美元级公司 / 037
牌桌上只有一个发展中国家 / 039
来自中国的超级基建公司 / 049

第四章
看得见的差距——亟待升级的中国产业 / 051

大是强的基石,先有大,而后强 / 051
差距最大的行业 / 053
追赶的脚步 / 059

PART 2
进军高端——产业升级正面战场

第五章
中国产业升级路线图:从系统设计到零部件国产化 / 065

唯一横跨高中低端制造的大国 / 066
"组装货"的战略意义 / 068
从系统集成到掌控产业链 / 076

目 录
Contents

第六章
大飞机是中国人开辟的新战场 / 080

典型的西方霸权工业 / 080
有钱才能造大飞机 / 081
国产化率与核心自研技术 / 084
不要低估对手压制我们的决心 / 089

第七章
半导体——一万年也要搞出来 / 091

世界级的门槛 / 091
国产"十大金刚" / 093
隐约可见的光明 / 108

第八章
汽车工业——产值最大的工业 / 110

自主品牌之殇 / 110
消费升级是把双刃剑 / 114
电动汽车是我国汽车产业弯道超车的第二次机遇 / 120

PART 3
看得见的战争——危机四伏的升级之路

第九章
贸易之争：九只拦路虎 / 131

知识产权诉讼精准狙击 / 132
市场禁入与投资设限 / 137
高科技产品对华禁售 / 138
不合理专利费用和不合理权益 / 139
合资的B面 / 141
高价设备和原材料销售 / 142
生态的控制封锁 / 143
贸易战关税打压 / 145
直接精确制裁 / 145

第十章
收购与反收购 / 148

中国制造业巨头为什么会被卖掉 / 149
国资与洋资——中国啤酒产业 / 154
对中国进行全行业并购 / 156
中国日化产业——失去的20年 / 157

目 录
Contents

第十一章
后有追兵——从欧洲商场看中国低端产业竞争力 / 165

虎视眈眈的追兵 / 166
中国的优势——低端里的中高端 / 169
高端化和品牌化刻不容缓 / 173

PART 4
中国创造——产业跃升时代的来临

第十二章
全球进入中美科技时代 / 179

来自日本官方的全球科技实力报告 / 180
中国科技的真实水平 / 181
创新力的来源 / 184

第十三章
中美新兴产业竞争态势 / 186

BAT+华为VS美国科技公司 / 187
工业机器人初露头角 / 194
中国战略性新兴产业大阅兵 / 199
距离美国还差几步 / 207

第十四章
目标只有美国——崛起的中国人工智能 / 213

美国领跑,中国追赶,其他国家重在参与 / 214
中国人工智能的机遇与问题 / 221
前途无量的产业 / 228

第十五章
从研发投入看各国未来 / 230

自主科研,一个超级烧钱的游戏 / 232
亚洲的基础科研看中国 / 238
从研发投入看国内各省潜力 / 240

第十六章
从研发投入看中国各主要产业的未来 / 242

中国制造的稳定器 / 243
汽车产业的两个利好 / 247
其他主要产业发展趋势 / 250
下一个职业"风口" / 262

PART 1

当今中国在世界究竟是什么位置

第一章
国家的崛起——过去几年全球经济变化趋势

我们的世界正在走向马太效应，世界的经济力量正在向少数大国集中。

依据 IMF Data（国际货币基金组织数据库）的当前美元汇率 GDP 总量[①]数据，按照现价美元计算，全球有统计数据的 190 个国家和地区，2010 年到 2017 年，GDP 总量由约 65.900 万亿美元增加到约 79.855 万亿美元，增加了约 13.955 万亿美元，增长率约为 21.176%（均为名义值比较）。

我们把 2010 年和 2017 年的全球 GDP 总量 15 强的数据拿出来作比较，详见表 1。

为什么是全球 GDP 总量 15 强呢？因为这 15 个国家的 GDP 总量之和为 60.336 万亿美元，占全球 GDP 总量的 75.56%。其中，人口过亿的国家有中国、美国、印度、俄罗斯、日本、墨西哥、巴西 7 个。

---

① 此处美元汇率、现价美元基于2018年9月8日数据。

表1 2010—2017年全球GDP总量15强经济实力变化趋势

排名	国家	2010年GDP总量（万亿美元）	2017年GDP总量（万亿美元）	增长幅度（%）
1	美国	14.964	19.391	29.58
2	中国	6.066	12.015	98.07
3	日本	5.700	4.872	−14.53
4	德国	3.423	3.685	7.65
5	法国	2.652	2.584	−2.56
6	英国	2.444	2.625	7.41
7	巴西	2.208	2.055	−6.93
8	意大利	2.129	1.938	−8.97
9	印度	1.708	2.611	52.87
10	俄罗斯	1.638	1.527	−6.78
11	加拿大	1.613	1.652	2.42
12	西班牙	1.434	1.314	−8.37
13	澳大利亚	1.250	1.380	10.40
14	韩国	1.095	1.538	40.46
15	墨西哥	1.058	1.149	8.60

*数据来源：IMF Data（国际货币基金组织数据库）。

新增财富四巨头

从2010年到2017年，全球GDP总量15强里经济实力增幅最大的5个国家，分别是：中国，98.07%；印度，52.87%；韩国，40.46%；美国，29.58%；澳大利亚，10.4%。我们可以看到，澳大利亚虽然排在第5，但是几年时间仅仅10.4%的增幅，明显不如中国、印度、韩国和美国。中印韩美是全球主要国家里经济总量增长最快的，这也是和我们对全球经济发展的感知高度吻合的。这4个国家在过去几年分别有98.07%、52.87%、

40.46%、29.58% 的增幅，均显著超过全球平均增幅 21.176%。也就是说，这 4 个国家经济体量占全球的比重都在上升。

这里面尤其值得一提的是美国，在保持全球经济体量最大的情况下，还能实现 GDP 总量增幅快于全球经济的平均增幅，美国经济总量的全球优势还在进一步上升。实际上，中美韩印 2010 年经济总量约为 23.834 万亿美元，占全球经济总量的比例约为 36.17%；到 2017 年，这四国经济总量为 35.555 万亿美元，占全球经济总量的比例上升为 44.52%。

相比较而言，四国里韩国的体量最小。虽说体量小，但其实 2017 年韩国 GDP 已经位居全球第 11 位了，2010 年是第 14 位。实际上，韩国的前面就是加拿大、西班牙和巴西。韩国的 GDP 已和加拿大非常接近，而西班牙和巴西又是两个深陷泥潭的国家，由此推测，10 年后韩国超过这 3 个国家中的一两个的概率很大。韩国经济排名还会继续上升。

那么全球经济 15 强里，2010 年到 2017 年哪些国家的经济实力退步最大呢？首先是日本，降幅高达 14.53%；其次是南欧的两个国家：意大利下降 8.97%，西班牙下降 8.37%；然后是两个金砖国家：巴西下降 6.93%，俄罗斯下降 6.78%；最后是法国，其经济实力也是退步的，下降了 2.56%。倒是英国和德国，继续成为欧洲的发动机：英国增长了 7.41%，德国增长了 7.65%。

我们再来看看绝对实力的变化，也就是 2017 年各国的经济总量比 2010 年增加了多少。第一是中国，增加 5.949 万亿美元，占全球经济增量的 42.63%；第二是美国，增加 4.427 万亿美元，占全球 31.72%；第三是印度，增加 0.903 万亿美元，占全球 6.47%；第四是韩国，增加 0.443 万亿美元，占全球 3.17%；第五是德国，增加 0.262 万亿美元，占全球 1.88%；第六是英国，增加 0.181 万亿美元，占全球 1.3%。而法国、意大利、西班牙三个南欧国家经济总量都是下降的。日本就更不用说了，其经济总量下降 8 280 亿美元，是全球经济 20 强中退步最大的。

从 2010 年到 2017 年，全球经济总量增加的部分，中美韩印四国的经济增量占了全球经济增量的 83.99%。如果加上英德，六国的经济增量全球占比就是 87.17%。所以说全世界新增的财富哪里最多？中国、美国、印度、韩国四个国家。举个简单例子说明：假如地球是公司，有 190 个员工（指有统计数据的国家和地区，有的国家和地区无统计数据，比如处于战争中的叙利亚），如果过去的几年公司总共给员工涨薪 100 元，那么其中有 84 元被中国、美国、印度和韩国四个员工瓜分掉。

"印度制造"计划瞄准中国

人口带来的巨大市场，只要加以利用并且方法得当，就能够形成巨大的规模优势。2014 年 9 月，印度莫迪政府提出 "Made in India"（印度制造）计划，确定了汽车、汽车零部件、航空、化工、生物技术、食品加工等 25 个重点产业，使用关税等各种手段，实现将外资制造业向印度本土转移。

可以说，莫迪政府在印度开启了印度激活规模优势的道路。以手机为例，印度一年之内三次提高手机整机进口关税。印度可能是参考了东亚的电子产业链崛起之路，首先尝试掌握最下游的组装制造，使用关税武器，引导各大手机厂家以及手机零部件企业在印度设厂。

2017 年 2 月，印度宣布对进口手机征收 10% 的进口关税；2017 年 12 月 16 日，印度政府将手机进口关税由 10% 提升到 15%；而在短短的一个多月之后，2018 年 2 月 2 日，印度政府再次宣布，将手机进口关税提升到 20%。仅仅一年的时间，印度进口手机的成本上升了 20%，这给全球各大手机巨头带来了巨大的压力，不得不开始考虑在印度建厂的计划。

小米和三星手机的印度制造

小米和三星对在印度建厂无疑是最积极的，原因并不复杂——小米和三星是印度市场占有率最高的两个手机品牌，市场竞争非常激烈。

根据第三方调研机构 Canalys 的数据，小米在 2017 年第四季度首次超越三星，在印度智能手机市场占比第一。印度的《经济时报》甚至在头版使用了"第一"两个汉字来报道小米在印度的崛起。而到 2018 年第二季度，小米在印度智能手机市场中的份额已大幅提升到 29.7%，单季度出货量超过 1 000 万部，同比增长 107.6%，依旧排名第一。之后是三星（23.9%）、vivo（12.6%）、OPPO（7.6%）。小米和三星占了印度智能手机市场份额的 50% 之多，无怪乎它们对在印度设厂非常积极。

另一方面，我们也可以看到印度市场的超级潜力。据 IDC（国际数据公司）数据，2017 年第二季度印度全国售出 2 800 万部智能手机，2018 年第二季度售出 3 350 万部，增幅高达 19.64%，这充分说明了印度人民消费能力的提升。而印度市场的潜力还远远没有发挥出来，随着印度经济的不断发展，印度人必然会对更贵更高级的手机产生购买需求，这真是一座巨大的"金矿"。

小米也对"印度制造"计划做出了响应。2015 年小米就在印度建立了手机工厂，其实是利用富士康在印度的工厂和富士康合作生产。2017 年随着印度开始征收 10% 的手机关税，小米又在印度建立了第二家手机工厂，以及一家移动电源工厂。2017 年底和 2018 年 2 月印度两次提高手机进口关税至 20%，小米迅速做出反应，于 2018 年 4 月 9 日宣布在印度新建立三家手机工厂，同时于 2017 年建立的移动电源工厂也开始进行手机制造。到 2018 年，在印度市场销售的小米手机，已经有 95% 以上是印度制造。同时小米也在提升印度制造的技术水平，在 2018 年 4 月宣布建立三家新手机工厂的同一天，小米宣布和富士康合作在印度建立 PCBA（表面贴装了电子元件的电路板）组装工厂，计划到 2018 年第三季度末，小米手机的 PCBA 百分百在印度组装生产。这是非常大的产能了。

不过相对于小米，三星在印度的产能显然更大。2018 年 7 月 9 日，据路透社报道，韩国科技企业三星电子宣布印度新工厂建成，并称其为世界最大的手机制造工厂，该工厂位于印度新德里郊区的诺伊达（Noida），占地面积13公顷。三星早在1996年就建立了这个工厂，用于制造冰箱和电视机。

随着印度对手机需求量的不断上升，2017年三星宣布对这一工厂进行扩建，投资492亿卢比（约合7.17亿美元）。工厂建成后，手机产量提高了近一倍，从每年6 800万部升至每年1.2亿部。印度和韩国领导人都非常重视这个全球最大的手机工厂，2018年7月9日当天，印度总理莫迪和韩国总统文在寅出席了工厂竣工仪式。不过需要说明的是，三星的这1.2亿部手机产量，大部分还是功能手机。

印度的野心不只在于手机整机制造。2018年2月1日，印度财政部公布的"2018年中央财政预算案"中，为了进一步推动"印度制造"计划，商品进口关税税率大幅调整，并于2018年2月2日起正式生效。

印度重点对以下方面进行关税保护和推进，从中我们可以看出印度对制造业发展的态度。

1. 以手机为核心的电子制造业

除了把手机整机进口关税提高到20%以外，印度政府还把锂电池的关税从10%提高到20%，把手机零部件比如充电器和适配器、耳机和麦克风、GSM（全球移动通信系统）天线的关税从10%提高到15%等。除了手机和手机零部件，还有电视机。印度政府把液晶电视、OLED（有机发光二极管）电视、LED（发光二极管）电视的进口关税从7.5%~10%上调到15%。手机和电视机成为印度人突破电子制造工业的突破口。

2. 劳动密集型产业

印度政府将太阳镜、风筝、钟表、部分家具（床垫等）、鞋子、护腿的进口关税从10%提高到20%，蜡烛的关税从10%提高到25%，首饰的进口关税也提高到20%，以此来提高劳动密集型产业的印度制造比例。

3. 汽车产业

印度政府将包括发动机在内的汽车零部件的进口关税从 7.5%~10% 上调至 15%，将全散件进口的汽车关税提高到 15%，将汽车整车的进口关税提高到 25%。除了汽车，还有摩托车。印度政府同样将摩托车零部件和散件进口的摩托车关税从 10% 提高到 15%。

除了电子制造业、劳动密集型产业和汽车产业之外，印度还将部分塑料和橡胶制品的进口关税上调至 15%，包括公共汽车和卡车轮胎等。

此外，值得一提的是印度的太阳能面板制造业。在这份预算案之前，印度已经从 2018 年 1 月开始对进口太阳能面板和部件征收高达 70% 的进口关税，主要就是针对中国，因为中国垄断了全球绝大部分光伏组件的生产制造。印度现在是世界上除中国以外最大的光伏组件制造国之一，用 70% 的关税将中国制造排除在外，显然是想先让印度制造的光伏板占领本土市场。实际上，印度在 2017 年是全球第三大光伏市场，仅次于中国和美国，因此印度庞大的本土市场能够为本土制造商提供巨大的市场空间。

除了针对各项产品的单独关税提高以外，在印度政府这项关税进口法案里，还有关键的一条：对所有进口产品征收 10% 的社会福利进口附加税。以手机为例，进口基本关税为 20%，加上 10% 的社会福利进口附加税，那么就是 30%。实际上还不止于此，印度国内的增值税针对进口和本土制造征收的税率也不一样，这进一步刺激了制造企业选择在印度生产。

印度在 2018 年 2 月做出的关税调整，谁受影响最大？当然是中国，因为中国从 2016 年起就取代美国成为印度第一大贸易伙伴。根据中国海关总署的数据，2017 年中印双边贸易同比增长了 18.63%，金额为 844.4 亿美元，首次突破 800 亿美元。其中，印度对中国逆差为 517.5 亿美元，中国是印度的第一大进口逆差来源。因此，印度在 2018 年的关税调整政策，从某种意义上可以说，就是为制衡中国制造而制定的。

印度的手机整机和零部件关税政策给小米带来很大的压力，尤其是除了手机整机，连零部件关税也大幅上调。尽管小米的手机基本都在印度组装，但是主要零部件还是从中国进口的，2018年4月小米在印度举办了供应商投资峰会，表示希望自己的手机零部件供应商在印度设厂。

2018年8月6日，小米主要的零部件供应商之一江西合力泰（Holitech）宣布将在印度建厂。该公司计划在印度安达拉邦蒂鲁伯蒂市建设工厂开展制造业务。

合力泰宣布的建厂投资金额为2亿美元，该工厂占地30公顷，将在未来3年雇用6 000名员工，这是合力泰在中国以外地区建立的第一家工厂，同时合力泰也将成为印度第一家生产摄像头模组、薄膜晶体管、电容式触摸屏模块、FPC（柔性电路板）和指纹传感器的制造商。

当然，印度安达拉邦政府也给合力泰提供了税收、土地和电力等各种补贴，这与中国对制造业企业的做法如出一辙。其背后的原因，除了2018年2月的关税调整之外，预算案里还明确说明，在2018年开始对PCBA、摄像头模组、连接器提高关税，同时在2019年将进一步提升显示屏、触摸屏、保护玻璃、马达等零部件的进口关税。显然，这也必然会推动相关手机零部件供应商进入印度投资建厂。

除了在印度工厂规模最大的小米之外，中国主要的手机公司目前都已经在印度建立工厂。2016年底，OPPO投资15亿元人民币（约合2.16亿美元）在印度北方邦的大诺伊达（Greater Noida）建设一座工业园，其中就包括一个制造工厂。2017年12月，OPPO进一步在该地区投资22亿元人民币新建工厂。

作为OPPO的竞争对手，vivo的手机工厂也建在这里。2018年，vivo在当地的工厂能月产100万部，年产量大约1 200万部。而OPPO的计划是达到月产量160万部，年产量2 000万部，并且在新厂建成后接下来的3年内把产能扩大到每年5 000万部。不仅如此，根据2018年8月21日印度《经济时报》的消息，OPPO已经完成与中国国内主要手机零部件供应商的谈判，将于2019年在印度建立手机零部件工厂，同样建在大诺伊达工业区。

除了电子制造业外，印度的汽车制造业也在快速发展，目前印度已经是全球第五大汽车制造国，前四名是谁呢？中国、美国、日本、德国。

2004年，印度的汽车产量略低于118万辆，而韩国的汽车产量达312万辆。2016年印度汽车生产量达449万辆，一举超过韩国成为全球第五大汽车生产国[①]。由于印度通过推高汽车进口关税推进印度制造，预计印度汽车产量还会继续上升。因为印度市场很大。据日本《日经新闻》中文网站2018年1月12日报道，2017年印度新车销量达到401万辆，超过德国跃居全球第4位，其销量增长是全球主要汽车市场中增速最快的。

印度在2020年将超过日本成为全球第三大汽车市场。2017年，中国、美国、日本、印度、德国是全球前五大新车销售市场，新车销售量分别为2 912万辆、1 758万辆、523万辆、401万辆、381万辆，同比分别增长3.9%、-1.58%、5.4%、9.49%、2.76%，印度9.49%的增速显著超过其他全球主要汽车市场。

值得一提的是，印度汽车制造并非全部外资，印度两大本土汽车品牌塔塔和马恒达均有相当规模的份额，并且由于市场不断扩大，两家本土公司的汽车产量也在不断增长。

以2017年1—10月为例，印度市场新车销量前5名：铃木销量123.03万辆，增长17.45%；现代销量40.11万辆，增长5.49%；本土品牌塔塔销量37.02万辆，增长3.84%；本土品牌马恒达销量32.99万辆，增长3.73%；本田销量13.85万辆，增长14.4%。可见印度两大本土汽车品牌也是印度汽车工业发展的两大主要力量。

印度的基础设施可以说是制约印度经济发展的主要因素之一，但是实际上印度的基础设施建设发展也很快。以最简单的发电量为例，据《BP世

---

① 本文汽车产销量数据如未经特别标明，均来自中国汽车工业协会。

界能源统计年鉴》数据,2010 年印度发电量居全球第 5 位,2012 年印度还发生了人类历史上最大规模的停电事故,可见其当时电力的短缺程度。但随着近年来印度政府大规模地兴建新的发电站,印度电力短缺情况在不断缓解,印度发电量到 2017 年已经超过俄罗斯和日本,仅次于中国、美国,跃居世界第 3 位。

2018 年我去印度首都新德里,发现即使在古尔冈这样的科技新城,一下雨,酒店依然会短暂地停电,空调开着经常会跳闸。但是当地居住多年的中国人都说停电情况同过去相比还是好多了。

国内公众目前对印度的大发展不太了解,说起印度脑海里总是浮现出火车乘客外挂、恒河水太脏之类。2010 年我们这样想,2013 年我们这样想,2018 年我们还是这样想,而印度其实已经发生了很大的变化。几年时间里,印度经济总量已经从 2010 年的世界第 9 位,上升到 2017 年的世界第 6 位,和英国几乎不相上下。因此,我们必须要承认:

1. 印度在快速进步

在过去的几年里,除了中国,印度毫无疑问是世界上经济发展最快最成功的国家,恐怕只有越南能与之一比。除了前面提到快速增长的劳动密集型产业、电子制造产业、汽车产业,印度的制药业在发展中国家里也称得上一流水平了。2018 年第二季度,据印度政府发布的统计数据,印度制造业同比实际增长达到了 13.5%,这对印度的体量来说是惊人的数字。制造业占印度经济的比例在不断上升。

2. 印度人的很多问题,还是其贫穷落后造成的

2018 年我去印度,在新德里附近郊区、农村,能发现很多自发形成的垃圾场,大量的垃圾就丢在那里。但是也能看到很多有意思的事情,在报纸上能够看到印度电商 Snapdeal(印度最大的在线交易平台之一)的整版广告,还能看到 Paytm(印度的移动支付和商务平台)的广告。在印度街边最常见的黄绿色三轮车上面,都能看到 Paytm 的标识,意思是司机可以接受移动支付。长期研究印度的学者毛克疾，2018年去印度的时候，发现晚间不少电视频道在转播数学课和物理课之类的课程视频，供全国的学生学习，可见印度民众内心有向上的渴望。

我们假设以后中国劳动生产率人均达到3万美元，印度达到1.5万美元，考虑到以后印度劳动人口超过中国，其综合经济实力为中国的60%左右。如果印度劳动生产率的上限只有中国人均的三分之一，也即是1万美元，由于劳动力数量将会大大超过我国，经济总量将为我国的40%~50%。由于印度的体量和规模，我国以后很难在经济实力上对其取得5∶1、10∶1这样的绝对优势。

实际上在2017年，据权威媒体公开报道，我国经济总量与印度经济总量比为4.6∶1，而根据2018年的数据，受到制造业带动，印度经济2018年上半年同比增速高达8%，超过我国6.8%的增速，甚至超过越南2018年上半年7.08%的增速，跃居全球主要国家中增速第1位。

因此，未来如何面对经济体量庞大的印度，这也是我国将要面临的问题。

不管我们如何看待印度，都要承认它在快速发展的事实。GDP数字可以质疑，但是汽车销量、摩托车销量、智能手机销量、钢铁产量、进出口金额、出国旅游人数都在上升，移动支付和电子商务的发展、互联网的繁荣，这些方面是可以互相印证印度的发展的。

中国与韩国的竞争

韩国挤压了欧洲和日本在全球经济总量中的份额，但是前景上面临中国的竞争。韩国是过去几年全球发展速度最快的国家之一，这背后的原因是韩国企业大量挤占了欧洲和日本企业的市场。

我们以最为典型的三星电子为例。2010年三星电子的总营业额为

154.63 万亿韩元，2017 年达到 239.58 万亿韩元，几年间增长了 54.95%。当然更为惊人的是三星电子运营利润的增长，2010 年三星电子的运营利润是 17.52 万亿韩元，2017 年运营利润创下新高，达到 53.65 万亿韩元，是几年前的 3.06 倍。[①]

根据全球权威的 IT 研究与顾问咨询公司高德纳咨询公司（Gartner）的数据，2010 年全球手机制造商份额如下：诺基亚 28.9%，三星 17.6%，LG 7.1%，Research in Motion（RIM，移动研究公司，后改名为黑莓）3%，苹果 2.9%，索尼爱立信 2.6%。显然诺基亚、RIM、索尼爱立信等欧美日公司合计让出了超过 30% 的全球份额。

同样的还有半导体领域。以 DRAM（动态随机存取存储器）为例，根据集邦咨询半导体研究中心（DRAM eXchange）的数据，2011 年第一季度韩国三星电子（39.8%）加上 SK 海力士（22.9%）的全球份额为 62.7%，日本尔必达（13.5%）、美国美光科技公司（11.4%）、中国台湾南亚科（4.2%）位居三星电子和 SK 海力士之后，依次排第 3 至第 5 位。而到了 2017 年第一季度，三星电子占全球 DRAM 市场份额的 47.5%，市场份额位列第 2 位的 SK 海力士为 26.7%，两大韩厂合计达到 74.2%，第 3 位的美光份额为 19.4%。由此我们可以看出，日本尔必达破产退出，让出了 13.5% 的份额，而韩厂则上升了 11.5 个百分点。存储器整体市场也在迅速上升，成为集成电路中份额最高的产品。2017 年中国从韩国进口了 463.48 亿美元的存储器，同比增长 51.3%。

同样的还有显示面板和手机零部件领域等。三星电子和 LG（乐金）在各个领域实现了对日本产品的替代，最为典型的是三星电子为苹果大规模供货 OLED 手机屏幕，这让 JDI（日本显示器公司）很受伤。同样的还有高端的手机摄像头模组等，LG Innotek（LG 旗下子公司，电子产品零部件制

[①] 数据来源：三星电子当期财务报表。后文具体公司的经营数据，如未经特别标示，均来自该公司当期财务报表。

造商）成为高端手机产品主要供货商，主要是冲击了日本的份额。

在汽车领域，韩国人在过去几年也有较大的进步。现代和起亚加起来在2010年的销量为570万辆，而2015年合计实现776万辆。2017年由于受中韩关系影响，中国市场出现下滑，其销量下降为725万辆。应该说，尽管现代集团这几年发展不利，但是比起几年前的水平，无疑还是上了一个台阶。2010—2017年，销量增加了155万辆，几乎是一个吉利加上一个比亚迪的总销量了。

另外就是化学领域。据美国《化学与工程新闻》杂志数据，2009年和2016年的全球化工50强：2009年韩国仅有LG化学入围，排在全球第19位，而到2016年，不仅LG化学进步到全球第12位，还新入围了三家企业——乐天化学（第24位）、韩华化学（第39位）、SK创新（第46位）。

韩国面临的最大挑战，是产业结构和中国高度重合，面临中国的激烈竞争。我们经常说，中国制造现在到了关键时刻，前面是发达国家的中高端产业竞争，后面是人力成本上升等因素带来的发展中国家的中低端产业转移。其实，韩国也在面临这种局面，而且可能比我们更严峻，因为它的竞争对手是中国。

以三星电子为典型。最开始三星电子其实是以家电为主，而今三星电子的家电业务，仅有电视机还保持世界第一的位置。但是总体而言，三星电子来自家电的利润目前仅有百分之几了。

同样的还有三星电子的消费电子产品，比如手机和平板电脑等，也受到中国品牌的强烈冲击。三星智能手机销量从2013年的顶点一路下滑。相比之下，华为的全球市场份额则节节上升。

现在三星电子主要依靠半导体等产业来获得利润，如果后面中国公司继续追上来呢？当然完全超过韩国并不容易。家电业中国做了这么多年，但在电视机领域还是无法和三星竞争；功能手机和智能手机我们也做了15年以上的时间，虽然蚕食了三星的份额，但是目前总体还是不如三星。

造船业和海工装备，尽管中国在订单的量上面超过韩国有些年了，但是总体造船业技术水平还是没有赶上韩国，尤其是高端船舶领域。

同样的还有汽车领域。从 2001 年开始算，中国做自主品牌汽车快 20 年了，同样也没有赶上韩国的水平。因此未来的竞争还是会很激烈，中国对韩国的替代不会那么快。

中美竞争才是未来主旋律

再说中国和美国，这里就不长篇大论了，就说几个数字：2010 年到 2017 年，在全球经济增加的总量中，中国占全球的 42.63%，美国占全球的 31.72%，全球第 3 位的印度只有 6.47%，远远不能和中美相提并论。因此，首先中美都在提高自己在全球经济的占比，继续拉大和全球其他国家的差距。其次中国在不断缩小和美国的差距。

当然由于中国在几年时间里出现了刘易斯拐点①，据中国国家统计局数据，16 周岁至 59 周岁的劳动年龄人口 2012 年达到最高值之后开始下降，2017 年为 90 199 万人，比上年减少了 548 万人。所以经济增长只能依靠劳动生产率的提高，加大对教育和科技的投入，发展中高端产业。

据世界银行数据库，在过去的几年，美国的制造业增加值占 GDP 的比例继续下滑，但是总体下降幅度不大，2010 年为 12.2%，之后的四五年基本保持稳定，但从 2015 年到 2017 年，从 12.1% 下滑到了 11.6%。美国总统特朗普想实现制造业回流，其背后的原因还是美国本土的制造业占 GDP 比例在过去的 20 年呈现一直下滑的趋势。

其实我们看美国的制造业究竟强在哪里，就知道我们的差距在哪里，以后我们发展哪些产业对美国冲击最大。据美国政府统计机构官网，2017 年美国制造业增加值里的前八大产品为：电脑和电子产品（16%）、化学产

---

① 刘易斯拐点由发展经济学大师阿瑟·刘易斯提出，即劳动力过剩向短缺的转折点。

PART 1
当今中国在世界究竟是什么位置

品（15%）、食品饮料和烟酒（12%）、机动车及零部件（8%）、机器机械（7%）、合金产品（7%）、石化产品（5%）、其他交通设备（6%）。

其中，有三个超过10%的大项。电脑和电子产品占16%，其实里面最有技术含量的是以美国的集成电路工业为主的各种半导体和服务器等电子产品，这也是美国的基石，这一领域的公司主要有英特尔、AMD（超微半导体公司）、德州仪器、高通等。集成电路对美国到底有多重要可见一斑。另外还有诸如惠普、戴尔服务器等IT设备制造业。

化学产品占15%，主要是以制药业为核心，美国执全球制药业技术之牛耳，辉瑞制药全球最大，还有默沙东、强生、艾伯维、安进等。

食品饮料和烟酒占12%，这个就不展开谈了。我国主要是品牌方面没有出现可口可乐、百事可乐（旗下包含乐事）、奥利奥、万宝路这样的世界级品牌。

接下来是5%~10%的五项。石化产品（5%）：全球化工10强的陶氏化学、杜邦、利安德巴赛尔工业等。机动车及零部件（8%）：美国三大汽车公司通用、福特、克莱斯勒及配套的零部件企业。合成金属制造（7%）：这个主要是金属加工，各种钢铁厂和金属冶炼厂，例如铝金属加工的全球前五的美铝等。机器机械（7%）：各种生产设备，例如半导体生产设备的应用材料、Lam Research（科林研发），工程机械的卡特彼勒，农机和林业机械的约翰迪尔（世界500强）、爱科集团等，石油和天然气等开采设备的全球最大的制造商斯伦贝谢、哈里伯顿、贝克休斯等。其他交通设备（6%）：波音飞机等民航飞机、小型飞机制造，以及各种子系统、零部件制造业、摩托车制造业、造船业等。

可以说上述八大项是美国工业的核心，除了合金制造我国还能勉强与之一比以外，其他的汽车、化工、机器机械三大项我国较美国还有很大差距。

以集成电路为核心的电子产品、制药业、以民航客机为核心的交通设备制造，这三大项我国目前还只能远远看着美国的尾灯。

  我国国民也能从日常新闻中感受到和美国的差距。2018年的中兴事件让我们知道了集成电路领域的差距，电影《我不是药神》让我们知道了国内制药业还有很大提升空间，我们的C919还在试飞，ARJ21飞机2008年试飞，到2018年8月24日中国商飞公司才交付了第6架ARJ21新支线飞机，我们离美国还差得比较远。但从前景来说，每一项我们都有种子选手公司和大公司。因此，中美竞争中我们能否取胜，从某种意义上讲，关键就看我国这些公司能不能做起来，做到世界一流了。

第二章
打破西方霸权的中国制造

2017年7月20日,《财富》杂志发布了一年一度的世界500强名单,中国公司有115家,其中来自大陆的有109家。每次世界500强的名单发布,虽然中国位列其中的有100家以上,占全球20%还多,但总是会有人说,500强全是中字头的,都是垄断的,并且全部是银行、电力、中石油和中石化,没有核心技术,没什么好自豪的。

应该说,对中国的世界500强公司的指责或者说讽刺不无道理,例如榜单里面强大的民营技术公司还很少。但是很多指责其实是因为对中国制造业不了解,例如"华为是500强里面唯一的技术公司"这种说法就不符合事实。比如,营收337.4亿美元,掌握了全球70%高铁市场份额,一年有112亿元人民币净利润的中国中车集团就位列其中,2017年世界500强中排名第318位。

中国的国家制造能力,相当大一部分掌握在国有制造集团手里,这在2017年的世界500强里面又得到了印证。

欧美为什么一直处于世界的顶端?最关键的还是因为他们有技术优势。欧美澳加发达国家加起来有8亿多人,欧美以外,主要是日本。然而日本人口只有 1.27 亿，只有欧美的 15% 左右，人口体量使日本无法支撑全面工业体系，它只能作为一个参与者的角色来参与欧美的工业体系。为什么日本要脱亚入欧？日本的精英们其实很明白自己的定位，那就是日本是一个体系参与者，而不是体系建立者，更不是体系颠覆者。

日本的体量不可能颠覆欧美的地位，其民族实力的上限只能做欧美体系的核心参与者。相比之下，体量庞大的欧洲以及美国、中国都可以成为独立的体系，所以欧美不会想着入亚，中国也不会想入欧。在很多中高端工业领域，日本基本没有涉及或者非常弱小，所以世界上存在着大量的欧美霸权工业。什么是欧美霸权工业呢？就是在欧美国家以外，别国基本找不出有力的挑战者公司。

那么世界上有哪些欧美霸权工业呢？

军事工业俱乐部开门迎新

瑞典斯德哥尔摩和平研究所统计的 2011—2015 年世界军火出口情况中，前 10 名除了中国之外就是美国和欧洲国家。美国占全球的 33%，俄罗斯占全球的 25%。再看 2015 年全球武器装备供应商 15 强，其中美国 10 家，欧洲 4 家，俄罗斯 1 家。当然瑞典斯德哥尔摩和平研究所的排名并没有包括中国军工企业，不然上面会出现很多中国公司。

由于具有要能打赢仗而不只是刚好能用的属性，军火是具有极高价值、极高利润的高科技产品。以空中加油机为例，日本一直没有空中加油机制造能力，2003 年第一次同美国签了合同购买 4 架，用了整整几年时间，到 2010 年美国人才交付完。

2016 年 9 月，美国批准了日本增加购买 4 架预警机的请求。一架飞机 4.75 亿美元，4 架飞机 19 亿美元，日本要出口多少商品才能换回 19 亿美元的外汇储备。据日本官方数据，日本 2016 年总出口额才 6 451 亿美元，军火的利润有多高可以想象，而以美国人的速度，等交付完估计是 2020 年以后的事情了。

中国有哪些军工龙头企业呢？2017 年的世界 500 强里，中国兵器装备集团公司（南方工业）排名第 101 位，营收 711 亿美元。南方工业可不只是做兵器的，我国最大的自主品牌汽车公司长安汽车就是南方工业的子公司。长安汽车 2016 年的净利润就有 102.85 亿元人民币，非常赚钱。此外，重庆的摩托车企业嘉陵集团也是南方工业旗下的公司。

中国兵器工业集团（北方工业）营收 613.3 亿美元，排名 500 强第 135 位。2017 年上半年，北方工业净利润突破了 100 亿元人民币，增长 20.1%。2017 年世界 500 强中净利润超过 10 亿美元的只有 320 家企业，其中制造业企业只有 100 多家，而北方工业半年的净利润就超过 15 亿美元。北方工业提供的装备力量，包括 2018 年参加坦克大赛的 96B 坦克、国产最先进的 99A 坦克、04 式步兵战车、155 毫米自行火炮、反坦克导弹等，北方工业同时也涉及大量民用产品制造。

排名第 162 位的中航工业公司，营收 553 亿美元。旗下的沈飞、成飞两大飞机制造厂，是欧美国家以外唯一能够研发制造喷气式舰载机和第四代战斗机的制造厂。

中国船舶重工集团（中船重工）排名第 233 位，营收 421.5 亿美元。我们的辽宁舰以及第一艘国产航母，就是中船重工旗下的大连造船厂制造的。

排名第 364 位的中国船舶工业（营收 298.8 亿美元）旗下的江南造船厂 2018 年实现中国历史性的 055 大型万吨国产驱逐舰首舰下水作业。同时江南造船厂也正在建造国产航母，很可能使用电磁弹射。

排名第 355 位的航天科工集团，除了参加研发各种航天工程，还制造各种导弹等，营收达 305.8 亿美元。

空中加油机、现代化航空母舰、喷气式舰载机、第四代战斗机、相控阵雷达万吨驱逐舰、战略导弹核潜艇等，是典型的高科技产品，代表了一个国家梦寐以求的制造能力。除欧美及俄罗斯以外，只有中国能够全面制造这些高科技产品，而这些制造能力，都掌握在世界500强里面的这些中字头的国企手中。

闯入石油禁区的"野蛮人"

石油和天然气开采，一般人可能觉得没什么技术含量。例如2017年世界500强里被部分人嘲讽的"两桶油"——中石油和中石化，基本印象就是卖油的，肯定没有技术含量。然而实际情况恰恰相反，石油和天然气开采具有极高的技术含量，石油和天然气开采是不折不扣的高科技行业。

在以前，世界上能够掌握从勘探、开发、设备、炼制、陆地石油和海上石油开采全流程技术和装备制造的，只有欧美国家。确切地说，世界上唯一一个真正地掌握了全流程核心技术的只有美国，欧洲作为一个整体也可以算一个。而像日本这种石油缺乏国家，其石油开采配套装备产业也没有发展起来，只在钻杆等极少数子系统领域有存在感。

2008年的世界20大石油装备和油田技术服务公司中，有11家美国公司、9家欧洲公司。全球主要产油地区——中东、非洲、南美、东南亚等，从油田技术服务（勘探、钻井、生产管理、油田建设）到对应的技术装备，都要从欧美企业那里购买，欧美企业从全球石油和天然气开采中赚取了大量的利润。

在欧美石油体系以外，本来是没有挑战者的，除了中国。

2017年的世界500强里，中石油排名世界第3位，中石化排名世界第4位，中海油排名世界第115位。其中中石油旗下有37家石油装备制造企业，能够生产19个大类上千种石油开采装备，大庆装备公司、渤海装备公司、宝石机械公司、宝石钢管公司、济柴动力公司都是中石油旗下的大型制造业企业。比如济柴动力就生产柴油机组、天然气压缩机等产品。

实际上，除了石油装备制造，中石油还能造一些复杂机械，例如中石油自主设计制造的直径15.02米的国产最大盾构机配套的驱动箱。该盾构机由我国专业盾构机制造厂家中铁装备集团生产制造。之前驱动箱一直不能实现国产化，为此，中铁装备集团专门派了20多名专业技术人员到中石油旗下的一建化工考察。2017年6月，中石油把驱动箱给造出来了。

凭借着在本土的大庆、辽河、胜利、克拉玛依、渤海等油田的开发，中国完整掌握了石油从勘探到开发，从生产到加工，再到装备制造的全套技术。在逐步实现了石油装备的国产化的同时，中国开始逐步向全球进行扩张，出口石油开采装备。

2001年，中国石油装备出口仅为2.7亿美元。2005年，中国钻机首次出口美国高端市场。到2010年，10年的时间，中国石油装备出口增长了10倍，大量挤占欧美国家份额。[①]

中石油目前每年来自石油装备制造的收入超过100亿美元，出口超过40亿美元。中石油旗下的宝石机械公司，占领了中东和美国陆地石油钻机新增份额的30%。2017年6月，宝石机械公司履行完成了中国历史上最大规模的石油装备出口订单：从2009年开始，中东地区最大钻井公司阿联酋NDC公司，先后从宝石机械购买了39套7 000米级沙漠快速移运钻机，总金额达65亿元人民币，每台钻机1.67亿元人民币。中国出口的价值达上亿元人民币的高级产品，陆地移动石油钻机是其中一个。

实际上，截至2017年6月，宝石机械不仅出口了231台钻机，而且更重要的是，中国的钻井公司在海外获得合同后，先后把310台宝石机械钻机带到了国外，实际上也是一种变相出口。

其实这很有意思，宝石机械自己去开拓市场，出口了231台，然而被中国的钻井承包商带出国的有310台，在国企大哥带领下去拓展市场，得

---

① 此处及本节后文数据均来自中国石油官网。

到的成绩比自己单枪匹马去开拓国际市场的成绩还要高。

我们就以中石化为例子，中石化除了炼油、搞化工产品以外，还是个钻井承包商，或者说是油田技术服务商。科威特是世界石油大国，国土面积和北京市差不多大，石油储量却占世界的10%左右。以前，科威特石油工程市场，由于油气开发技术含量高，一直是欧美公司占据着主导地位，并没有中国石油企业的位置。

2008年，中石化公司派出一个三人小组到科威特开拓市场，到2009年，首次拿下价值8.6亿美元15部钻机的钻井合同，钻机平均每台接近6 000万美元，一举进入科威特市场。当然这个6 000万美元并不只是钻机本身的价格。

当时负责开拓市场的中石化科威特分公司总经理张从邦对记者说："初到科威特，科方对我们并不热情，对中国人能否高质量完成项目表示怀疑。"事实上，中石化这个8.6亿美元项目，虽然是首次中标，但是报价只比欧美公司低0.2%，充分说明了中石化的技术实力。

由于中石化只是获得了钻井承包合同，属于基建性质，包括科威特国家石油公司在内的业主都要求钻井承包商统一配备欧美设备，对顶驱、封井器等关键设备的要求就更加严格。中石化公司作为国企，大力推荐中国产设备，帮助国内厂家和科威特方面取得联系，同时多次组织科威特客户到中国设备厂家的工厂参观，客户才松口愿意以试用的方式使用封井器等中国设备。事实证明，中国设备在科威特夏季高达50摄氏度以上的高温中，经受住了严酷的考验。

2014年，中石化再次拿到了科威特11.5亿美元的钻井合同，创中石化海外钻井年度最大新签纪录，并一跃成为科威特最大的钻井承包商，同时国产设备也逐步打破了欧美设备的垄断，开始大量出口到科威特。

到2017年，中石化已经是科威特最大的钻井承包商，占据科威特市场份额的45%，同时中石化接近百分之百地使用国产钻机等国产设备，欧美设备市场份额急剧下降。从2008年进入科威特开始，到2017年，仅中石化一家就带动了中国石油装备出口价值40多亿元人民币的产品到科威特。在这9年中间，中石化作为承包商，使用欧美装备的比例逐渐降低，使用国产设备的比例逐渐上升为百分之百。从中石化大量带动国产设备出口就知道集团军协同作战的重要性，运用国家的力量组成集团军，在开拓市场方面具有极大的优势。

实际上，不只是国有企业石油装备制造商，中国的民营石油装备企业也逐步发展起来了。

山东科瑞为中东沙漠地区量身定制的高速移动钻机成功交付沙特阿美石油公司；杰瑞集团参与壳牌88层致密气井的压裂作业，成为中国迄今为止唯一向北美提供全套页岩气压裂装备的供应商；华北荣盛公司的石油装备产品已经批量出口北美、南美、俄罗斯、中东、非洲、亚太全球六大主要产油区域的重要产油国家。

回到中石化，除了搞石油天然气勘探开发和炼油工厂以外，光是石油工程服务一项业务，中石化海外员工总数就有33 095人，其中中方员工8 678人，外籍人员24 417人。此外，中石化还是全球最大的化工产品生产企业之一，中石化2016年的各种基础化工品如乙烯、合成树脂的产量都在1 000万吨以上。

我们再看看中海油的技术实力。2017年的世界500强中，中海油排在世界第115位。在这里还是有必要再强调一遍，石油和天然气开采是高科技行业。中石油、中石化和中海油都是高科技公司，想要实现从勘探开始到最终销售石油，不要说中东、非洲和南美国家，连日本、韩国、俄罗斯这些工业强国一样要依赖欧美的设备。

海上石油开采的技术难度远高于陆地石油开采，以一套钻井设备为例说明。在陆地上一套钻井设备租金，一天为20万元人民币，当然这已经非常昂贵了，但是海上石油开采需要租用的是一套海上石油钻井平台，一天租金达到50万美元，超过300万元人民币。海上石油开采设备的租金超过陆地上的十几倍，顶级石油开采平台一天的租金更是高达百万美元。因此，海上石油开采平台追求高效率高技术。

旋转导向系统和随钻测井系统是全球海上石油开采的顶级技术，这两项技术的优势在于能够实时控制井下钻进方向，实现钻具运行轨迹调整，甚至可以让直径0.2米的钻头在0.7米的薄油层中横向或斜向稳定穿行，钻具的横向移动距离可以达到1 000米。随钻测井系统相当于是导航系统，能够在地下几千米，随时将"钻进沿途"的井下地质数据反馈至地面，由测井工程师完成即时的信息处理和命令传达。两套系统并肩作战，能够实现全井段定向旋转钻进，实时调整井眼轨迹，并测量井下环境参数，可极大提升作业效率。石油在深海中是不规则分布的，如果钻头不能实现像贪吃蛇一样的自动转向，那么就要通过移动海上石油平台的方式来实现开采，海上石油平台租金可是很贵的，一天要50万美元。

由于研发难度非常大，多年来这两项技术都掌握在美国手里。美国三大油服公司斯伦贝谢、哈里伯顿、贝克休斯垄断了这两项技术，美国在很长一段时期里是世界上唯一掌握该技术系统的国家。根据全球范围的作业量统计，每年这两项技术至少为美国公司带来约200亿美元的收入。

中海油从2008年开始研发这两项技术，2014年到2015年，连续成功地在渤海海上钻井平台实现作业测试，使得中国成为世界第二个掌握这两项技术的国家，打破了美国的垄断。到2017年3月，中海油已经部署投产了24套该系统，除了供应国内的油田之外，已经开始出口俄罗斯。

实际上，从2002年开始，中海油服就试图获取该技术系统。美国三大油服公司一直对该系统只出租不销售，拒绝销售给中海油服，以赚取高额利润。而在中海油成功地进行了两项技术的海上实验之后仅仅两个月，美国三大油服公司改变了十几年的规则，开始向市场销售该系统，并且大幅降价。美国油服公司在知道中海油成功开发"贪吃蛇技术"后，在发给中海油服的邮件中，一改以前只租不卖的态度，表示愿意提供整套技术系统，而且系统价格下降了 20%，人员服务费下降了 30%。

所以不要小看中石油、中石化和中海油，它们都是高科技公司。事实上，严格来说，由于我国在海上钻井系统技术方面还有待进步，很多高端子部件还不能生产，全球唯一一个从头到尾掌握了石油全套技术的国家只有美国一个。但是从整体系统来说，中国是欧美以外唯一一个掌握了全流程石油天然气开采技术和装备的国家。

农业民族的新姿态

在《财富》杂志发布的 2017 年世界 500 强榜单里面，排在第 211 位的中国化工集团，收入 451.8 亿美元，利润 1 790 万美元。单看名字，公众肯定觉得这只是一家国企而已，但是由于化工产品很少出现在公众的视线，因此公众忽略了中国化工的制造能力。事实上，该公司国际化程度非常高，2016 年有 16 万名员工，其中外国雇员和中方员工派驻到国外工作达 8.3 万人。一家中国的中字头国企，50% 以上的员工在境外工作，恐怕出乎很多人意料。

农业是人类的核心和基础产业，粮食安全可以说是任何一个国家的命脉。随着科技的发展，人类逐渐告别了刀耕火种，开始进入现代农业时代。现代农业的特征就是大量使用优质种子和农业化学品，例如用化肥来肥沃土壤，用农药来消病除害。

如果没有优质的种子和农业化学品，那么地球的粮食产量将会大大下降，无法承载 70 亿的人口，所以控制种子和农化产品，是世界各国在农业领域竞争的核心战场。

2015 年之前，世界农化和种子市场是六大公司主导市场的格局。这六大公司分别是：美国孟山都、瑞士先正达、美国杜邦、德国拜耳、美国陶氏化学、德国巴斯夫。可以看出，占领全球农业竞争顶端的都是欧美企业，和民用航空工业一样，是欧美霸权工业。

这里面农化产品规模最大的是瑞士先正达，种子领域全球最大的是美国孟山都。先正达除了农业化学品规模全球最大，在种子领域份额也排在全球第3位。除了先正达和孟山都比较专注于农业领域外，其他四家公司虽然也搞种子和农化产品，但是还有其他业务单元，如巴斯夫的石化、陶氏的化工和塑料、拜耳的制药、杜邦的特种化学品等，而且其他业务单元的规模比农业部分还要大。

世界农化市场一直是这欧美六巨头垄断着。当然，就如同其他所有的工业领域的故事一样，中国人来了，凭借着从劳动密集型产业起步积累的大量资金，中国有钱了。作为中国化工领域的排头兵之一，中国化工集团担负起了对抗世界化工巨头的任务。

在农业领域，六巨头并不好对付，它们的市值都在百亿美元以上。中国化工集团首先瞄准了以色列的安道麦（ADAMA）农化公司，安道麦是全球农化领域中的主要制造商和销售商，销售收入持续位列世界农化第7位。该公司是全球最大的非专利农化产品生产商。

打不进世界前6，先把世界第7拿下来。2011年，中国化工集团从以色列Discount投资公司手中将安道麦（当时名为马克西姆－阿甘）60%的股权买了下来，价格为24亿美元。中国化工集团一跃进入世界前7位，当然世界第7位并不能满足中国化工的胃口，显然他们有更大的野心。

之后全球经济低迷造成农化和种子产品总体形势不好，这给中国带来了机会。全球最大的农化产品公司瑞士先正达公司经营不好，业绩连续多年下滑，2011—2013年，该公司利润增长率持续下滑，2014年更爆出全球裁员1 000人。在2015年，先正达被美国孟山都盯上，孟山都出价450亿美元收购先正达。此时的先正达还心高气傲，竟然在2015年5月8日拒绝了这个报价。不死心的孟山都将收购价码提高到了470亿美元，在3个月后的 2015 年 8 月再次被先正达拒绝。

2015 年 12 月，美国的陶氏化学和杜邦合并了，创造了世界化工史上的最大合并，合并后的公司总市值高达 1 300 亿美元。于是全球种子和农化公司由六巨头变成了五巨头，这下对欧洲公司的压力陡然变大。再加上 2015 年，先正达营收下降 11%，净利润也下降 17%，内部业绩持续不好，外有合并之后的巨头竞争，在内外交困之下，先正达管理层心态发生了变化。

这个时候中国化工集团出现了，抓住了孟山都于 2015 年 8 月收购要约被第二次拒绝之后的间隙，和先正达展开了收购谈判，并在 2016 年 2 月宣布以 430 亿美元收购先正达，这比孟山都 6 个月前的 470 亿美元报价低了整整 40 亿美元。

不仅如此，仅仅 5 个月之后的 2016 年 7 月，中国化工集团更进一步以 14 亿美元的价格将以色列 Discount 投资公司持有的安道麦剩余的 40% 股权收购，中国化工集团将全资控股安道麦公司。至此，中国化工集团将全球农化产品的第 1 位和第 7 位彻底百分之百控股。

2016 年 9 月，六巨头中的德国拜耳集团宣布以 660 亿美元收购美国孟山都。至此，全球农业化学品和种子市场六巨头时代结束，变成了中国化工、拜耳、陶氏 – 杜邦、巴斯夫四巨头，原有的欧美二元格局被打破，变成了中美德三强格局。

2017 年 6 月 27 日，中国化工宣布正式完成对瑞士先正达的收购。至此，这起耗资 430 亿美元、耗时约一年半、延期多达 6 次的中国最大规模海外收购案才算尘埃落定。完成交易后，中国化工农药业务将占据全球市场份额的 23%，种子业务占据全球市场份额的 6%。"吃"掉先正达之后，中国化工集团的总资产也将翻番至超 7 000 亿元人民币。

从 2011 年收购世界第 7 的以色列安道麦开始，到 2017 年完成对先正达的收购，6 年的时间，中国化工集团给世界农业领域带来了巨变。实际上，在农业领域，除了中国化工集团，中国还有一家中化集团（注意名字不要和中国化工混淆），也同样大量涉及农药、种子等农业业务，也是中国最大的化肥供应商。中化集团公司还是石油开发公司，排在中石油、中石化、中海油之后，是中国四大石油公司之一。国内很多网友对日本和韩国的财团可以说耳熟能详，事实上，中国依靠国家力量组成的国家综合集团，总体实力比日韩这些财团强得多。2017年世界500强，中化集团排名143位。

除了农业以外，中国化工集团旗下还有轮胎业务。中国化工2015年以70亿欧元收购了意大利倍耐力轮胎公司，2016年倍耐力营收约为61亿美元，排名世界第5位。倍耐力轮胎在高端轮胎领域属于主导型品牌，该公司在高端消费型轮胎市场的比例在64%以上。奥迪、梅赛德斯奔驰、宝马、捷豹路虎、沃尔沃、法拉利、玛莎拉蒂、兰博基尼、保时捷、宾利、阿斯顿马丁和迈凯伦，均有配备倍耐力轮胎。从2011年开始，倍耐力一直是全球F1赛车比赛的唯一轮胎供应商，合约一直到2019年。

除了消费型轮胎，中国化工集团还是世界第四大商用车轮胎制造商，这是很多人想不到的。

事实上，中国化工集团拥有全球轮胎75强中的四家。按照美国《轮胎商业》2015年度全球轮胎75强排行榜，风神轮胎以销售额13.3亿美元位居第26位，双喜轮胎以销售额5.3亿美元位列第44位，青岛黄海橡胶以销售额1亿美元，重新进入75强排名。倍耐力排名保持世界第5位，销售额79.9亿美元。它们都是中国化工集团旗下的轮胎企业，中国化工集团目前已经对这些企业进行了重组整合，集中力量专攻商用车和乘用车领域。

中国化工集团在收购倍耐力之后，还在往中国制造业转移。2016年，倍耐力轮胎股份公司与风神轮胎股份有限公司在河南省焦作市成立了一家中外合资企业——倍耐力轮胎（焦作）有限公司。作为一个乘用车轮胎生产基地，总投资额为人民币10.5亿元，其中倍耐力拥有其80%的股份，风神轮胎股份有限公司拥有其20%的股份。

PART 1
当今中国在世界究竟是什么位置

实际上，中国化工集团还是汽车零部件生产设备的供应商，这也许是让人万万想不到的。2016年1月中旬，中国化工集团以9.25亿欧元（包括2.5亿欧元的债务）的报价收购了加拿大Onex基金拥有的克劳斯玛菲集团100%股权。中国化工集团和克劳斯玛菲集团的业务形成互补，克劳斯玛菲集团为宝马或者奔驰提供仪表盘或者挡泥板的制造设备，中国化工集团为可口可乐提供PET（聚对苯二甲酸乙二醇酯）塑料瓶生产设备和塑料挤出机。被中国化工集团收购以后，克劳斯玛菲在中国市场上获得了订单，例如比亚迪采购了25台克劳斯玛菲的机械。

进军高端制造

实际上，除了军工、石油和天然气、农化产品三大领域以外也有强大的中国力量。

1. 打破垄断的国产大飞机

民用航空也是典型的欧美霸权工业，全球市场被波音和空客这样的欧美公司垄断，支线客机则还有巴西、加拿大等国的公司。

中国商飞这次没有进世界500强，但是支线客机ARJ21飞机在成都航空公司商业飞行非常顺利。2017年7月9日首次获得中国民航局发放的生产许可证，开始批量交付，这是一个历史性的突破。同时我们的大飞机C919也在2017年5月成功试飞，欧美霸权的工业格局又将被中国逐渐打破。到2025年，C919在中国乃至全球的天空进行商业飞行的时候，意味着中国和西方在这一领域又可以并驾齐驱了。

这些打破欧美霸权的公司，都是中国的中字头企业，所以不能一看中字头，就说没有技术，垄断、集团作战是中国的优势。

2. 利润率堪比苹果公司的中国高科技国企

中国还有一家高科技公司，这次没有进入世界500强，就是中核工业集团。事实上，这是世界上技术和规模都第一流的核工业集团。随着以后全球的核电站主要在中国建造，欧美日基本停止新建核电站，而在英国、阿根廷、巴基斯坦、南非、土耳其等国的核电站中核集团都有参与，中核集团将形成事实上的全球垄断地位。

例如中核工业集团的中国核工业建设集团有限公司，该公司负责核电站核岛建设，2016 年全球在建的 60 台核电站机组，有 24 台是该公司建造，全球市场占有率为 40%。2017 年 1—4 月，中核集团收入规模达到 240 亿元人民币，同比增长 11.3%；1—4 月，中核集团实现利润总额 50 亿元人民币，同比增长 21.3%。利润率达到惊人的 20.8%，和苹果公司 20% 的净利润率差不多。

目前，中国在同时推进第三代核电站和第四代高温气冷堆核电站建设。从美国引进的 AP1000（先进压水反应堆）第三代核电技术正在浙江三门核电站紧锣密鼓地施工，投产后将成为世界首座运用 AP1000 第三代核电技术的核电站，比美国本土的进展还快。中核集团在核电站建造过程中，按照国家战略，牵头带领中国公司将大量装备进行了国产化，例如核电站主管道等。

中国一重副总裁王宝忠坦言，AP1000 主设备采用大型铸锻件整体制造技术，制造工艺难度较大，2012 年一重在三门 1 号和海阳 1 号机组的核电锻件制造上就曾出现过不合格、废品率高等问题。而 5 年之后的 2017 年，中国一重做出的锻件用在了三门 1 号、海阳 1 号两台 AP1000 机组上，批量化生产三代核电锻件的能力已经具备。同时中国将对 AP1000 技术进行完全国产化后再创新，形成 CAP1400（140 万千瓦的先进非能动核电技术）路线，美国西屋公司方面承认中国的 CAP1400 为自主知识产权。

CAP1400 技术依托的关键技术装备经过多年研发，目前已经基本完成国产化。国产化范围实现了从机械类设备到电气仪表类设备全覆盖。首批机组设备总体国产化率将超过 85%，后续机组将达到 90% 以上，余下的

10%是国际上价格合理的通用设备。换句话说，已不存在"受制于人"的问题。

目前我国正在南非推进的核电站投标项目，用的就是CAP1400路线。同时中核集团联合中广核在法国技术基础上自主研发的"华龙一号"第三代核电技术，已经确定于2020年在阿根廷开工应用，预计会带动300亿元人民币核电装备出口，这是不折不扣的高科技。

除了两种第三代核技术路线，在山东荣成石岛湾建设的第四代高温气冷堆，预计2020年投产发电，和第三代的百万千瓦压水堆相比，该堆只是示范工程，20万千瓦的机组，但是对第四代技术的探索具有重大意义，也是全球范围内首座具有第四代系统安全特征的核电机组。二期工程将会使用清华大学和华能集团研发的60万千瓦机组。

3. 世界500强里，还有大量的中国高科技公司

例如航天领域的航天科技集团和航天科工集团就是典型的高科技企业。中国是欧美国家以外，唯一同时拥有全球航天测绘体系、卫星导航系统、载人航天系统和空间站体系的国家。

例如2017年新进榜单的阿里巴巴也是典型的高科技企业，市值在2017年8月8日突破4 000亿美元，其云计算市场份额全球仅次于亚马逊、微软、谷歌，排名世界第4位。阿里自己研发的飞天技术平台用于阿里云。在人工智能方面阿里进展也非常迅速，典型的例子是2016年已经在杭州上线的城市大脑项目。阿里云机器视觉科学家华先胜介绍，城市大脑是全球唯一能够对全城视频进行实时分析的人工智能系统，能够给出全城车辆运行轨迹，使得交警摆脱了部分人工劳动。

阿里目前已经在全球进行扩张，欧洲、美国、日本、澳大利亚、新加坡都有阿里的数据中心，阿里云的雄心不只是在中国，明显是要和美国公司全球竞争。

传统产业也赚钱

说起低端工业,可能大家第一个想起的是富士康,但是富士康其实也算高科技企业,他们也生产液晶面板、苹果手机金属壳等。如果不算富士康,也不考虑可口可乐、百事可乐这种食品工业,山东魏桥创业集团是全球传统产业公司了。

山东魏桥创业集团拥有 2 家香港上市公司、国内外 11 个生产基地、16 万名员工、2 500 亿元人民币总资产,是全球最大棉纺织企业和全球第二大铝业生产企业。2017 年山东魏桥创业集团以 561.7 亿美元的营业收入、净利润 12.2 亿美元在世界 500 强中排名 159 位,较上年提升 4 位。

在铝业生产方面,中铝集团、魏桥、俄罗斯联合铝业、美国铝业、力拓是世界铝业五巨头,这其中中铝排名世界第 1 位,魏桥排名世界第 2 位,但是魏桥的利润远远超过其他四家。高盛甚至说魏桥是全球唯一赚钱的铝业生产公司,苹果手机壳体 90% 以上的铝板材料都来自魏桥。

魏桥集团旗下的魏桥纺织是全球最大的棉纺织公司,这是典型的劳动密集型企业。魏桥集团还是中国拥有独立于国家电网之外的自建电厂的大型企业之一。

如果一家一家地仔细窥探世界 500 强里的中国制造业企业,会发现中国制造业的强大远远超出我们的想象。2017 年中国制造业产值将接近美日德之和,这巨大的产值背后一定是有大量的制造业巨头作为基础来支撑,但是公众脑海里只知道一个华为,这其实是对中国制造业的误解。

2017 年上半年,中国制造业在这么大的产值的基础上,继续以 6.9% 的速度增长,这是什么概念?2025 年中国制造业规模将逼近整个发达国家之和,14 亿人对 9 亿人,总体工业产值届时将会不相上下。

第三章
大国重器——千亿美元公司的世界竞争

一家公司，如果能够达到营业收入1 000亿美元，这是件非常了不起的事情。千亿美元公司，在全球任何一个行业，都是能够影响整个行业的巨头公司，基本是在全球范围内具备影响力的公司。

只有9个国家的牌桌

如果我们翻开《财富》杂志2017年评选的世界500强，会发现在世界上，只有9个国家拥有千亿美元公司，全部在欧美和东亚。当然，其实沙特阿美石油公司也是营收超过千亿美元的公司，如果加上沙特，那么全球就有10个国家拥有千亿美元公司，但是沙特阿美未被《财富》杂志统计在内，所以我们先不看沙特阿美。

这9个国家里面，首先是经济实力全球6强的美中日德英法，然后是瑞士、荷兰、韩国，相信中国、美国、日本、德国大家都不会觉得意外，因为大家都知道很多这些国家的知名公司。

英国也有千亿美元公司，仔细想想，你知道哪些英国公司？也许想了半天只能想起一个劳斯莱斯，做汽车也做航空发动机。另外还有ARM，规模并不大，而且现在已经被日本软银收购了。

英国2家千亿美元公司，首先是BP（英国石油公司），然后是法通保险公司。我们可以看出来，BP是很有科技含量的。地球油气资源开采是高科技行业，基本核心技术在欧美国家手里，欧美以外主要是中国产业链比较完整。

如今英国也就只有BP一家千亿美元高科技公司。当年日俄战争，日本人跑到伦敦去借钱，可见英国当时的地位。短短100年，世界就变了。

法国有3家千亿美元公司——安盛、道达尔、巴黎银行，分别涉猎保险、石油、信贷。所以不要老是说我国银行、中石油和中石化、保险什么的规模大，法国最大的公司同样是石油、保险、银行。英国最大的两家公司也是石油和保险公司。

剩下就是荷兰、瑞士、韩国3个国家。要知道，中东的富豪国家（除了沙特阿美），整个非洲，金砖国家巴西、印度、俄罗斯等都没有千亿美元公司，可见这三个国家还是很优秀的。

韩国有1家千亿美元公司，我们肯定知道公司名字。这家公司不只是一千亿美元级别，而是两千亿美元级别。2017年三星成功实现单季度利润超苹果，成为世界上最赚钱的公司，没有之一。三星净利润单季度居世界第1位，比中国工商银行、中国银行、BP、丰田汽车、大众汽车、高盛都要更赚钱。

瑞士有1家千亿美元公司——嘉能可，这是世界上规模最大的公司之一，排名世界第16位。这是一家大宗商品交易商，通过买卖各种大宗商品比如矿山等谋利。

荷兰有2家千亿美元公司。一家是荷兰壳牌石油，这家公司位列全球公司10强。另外一家是EXOR集团，这家其实是意大利人的公司，总部设在荷兰。EXOR集团你也许没听过，但是尤文图斯、法拉利、菲亚特、

Jeep、玛莎拉蒂、SGS等你肯定听过，EXOR集团是这些公司的大股东。

荷兰或许在一些人眼中，是不折不扣的小国，但其实荷兰是世界经济大国，排名世界第18位。在欧洲，就经济总量而言，除了我们熟知的德英法意西，就是荷兰了，排在第6位。

下面我们看下美中日德4强。当然，说是4强，其实它们之间的差距也是很大的。

德国有4家千亿美元公司，1家安联保险，其他3家是汽车公司——大众、戴姆勒、宝马。没错，宝马是千亿美元公司，德国牢牢占据汽车工业的顶端。

日本有5家千亿美元公司，1家日本邮政，1家电信NTT（日本电报电话公司），其他3家是汽车公司——丰田、本田、日产。

汽车产业现在是日本的绝对支柱，汽车产业的兴衰关系着日本的国运。其实德国也是一样，汽车产业现在是其国民经济的最大支柱产业。日德两国这样的经济结构，是很危险的，代表人类未来发展方向的电子商务、移动支付、高速物流、人工智能、大数据和云计算，基本是中美在领跑，日德大大落后了。两国曾经位于世界领先地位的电子科技企业中，都没有千亿美元公司了。

然后就是中美两个大国。

美国拥有最多数量的千亿美元级公司

美国有22家千亿美元公司。但是仔细一看，又为美国感到有些担心。首先是22家千亿美元公司里，竟然有6家是与医疗相关的。

快捷药方控股公司，是做医药销售、处方管理、医疗保险和事故认定的。CVS健康是零售商和医疗保健商。联合健康公司，也是医疗保险和医疗服务相关公司。康德乐公司、美源伯根公司、麦克森公司3家，都是做药品批发、分销之类的。

我们都知道，美国的医疗体系极其昂贵，每年消耗美国人大量的收入。中国人去美国旅游，都必须买医疗保险，否则一旦生病，或者发生车祸，或者因为其他什么原因意外受伤，急诊和住院治疗费用都是天价，这个现在都是常识了。

无怪乎每次美国总统大选以及新总统上台，医疗体系改革都是施政和竞选的重中之重，光是从上面6家美国企业，每家收入都是上千亿美元，就可以看出美国国民有多少收入流向了这个产业。像上述最大的两家公司，联合健康公司收入1 848.4亿美元，排世界第13位；CVS健康营收1 775亿美元，排世界第14位。

金融和银行业2家：摩根大通银行、房利美。

保险业1家：伯克希尔·哈撒韦，这家公司是全世界最大的保险公司。2016年营业收入2 050亿美元，同时也做很多投资。

石油领域2家：埃克森美孚和雪佛龙，两家都是世界最大的石油化工企业之一。

零售业4家：克罗格集团、沃博联、好市多、沃尔玛。其中沃尔玛是全球营收规模最大的公司，2016年收入高达4 858.7亿美元。排在世界第2位的公司是中国国家电网，其营收3 152亿美元，只有沃尔玛的60%左右。

电信企业2家：Verizon（威瑞森无线公司）、AT&T（美国电话电报公司）。

科技行业5家：通用电气、亚马逊、福特汽车、通用汽车、苹果公司。

如果光看美国的千亿美元企业，就可以看出最有技术含量，算得上美国立国支柱的，还是ICT（信息通信技术）产业、汽车产业和能源行业，总共8家公司。

其中ICT产业公司4家：亚马逊、苹果、Verizon、AT&T；汽车2家；能源3家：埃克森美孚、雪佛龙和通用电气。通用电气其实是一家综合工业集团，比方说它还做医疗设备，制造大量能源设备，包括发电机、石油生产设备等。

牌桌上只有一个发展中国家

好了，现在轮到盘点中国的超级公司了。

全球总共 53 家千亿美元公司，美国 22 家，日本 5 家，德国 4 家，法国 3 家，英国和荷兰各 2 家，瑞士、韩国各 1 家，总共 40 家。注意到没，以上公司全部来自发达国家。而其余 13 家千亿美元公司，都是来自中国这个发展中国家。所以我们要认识到我们的特殊性，那就是我们既是发展中国家，又是全球唯一一个事实上各个产业都在与发达国家竞争，并且在挤压其份额和利润的超大型国家。

看完了国外的企业，我们就可以认识到一个事实，除了银行、保险、金融、零售、医疗保健这些科技含量比较低的产业，同时除了电信行业，发达国家拥有最大的三根支柱：

（1）汽车业：日本有 3 家，德国有 3 家，美国有 2 家，荷兰有 1 家（意大利人的 EXOR 集团，旗下包括菲亚特、法拉利、玛莎拉蒂等）；

（2）ICT：韩国 1 家——三星，美国 2 家——亚马逊、苹果；

（3）能源业：美国 3 家，英国 1 家，荷兰 1 家，法国 1 家。

我们会发现一个规律，美国是唯一一个三大支柱产业（汽车、ICT、能源）都有千亿美元企业的公司，而且每个产业都有 2 家以上，什么是超级大国，这就是底气。

接下来盘点下中国的 13 家千亿美元超级公司，我们也能很容易地发现一个规律，中国和美国一样，也是一个在三大支柱产业中都有千亿美元级别公司的国家。

这 13 家公司里，首先是 7 家银行、保险和电信公司。其中 4 家银行：

工行、农行、建设银行、中行；2家保险：平安保险、中国人寿；1家电信：中国移动。

那么剩下的6家呢？对应发达国家三大支柱产业，我们有5家。

能源行业3家：国家电网（世界第2位）、中石化（世界第3位）、中石油（世界第4位）；

汽车产业1家：上海汽车集团（世界第41位）；

ICT产业1家：鸿海精密（世界第27位），处于下游代工行列。

另外还有1家是什么？是我国作为"基建狂魔"独有的属性，即中国建筑公司。2016年收入1 445亿美元，排名世界第24位。

要想在竞争中取得优势，实现我们民族的伟大复兴，必须要在这三个领域取得优势。

首先是能源。能源是人类一切活动的输入量。在生产力不发达的古代，人类使用能源只有种植农作物获取光合作用，使用水力推动水车和船只，以及使用人力和畜力来搬运和生产。"二战"时英美制裁日本，就是对日本进行石油禁运。如今西方有BP石油、壳牌石油、道达尔集团、埃克森美孚、雪佛龙等世界顶级能源企业，它们掌握了世界上绝大多数的能源开采。能源是经济的输入量，如果大多数能源被他人掌握，那么我们在输入量不够的情况下，经济规模很难实现赶超。

这些年，我们为了破解中国的能源困局，付出了巨大的战略资源和代价。曾经我们90%的石油都要通过马六甲海峡运输，那时我们还没有强大的海军。我们现在开辟了中俄、中哈陆上石油管道，扶持了委内瑞拉、安哥拉、尼日利亚、苏丹、俄罗斯等石油供给国家。我们在能源方面，必须培养出自己的强大企业和西方能源公司竞争，为民族复兴提供有力的能源保证。

然后是汽车产业。汽车产业是人类第一大产业，上下游联系着钢铁、

PART 1
当今中国在世界究竟是什么位置

轮胎、玻璃、空调、电子、显示屏等无数的产业。尤其是日本、德国两国，汽车产业是它们的命脉，日本和德国最大的公司，都是汽车公司。即使强大如美国，福特、通用这种千亿美元级别的企业倒闭也是不能承受之重。

我国汽车产业已经有大约60年历史了，至今自主品牌虽然发展喜人，但是还算不上强大，这是我们的遗憾。

第三个是ICT产业。第三次科技革命是从美国兴起的，在信息技术方面美国已经远远地把其他国家甩下了。我们在短时间内赶上美国有一定难度，但是在这方面我们一定要紧跟他们的脚步，从上游的集成电路，到下游的终端品牌，从应用软件到操作系统。只要跟上了跟稳了，凭借规模优势我们可以实现最终赶超。

ICT技术是美国强大的根基，也是美国进入20世纪90年代之后发展不断加速，逐渐甩开欧洲和日本的根本。ICT产业的价值在不断放大，我国在这方面实现赶超，不仅能在国内培养出庞大的新的中产阶级阶层，而且将会在国际竞争中扬眉吐气。

除此之外，我们还有第四个大型产业，在这个产业我们已经实现领先，那就是建设国土的基础设施建设能力。我们有世界上最庞大的建设力量，只要集中力量，培养出一批世界级的基建公司，不仅可以保证我们的国土上有全世界最好的基础设施，还可以帮助全人类搞建设，促进人类文明的共同进步。我们的民族复兴，不只是我们自己要成为全世界最富强的国家，而且是要以能带动人类共同进步为标志。我们提出的"一带一路"倡议，让那些欠发达国家富起来，可以为我国的商品出口打开市场，另外可以输出我们的产能，保证我们持续拥有强大的基建队伍。

我们具体地来看，这四大产业目前是什么样。

首先是能源行业。国家电网在特高压输变电和智能电网，以及电网可靠性方面都是世界超一流水平，遥遥领先其他电网公司。国家电网不仅是世界上规模最大、效率最高的电网，而且是世界上唯一没有发生大面积停电事故的电网。而不管是欧洲国家、美国，还是日本，都发生过大规模停电事故。

事实上，国家电网现在不仅仅是中国的电网，也在逐渐成为世界的电网，而且对外投资全部盈利，简直是中国国有企业的经营典范。国家电网有三家欧洲电网的大量股份，分别是希腊国家电网24%的股份，葡萄牙国家能源网公司25%的股份，意大利电力公司35%的股份。国家电网在巴西的子公司先后收购了12家巴西输电企业，是除了巴西国家电力公司之外最大的电力输送和配电企业，也是最大的新能源企业。中国只派出了30人的管理团队（其他全部为本地员工）管理了全巴西电力14%的市场，体现了极高的管理水平。国家电网拥有菲律宾电网公司40%的股权。另外在发达国家澳大利亚的南澳大利亚州，国家电网拥有南澳输电网公司41.11%股权，是第一大股东。

当然，除了国家电网，我们还有2016年营收712.4亿美元，排名世界第100位的南方电网公司。仅南方电网公司2016年售电量就高达8 297亿度电，这已经超过了德国、法国、英国的发电量，是日本电网的83%。南方电网还是越南的电力供应商，从2004年开始，累计送电已经数百亿度。中国企业在越南最大的投资项目，就是南方电网投资建设的越南永新燃煤电厂，未来将极大地缓解越南南部的缺电状况。

此外是中石油和中石化。前文已经讲过，油气资源开采是高科技行业，是欧美霸权工业，这两家是欧美以外仅有的拥有全产业链的高科技公司，下面有大量的石油装备制造、炼油和化工制造公司。

像石油钻机这种价值上亿人民币的石油开采装备，我国就已经累计出口了数百台。中石化在中东获取的钻井项目，部署一台钻机的项目合同总金额就高达4亿元人民币。再强调一次，油气资源开采是绝对的高科技行业，陆地开采成本已经非常高，海上开采对技术要求更高。中石化还是全球最大的化工企业之一，乙烯、合成树脂的产量都在1 000万吨以上。

PART 1
当今中国在世界究竟是什么位置

除了中石化、中石油以外，中国还有两家巨头公司在从事石油天然气开发。一家是2016年营业收入658.9亿美元，排名世界第115位的中国海洋石油总公司；另一家是中化集团，这家公司是化工产品公司，但是2002年，中化集团成立了中化石油勘探开发有限公司，专门从事油气勘探开发业务。

经过十多年的发展，中化集团的石油上游业务已经成为一个具备较强自主发展能力的国际石油勘探开发公司。目前，公司已经在哥伦比亚、巴西、美国、中国等9个国家和地区拥有35个油气合同区块，分布在沙漠、丘陵、雨林、海上等多种地域，包含轻质油、重油、天然气、页岩油等多种资源类型，覆盖从勘探、开发到管道运输等各类业务形态，权益内剩余可采储量超过10亿桶（油当量）。

在能源方面，国家电网、南方电网和四大石油公司都在不断实现技术突破。目前在电网方面，我国处于世界领先地位，这为电动汽车的发展提供了极大的便利，为我国在电动汽车时代实现大赶超创造了基础条件。

四大石油公司除了寻找海外油田，以及开通中哈、中俄陆上石油管道以外，2017年中石油旗下的海洋工程公司还和中集集团合作进行了可燃冰开采实验，获得圆满成功，实现连续31天稳定产气，总产气量达到21万立方米，这是世界上第一次成功实现可燃冰安全可控开采。中集集团提供了用于开采的"蓝鲸一号"平台，这是目前世界上作业水深和钻井深度最大的半潜式钻井平台。

从电网和可燃冰开采的成功看，我们要敢于自信地说，我们在很多方面是领先全世界的最先进国家。

另外是汽车行业。我们看到上海汽车公司2016年销售收入1 138.6亿美元，排名世界第41位，另外中国第二大的东风汽车公司销售收入为861.9亿美元。

汽车产业主要还是要看自主品牌。上汽和东风的自主品牌，尤其是自主品牌轿车，比例还很低。中国汽车产业的发展，将直接抢占发达国家汽车产业的市场份额。

就像中国的笔记本电脑、智能手机一样，以前要是有人说，选择买国产手机，放弃买苹果、三星、诺基亚、摩托罗拉，你肯定会认为他在开玩笑。尤其是苹果用户，感觉让他们放弃苹果转向国产手机简直是不可能的事情。而事实上，随着国产手机的崛起，确实越来越多的消费者转向买国产手机，国产化占据了绝对优势。

以后在汽车产业也会是一样的。随着中国自主品牌汽车越来越好，越来越贵，越来越高级，越来越多的人会放弃丰田、本田、福特、通用，也一定有人会像放弃苹果手机一样放弃宝马、奥迪、奔驰而转向以后的高端国产汽车。

实际上，中国自主品牌汽车的销量，已经从2014年的626.49万辆（中国市场上占有率为33.9%）提高到了2016年的1 052.9万辆（销量比2014年增长了68%，占中国市场份额上升到了43.2%）。在汽车产业里面，上汽、吉利、广汽、长安、比亚迪等自主品牌正在逐渐脱颖而出，尤其是前面4家，发展速度惊人。

电动汽车将是中国实现大超越的机遇。电动汽车和燃油汽车的成本结构完全不同，发达国家占据优势的关键零部件成本比例，在电动汽车里要低很多。比如燃油汽车内燃机不可或缺的变速箱，纯电动汽车就可以不需要，成本为零。

实际上，我们如果看2017年电动车的全球销量排行榜，会明显发现和燃油车全球销量排行榜完全不同，前10名竟然有3家中国公司，预计上汽很快也会进入世界前10，请注意，这些电动汽车全部是自主品牌。

4家中国汽车公司进入世界前10位，这在燃油车排行榜上简直不可想象。像中国最大的上汽，光看销售收入可以进世界前10位，但是看自主品牌就差太远了。2016年上汽自主品牌销量只有32万辆，是全球最大的汽车公司大众和丰田两家的三十分之一。

ICT 行业，鸿海精密是中国台湾地区的公司，做的是代工业务，和 ICT 也只是沾边而已。如果不算鸿海精密，还会不会有中国 ICT 千亿美元级别企业诞生呢？

当然有，首先是华为。2016 年华为销售收入达到 818 亿美元，增长了 32%。实际上在 2018 年，华为全年营收达到 1 085 亿美元，首次成功地突破千亿美元大关。在电子行业，华为成为继苹果和三星之后，全球第 3 家迈入千亿美元俱乐部的电子公司。

那么中国除了华为，还会不会有千亿美元 ICT 科技公司诞生呢？不算中国移动，也有 1 家，就是阿里巴巴。阿里巴巴 2016—2017 财年的营业收入为 1 582.73 亿元人民币，折合美元大约 240 亿。这么一看，阿里巴巴离千亿美元还很远啊！事实上，我们如果看下增速，该财年阿里巴巴的营收增速为 56%。这个速度意味着阿里巴巴最快 2020 年就可以跻身千亿美元俱乐部行列。事实上，2018 财年第一季度，阿里巴巴的单季度营收超过 500 亿元人民币，增长依然高达 56%。

阿里巴巴在代表人类未来的量子通信、大数据和云计算领域在中国都处于领先地位，阿里巴巴利用自身平台、杭州的自然环境以及资金的优势，到处挖业界顶级科学家。例如 2017 年 9 月，阿里云方面确认了世界知名量子计算科学家、密歇根大学终身教授施尧耘入职的消息。施尧耘将担任阿里云首席量子技术科学家，成为阿里巴巴集团量子信息技术的学科带头人。在此之前，阿里云还挖来了密歇根州立大学终身教授金榕，IEEE 院士华先胜，亚马逊最高级别华人科学家、华盛顿大学计算机客座教授任小枫，微软研发合伙人周靖人，美国普渡大学计算机系和统计系终身教授漆远等。

另外是大众忽略的量子通信，我们都知道中科大的潘建伟团队在不断推进量子通信技术和量子计算机研制，而企业界在搞量子通信的，就是阿里巴巴。

阿里巴巴在 2013 年开始涉足量子通信技术研究，是中国第一家投资量子通信技术研究的公司，阿里巴巴首席通信科学家谢崇进就是在 2014 年加入阿里，开始量子通信的研究。谢崇进博士来自美国贝尔实验室，就是那个出了很多诺贝尔奖的部门。

2017 年 5 月，中国科学技术大学潘建伟院士在上海宣布，我国科研团队成功构建的光量子计算机，首次演示了超越早期经典计算机的量子计算能力。实验测试表明，该原型机的取样速度比国际同行类似的实验加快至少 24 000 倍，通过和经典算法比较，比人类历史上第一台电子管计算机和第一台晶体管计算机运行速度快 10 倍至 100 倍。

潘建伟说，这台光量子计算机标志着我国在基于光子的量子计算机研究方面取得突破性进展，为最终实现超越经典计算能力的量子计算奠定了坚实基础。而这台计算机的研制就有阿里巴巴的参与。虽然具体参与多深我们并不清楚，但是我们可以合理推断，阿里巴巴肯定对研发进行了投资，以便为未来新产业的启动做技术储备。2017 年 9 月 29 日，世界首条长距离量子保密通信干线——京沪干线开通，首批使用该干线进行数据传送的公司就有阿里巴巴，另外两家是交通银行和工商银行。

可能有人问，阿里巴巴是很厉害，那腾讯呢？可能我们没有注意这样一个细节，几年前，阿里巴巴和腾讯根本就不是一个级别的公司。2011 年，阿里巴巴全年总收入 64 亿元人民币，2011 年腾讯全年营收 284 亿元人民币。腾讯的营收是阿里巴巴的 4 倍还多，也可以说，腾讯一个季度的营收超过阿里巴巴一年。

最近 5 年（2011—2016），阿里巴巴收入同比增速分别为 72%、52%、45%、33%、56%；而腾讯收入同比增速则分别为 54%、38%、31%、30%、48%。阿里巴巴年均收入增速在 51% 以上，而腾讯年均收入增速为 40%，阿里巴巴远远比腾讯快。阿里巴巴 2016—2017 财年的营业收入为 1 582.73 亿元人民币，而腾讯 2016 年收入为 1 519.38 亿元人民币，阿里巴巴已经超过了腾讯。这背后的原因是,现阶段阿里巴巴不管是产业布局,还是科技投入,都比腾讯更优秀。

阿里巴巴的主营业务来自电商、云计算和娱乐,其中电商是大头。而腾讯目前还是来自游戏和社交(广告,增值),其中游戏还是大头。就市场空间来说,阿里巴巴的市场空间远比腾讯广阔,玩游戏的人毕竟是少数,而微信和QQ用户,在中国已经接近饱和了,在国外社交市场都有强劲对手。当然最遗憾的是,不管是阿里巴巴还是腾讯,都没有在A股上市,让中国投资者丧失了绝佳的投资机会,让绝大多数中国投资者错过了互联网的投资红利。

在ICT领域,阿里巴巴和华为是未来中国千亿美元公司的绝对主力,当然腾讯也有可能加入。

其他公司,在规模上都比较小,或者科技色彩不浓厚。例如仅次于腾讯的第二大游戏公司网易,仅次于华为海思的中国第二大芯片设计商紫光展锐,中国最大的人工智能公司百度,技术都还可以,但是营收离1 000亿元人民币都还差得远,更不要说千亿美元了。例如网易2016年收入为381.79亿元人民币,紫光展锐2016年销售收入为125亿元人民币,百度2016年收入705.49亿元人民币。

联想、OPPO、vivo营收倒是大约2 000亿元人民币级别,其中OPPO、vivo增长也很快,然而科技色彩不浓。当然,还有京东,2016年其营收为2 602亿元人民币,但是其大部分收入来自产品自营,更像是一家零售公司,科技色彩需要加强。小米正在逐渐成为高科技公司,但是营收也只是1 000亿元人民币左右,这个营收只有阿里巴巴和腾讯2016年的70%不到。类似的还有高科技公司中兴,虽然是科技公司,但是2016年营收只有大约1 012亿元人民币。

所以在未来5年,ICT领域千亿美元公司还是要看华为、阿里巴巴、腾讯三家。另外京东预计也会突破千亿美元,还有富士康现在就是千亿美元公司。不算京东和富士康，有 3 家千亿美元 ICT 公司，这已经很了不起了，因为美国的千亿美元 ICT 公司也就是亚马逊和苹果 2 家。

但是，这里要加个但是，美国还有微软、谷歌、IBM（国际商业机器公司）3 家接近千亿美元的 ICT 公司，2016 年，谷歌收入为 901 亿美元，微软收入为 857 亿美元，IBM 收入为 778 亿美元。这其中微软和 IBM 增长潜力不大了，事实上 2016 年这两家收入都是负增长。

谷歌还保持着快速增长，2016 年增长了 12% 左右。另外我们熟知的 Facebook（脸书），2016 年营收为 276.38 亿美元，和同样做社交的腾讯 1 519.38 亿元人民币收入规模差不多，而且增速为 56%，竟然也和腾讯 2016 年 48% 的增速差不多。预计 Facebook 未来也会成为千亿美元公司。

英特尔公司 2016 年收入为 593.9 亿美元，增长 7.3%，但是净利润高达 103.16 亿美元。还有个甲骨文公司，这家软件公司已经停滞多年了，2016 年营收为 370.47 亿美元，下降 3.1%，但是净利润竟然高达 89.01 亿美元，虽然下降了 10.4%，仍然可以看作美国 ICT 产业的支柱。

所以我们做个总结，未来 5 年，中国千亿美元级别 ICT 公司有 5 家：华为、阿里巴巴、腾讯、京东、富士康，这其中华为和阿里巴巴将会在技术方面脱颖而出；美国千亿美元级别 ICT 公司有 5 家：苹果、亚马逊、微软、谷歌、Facebook。

在营收的第二梯队，中国的有百度、网易、紫光展锐、浪潮、小米；美国的有英特尔、甲骨文、IBM、高通、惠普。中国方面只有百度、紫光展锐、浪潮算得上技术型公司，小米和网易在研发方面还需要加强科技色彩，目前来看差距还是很大。

事实上，美国还有 NVIDIA（英伟达）、AMD、博通、德州仪器等公司，另外半导体生产设备领域美国也是绝对优势，比如应用材料公司。美国在 ICT 技术方面的绝对优势地位，是自"二战"以后的第三次科技革命打下的深厚根基，我们能做到紧跟已属不易。当然我们也要有信心，在上述公司之外，我国还有中芯国际、中微半导体、长电科技、寒武纪等公司。

来自中国的超级基建公司

在对应发达国家三大支柱产业之外，我国还多了一个独有的超级支柱——基建产业。全球基建行业唯一一家千亿美元公司：中国建筑。中国建筑2016年销售收入为1 445亿美元，是全世界最大的建筑公司，"基建狂魔"绝非浪得虚名。在西方三大支柱产业的基础上，我们还多了一个，就是搞建设。这个地球上修桥、修公路、修高铁、修机场、修高楼、修轨道交通谁最强，毫无疑问是中国。

2017年上半年，中国建筑获得海外订单1 166亿元人民币，大约175亿美元。我们熟知的阿联酋迪拜的棕榈岛就是中国建筑修的；另外如果去泰国旅游，会发现20泰铢的钞票上有一座位于曼谷市的拉马八桥，也是中国建筑公司修的。

实际上，除了中国建筑，还有中国铁路工程总公司，2016年销售收入为969.8亿美元；中国铁道建筑总公司，2016年销售收入为948.8亿美元。这两家也将是千亿美元公司。下面还有世界最大的私人建筑公司太平洋建设集团，2016年销售收入为746.3亿美元；中国交通建设公司，2016年销售收入为707.5亿美元。

中国基建公司拥有世界上数量最为庞大的富有经验的工程师、技术人员和建筑工人，这些都是别的国家在短时间内无法拥有的。

世界上最长的跨海大桥、最大的电网、最大的高速铁路网、最大的高速公路网都是中国基建公司修的。事实上，世界上目前最长的人工运河、最长的城墙，都是中国人在古代就已经修好了的。好莱坞电影《2012》里面，人类逃命用的诺亚方舟号，就是中国建造的。

大胆设想，以后人类移居外星球，没有中国基建公司参与是不可能的。

必须要有中国公司在新的行星上开展建设工作，人类的外星移民才能高效率完成。美国2017年上映的科幻片《异形》，一艘飞船载着2 000人向一颗遥远的星球移民。我们得先问一句，飞船上有来自中建、中交、中铁建、中铁工程等公司的人吗？如果没有，那你这个移居就是不靠谱的。

西方的千亿美元公司，集中在能源、汽车、ICT三大领域。所以能源、汽车、ICT，另外加一个基建，是中国赶超西方的四大领域。目前，中国工业品进口最多的是集成电路，其次是汽车整车和零部件，刚好对应ICT和汽车产业。未来在这两个产业，一定会有大批中国公司达到世界超一流水平。

第四章

看得见的差距——亟待升级的中国产业

中国制造大而不强,这句话说对了一半,的确有的中国制造产量非常大,营业收入也非常高,但是产值和利润都非常低,这个是事实。

大是强的基石,先有大,而后强

2017年第一季度中国品牌手机份额占到世界48%,也就是说,人类每买两部手机,就有一部是中国品牌。但是如果论产值和利润,中国手机可就占不到48%了。

苹果公司2016年卖了2.15亿部iPhone,占世界14.6%;中国3强华为、OPPO、vivo 2016年共卖了3.157亿部手机,占世界21.6%;三星公司2016年卖了3.11亿部手机,占世界21.2%。

然而对比一下营收,2016年苹果来自iPhone的营收为1 394亿美元;三星移动部门的营收为894亿美元;华为、OPPO、vivo三家都没有公布单独手机的营收,华为消费者业务收入为1 780亿元人民币,就算全部算成手机业务的收入,也就是258亿美元(6.9的汇率),OPPO和vivo的营收大约也就是200亿美元（估计值，vivo低于OPPO），那么三家之和也就是650亿美元。从中可以看出，我们量比别人大，收入却比别人低，收入都比不过人家，产值和利润更是比不过人家，这个就可以称之为大而不强。

然而作为世界第一大工业国的国民，我们要正确地理解"大而不强"这四个字：中国是全产业链国家，"大而不强"是和在本行业全球最强者进行的比较。智能手机是个例子，我们说大而不强，是和本行业最强的美国和韩国比较，但是比起其他国家，我们是既大又强，没有任何其他国家能在产值和利润上超过我们，我们是世界第3强。

再比如工程机械，这也是我国被普遍认为大而不强的产业。英国KHL集团旗下的《国际建设》杂志（*International Construction*）公布的2016年全球工程机械制造商50强，中国企业销售收入加起来占全球10.6%，从工程机械产业获取收入能超过我们的，只有美国和日本。我们是世界第3位。德国工程机械公司的收入占全球9.1%，虽然收入低于我国，但是其增加值应该高于我国，也可以排我们前面，那么我们就是世界第4位。

我国的工程机械，有国内网友吐槽不如美国日本欧洲机械，但是至少从收入上看，我国也是世界第4位。还是那句话，全球发达国家都有24个，我国排世界第4位其实已经不错了，只是我国朝着超级大国在努力，世界第4位显然不能满足我们的追求。

大是强的基石，先有大，然后才会有强。有了高的产量，有了高营业收入作为基数，才有可能有高增加值和高利润。营业收入只有一个亿，怎么可能创造三个亿的增加值、一个亿的利润呢？我国凡是领先世界的行业和企业，在本行业一定处于营业收入最高行列，反之我国凡是没有发展起来的产业，其特征都是营业收入非常低。

PART 1
当今中国在世界究竟是什么位置

差距最大的行业

我们从数据来看看，中国大陆哪些行业和外界的差距最大。我们主要观察中国进口的工业产品金额，从中也可以看出，我国应该把哪些产业的国产化排在最优先的地位。

2016年中国进口总额为15 874.8亿美元，当然这里面大约三分之一是各种矿物原料和食品。例如2016年我们进口各种水果和干果花费57亿美元，粮食和食用油438.6亿美元。也就是说，我们花了500亿美元左右进口食品。

和食品相比，我们进口的矿石原料和石油天然气更多。据中国海关总署数据，2016年中国进口铁矿石花费576.6亿美元，铜矿206.7亿美元，煤141.5亿美元，原油1 164.7亿美元，成品油111.4亿美元，燃料油26.4亿美元，天然气164.9亿美元。也就是说，我们花了差不多2 200亿美元进口各种矿物原料。另外还买了原木162.1亿美元，固体废物180.1亿美元等。

要搞清楚我们和世界顶尖水平的差距，还是要看工业制品的进口。2016年，中国进口工业制品金额为11 773.3亿美元，占总进口额的74.2%。我们看一下进口的工业制品里，有哪些是进口金额比较大的商品，这样我们也可以知道，中国最应该在哪些领域尽快完成产业升级，实现进口替代。

请注意，以下数据来自中国海关总署。根据2016年12月全国进出口总值表（美元值），第一大进口工业品是集成电路，2016年进口额为2 271亿美元，占工业品进口总额的19.3%。

差距到底有多大？2016年，中国第一大半导体公司海思半导体销售额为303亿元人民币，按照6.9的汇率，是43.9亿美元，而世界第一大半导体公司英特尔营收为549.8亿美元，相差12.5倍。当然，海思是纯设计公司，没有工厂，和英特尔这种设计兼制造的IDM（集成器件制造商）比较很不公平。那么我们就把海思和世界纯IC（半导体元件）设计第一名的高通做比较，高通2016年营收为154亿美元，是海思的3.51倍。实际上，海思的芯片设计还是基于ARM架构（处理器架构），中国真正算得上完全自主可控的芯片龙芯，2015年销售收入只有1亿元人民币，和英特尔是1 000倍以上的差距。

我们再看看上游的半导体生产设备，半导体生产设备不只是用来生产电子产品用的芯片，我们的LED灯、太阳能产业同样也需要半导体生产设备。

全球第一大半导体生产设备企业是美国应用材料公司，2014年营收79.4亿美元，而中国的龙头企业中国电子科技集团两大研究所四十五所和四十八所来自半导体生产设备的营收，加起来为8.09亿元人民币，相差63倍（2014年汇率按照6.4）。

这里有一个好消息和一个坏消息。坏消息是半导体生产设备我国世界市场占有率只有1%，好消息是半导体生产设备世界上的主要玩家也就是美国、日本、荷兰3家，其他国家都微不足道，我国继续努力就可以达到世界第4位。

我们可以看出什么呢？在芯片设计这个环节，我们和世界第1位的差距是3.5倍；到了芯片制造这个环节，我们和世界第1位的差距是10倍。到了芯片生产设备这个环节，我们和世界第1位的差距是63倍。

这说明什么呢？只有我们的下游国产需求方强大了，才能带动上游的发展。说得再直白一点，如果海思、展讯、中兴微电子、华大、大唐等这些IC设计公司发展不起来，那么中芯国际和华力微这些制造企业也就发展不起来；如果中芯国际、华力微这些制造企业发展不起来，那么更上游的北方华创、中微半导体等半导体生产设备供应商也很难发展起来。

中国进口的第二大工业品是汽车整车和汽车零部件，2016年进口额为746.1亿美元，占工业品进口总额的6.34%。2016年《财富》世界500强公布，世界营收最高的汽车公司德国大众营收为2 366亿美元，世界第2位是日本丰田汽车公司，收入为2 365.9亿美元，几乎不相上下。然而中国最大的汽车公司上汽集团收入是多少呢？1 066.8亿美元，和世界第1位的差距是2.22倍。此外上汽集团的营收基本来自合资品牌，我们以2017年第一季度为例子，上汽集团总共汽车销量大约为165.6万辆，其中上汽自主品牌汽车（不计算五菱）销量只有11.8万辆，比例为7.13%，而德国大众、日本丰田等几乎百分之百都是自主品牌。

如果按照自主品牌销量对比，2016年中国销量最高的自主品牌公司长安集团128万辆，而世界第1位的是大众1 031.3万辆，世界第2位的丰田是1 017.5万辆。中国最好的和世界最好的相比，差距是8倍，2016年全中国自主品牌乘用车的销量之和为1 052万辆，历史上第一次超过了丰田的1 017.5万辆和大众的1 031.3万辆。也就是说，一个丰田或者一个大众的年销售量几乎等于全中国的自主品牌销量之和。

我们再看一下汽车零部件。2016年按照福布斯的世界汽车零部件厂家百强榜，世界第一大汽车零部件公司是德国博世集团，营收为448.25亿美元；而中国第一大汽车零部件厂家是延峰集团，营收为112.42亿美元，差距为4倍。但是请注意延峰集团是做汽车内饰的，技术含量有点尴尬。全球汽车零部件排行榜前100名只有两家中国公司，还有一家是中信戴卡，营收为24.3亿美元，和第1位的差距是18.45倍。

不过也别灰心，我国汽车零部件很多是在某集团下面的，比如山东潍柴的柴油发动机，就是潍柴集团下面的子公司。比如比亚迪自产自销发动机，奇瑞同样自产自销发动机，同样的还有浙江万向集团等，很多公司没有申报，因此没有进入这个排名。

我们进口的第三大工业品是仪器仪表，2016年总共进口额为449.6亿美元。我国尤其是科研领域，非常依赖从国外进口高端科研设备，虽然国产仪器仪表近年来发展非常迅速，但是总体来说差距仍然非常大，例如实验室的高端科研仪器主要还是依赖进口。2016年我国仪器仪表整个行业的营收才9 355.4亿元人民币，而进口就有3 000亿元人民币以上，这个数字非常惊人。

我们进口的第四大工业品是初级形状塑料，2016年进口额为413.2亿美元，这个可能是大多数人没有想到的。初级形状的塑料包括各种以聚开头的化工品，例如聚乙烯、聚丙烯、聚碳酸酯等。初级形状塑料里面有没有高科技产品呢？当然有，但是总的来说，这是个低端的工业产品。

2016年我国进口了2 570万吨的初级塑料，其中聚乙烯994.3万吨。聚乙烯产品是从哪些国家进口呢？是以中东及东南亚国家为主，其中伊朗占比28%，位居首位；沙特占比26%，位居第2位；阿联酋占比18%，位居第3位。接下来是新加坡、泰国、卡塔尔，整体来说第三世界国家居多。

再比如聚丙烯（包括丙烯共聚物）2016年进口了457万吨。聚丙烯最近七八年国内产能大幅增加，2010年我国进口依存度（进口量占消费量比例）还高达34%，2015年已经下滑到了16%。我国进口的三大来源国是韩国、沙特、新加坡。其中韩国进口较为高端，主要用于电子制造业。沙特进口以基本通用料为主，便宜。新加坡进口用来做人造纤维等。

显示面板是我国进口第五大工业品，2016年进口额为318.5亿美元。2016年我国第一大龙头企业京东方营收是688亿元人民币，2016年世界第一大显示企业三星显示的营收是1 632亿元人民币（按照韩元兑换人民币165的汇率），差距为2.37倍，上游的差距更大。

中国进口的第六大工业制品是自动数据处理设备及其零部件，2016年进口额为278.3亿美元。自动数据处理设备及其零部件包括工业和民用计算机及其零部件，例如硬盘、硬盘驱动、计算机、光盘驱动、显卡、声卡等。

我们当年玩台式机的时候就在想，主机和显示器，就只有机箱是大陆产的，CPU、主板、硬盘、显卡、声卡、内存条全部是中国台湾地区或者外国的。现在有所好转，因为个人用的计算机销量在下滑，并且有的部件实

PART 1
当今中国在世界究竟是什么位置

现了国产化,例如显示器国产有很多,而且紫光和西部数据也成立合资公司了。国内也有例如长城科技公司,2016年营收为691亿元人民币。实际上,现在大部分计算机整机和零部件生产是在中国大陆进行,很多是中国台湾地区企业在大陆设的厂。

中国进口的第七大工业品是未锻轧的铜及铜材,2016年进口额为263.8亿美元,不过这个主要是资源型的初级工业制品。

中国进口的第八大工业品是医药品,2016年进口额为220.9亿美元。其实中国非常重视药物的国产化,因为保障14亿人的健康并非小事,但是依然有药物需要依赖进口。如果加上西药的原料,那么进口金额高达295.62亿美元,可以排在第6位。

中国进口的第九大工业品是飞机和航空器,2016年进口额为203亿美元。我们为什么要自主研发ARJ21和C919?因为这是进口排在前10位的工业品。在民用航空领域,如果非要和波音、空客对比,我们大飞机是零。不过情况正在改变,2017年5月5日,C919实现首飞。

中国进口的第十大工业品是电子元器件,2016年进口额为200.1亿美元。这个大家可能有疑问,为啥进口金额比我们感觉的要低?这个主要是我们脑海中的电子元器件和官方定义的电子元器件不一样。

我们用的手机里面最值钱的是各种集成电路(包括手机处理器、DRAM、闪存、基带芯片、功率放大器、数模转换、射频器件等),例如让韩国三星和SK海力士利润暴涨的内存芯片,这个是算在集成电路进口里面;其次是显示面板;然后是Wi-Fi模块、蓝牙、天线、声学器件、摄像头模组(包括镜头)、电池、机壳金属件、触控马达等,这些大部分都实现国产化了。

例如,索尼的摄像头模组工厂已经在2016年卖给了欧菲光。例如金属壳,比亚迪甚至还是三星的主要金属壳供应商之一。再例如电池,连苹果也用中国欣旺达、德赛、ATL公司的电池。倒是电容电阻这些电子元器件,我们水平还不高，依赖进口。

我们对比下中国和日本最大的电子零部件企业（不包含芯片和显示面板），日本最大的电子零部件企业是京瓷，2017财年预计营业额大约933亿元人民币，而中国最大的电子零部件企业是亨通集团，2015年销售额为480.3亿元人民币。差距大约在1倍。

然而亨通集团相当大一部分业务是做光纤光缆，我们排除亨通这种做光纤光缆为主的企业。剩下的中国最大的电子零部件企业是歌尔股份，2016年营收为193.5亿元人民币，和京瓷有大约5倍的差距。同样的还有瑞声科技，2016年营收为155亿元人民币，和京瓷的差距为6倍。但是歌尔股份和瑞声科技都是主要做声学器件的。

如果纯看作电容电阻之类电子元件的中国企业，例如法拉电子、顺络电子、艾华集团，都只有十几亿人民币的规模。风华高科、三环集团规模大点，风华高科2016年营收也就有27.7亿元人民币，三环集团2016年营收为28.9亿元人民币。对比下日本六大电子零部件企业之一的村田制作所，2015年营收已超1万亿日元，约合人民币670亿元，差距达23倍。

中国进口的第十一大工业品是医疗器械，2016年进口额为184.05亿美元。

中国进口的第十二大工业品是钢材。作为世界第一钢铁大国，依然有部分钢材需要进口，2016年进口额为131.5亿美元。说多也不多，说少也不少。汽车用的钢板进口的比较多，主要是有些在华外资车企有固定的国外供应商。

另外还有农业机械，2016年我们进口额为120.78亿美元。

基本上，中国进口比较多的工业品，主要就是这十三类，其他还有天然和合成橡胶共计87.1亿美元，其中合成橡胶有部分是高端产品。

另外新闻上比较关注的机床，进口的金额并不高，2016年我们总共进口额才75.1亿美元。但是我国一年整个市场机床消费金额为275亿美元，对外依赖度还是比较大的，进口依赖度为 27.3%。还有网络上经常提到的工程机械，我国进口很少，2016 年进口额为 33.2 亿美元，反而出口额高达 169.6 亿美元，顺差 136.4 亿美元。

还有一个国民非常关注的工业机器人，这个市场其实很小，2016 年全中国市场容量 285 亿元人民币，就算百分之百进口，也就是 40 多亿美元，更何况 2016 年国产机器人生产呈现爆炸式增长的态势。

通过对进口工业品的整理，我们可以看出，我们进口的工业品，有技术含量而且金额比较高的，集成电路 2 271 亿美元，液晶显示面板 318.5 亿美元，航空器 203 亿美元，汽车整车和零部件 746.1 亿美元，仪器仪表 449.6 亿美元，电子零部件 200.1 亿美元，医药品 220.9 亿美元，自动数据处理设备 278.3 亿美元。

集成电路、汽车、仪器仪表、液晶面板四大类的进口金额遥遥领先，金额全部在 300 亿美元以上，分别占我国工业制品进口金额 11 773.3 亿美元的 19.3%、6.3%、3.8%、2.7%，合计高达 32.1%。其他的 200 亿美元级别的有医药品、自动数据处理设备、航空器、电子零部件，占比分别为 1.9%、2.4%、1.7%、1.7%，合计为 7.7%。从这些数据可以看出，这八类产品，集成电路的进口金额就相当于其他七类之和。另外还有钢材进口额为 131.5 亿美元，农业机械进口额为 120 亿美元。

追赶的脚步

这些产业目前升级情况如何呢？

第一，毫无疑问国家最重视的是金额最高、占了工业品进口五分之一的集成电路。这个产业伴随着中国下游电子品牌的崛起，已经开始星星之火可以燎原之势。当然由于基数太低，落后会是长期现象，我们要做好长期作战的心理准备。

第二，汽车和零部件产业不必太担心，未来 10 年是中国自主品牌大逆袭的 10 年，国产零部件产业也必然随着自主品牌崛起，2017 年一季度国产汽车零部件公司业绩全部在猛涨。

第三，同样受到国产电子品牌的带动，国产面板份额在飙升，而液晶面板的进口正在迅速下降，2012 年顶峰时超过 500 亿美元，2016 年已经下降到 318 亿美元，京东方净利润连创新高。

第四，航空器。ARJ21 已经商用，C919 也在试飞了，未来 5 年可以商用。未来是可以预期的，但是这个产业和集成电路一样，要做好 10 年甚至 20 年长期竞争的准备。

第五，电子零部件产业。我国由于下游品牌的崛起，带动国产电子元器件在以 20% 的速度增长，平均 4 年翻一番，但是这个产业同样基数低，还需要时间。

第六，仪器仪表。我国科研仪器高度依赖进口，2016 年我国规模以上仪器仪表公司的总收入才 9 355.4 亿元人民币，而进口额高达 450 亿美元，超过 3 000 亿元人民币。2016 年我国仪器仪表公司收入增长 9.1%，利润增长 8.2%，而进口下降了 1.13%，形势是在向好的一面发展，但是差距还非常大，进口替代的空间广阔。

第七，医药品工业。我国 2016 年国产医药制造业的企业收入为 2.806 万亿元人民币，增长 9.7%，利润增幅更高达 13.9%，而进口医药品加原料超过 290 亿美元，增长 1.92%，国产的增长快于进口，也处于进口替代提升的趋势。

第八，医疗器械。2016 年我国市场规模为 3 700 亿元人民币，增长 20.1%，而 2016 年进口额为 184 亿美元，增长 6.28%，进口的增长慢于国内市场的增长速度，说明进口替代也在进行中。

第九，自动数据处理设备（计算机及其零部件）。2016 年我国出口额高达 1 374 亿美元，下降 9.8%；进口额为 273.8 亿美元，下降 1% 左右。巨额顺差。

第十，还有钢材。我国 2016 年钢材产量超过 11 亿吨，而进口只有 1 300 多万吨，主要来自日本、韩国等。进口依赖度只有 1%，而日韩的进口，很多也是用于在华车企用钢。

第十一，国产农机。2016 年中国农机工业增加值增速为 7.7%，2016 年全国规模以上农机企业主营业务总收入为 4 516.39 亿元人民币，比上年同期增长了 5.8%。规模以上农机企业实现利润总额为 255.24 亿元人民币，比上年增加了 3.51 亿元人民币，增幅仅为 1.39%。农机在 2016 年是不景气，表现为利润增长慢，但是收入增长仍然有 5.8%，相比之下农机进口金额 2016 年下滑了 7.6%，仍然在不断进行进口替代。当然，差距还是很大，体现在高端产品需要进口。

从上面可以看出，我国进口金额最高的十三类工业品（不考虑初级形状塑料和铜材这两个技术含量较低的），全部在快速地进行国产化替代，由于有的工业品进口比例高，有的进口比例低，因此国产化替代的速度各有不同。

有的工业品，国产化程度很低。例如仪器仪表、医疗器械，进口依赖度都在 30% 以上，航空器里面的大型民用航空目前甚至国产几乎为零，而集成电路则是重中之重，不仅金额最大，而且进口比例高达 90% 以上。

另外还有我们一直关注的机床工业。2016 年我国机床消费金额为 275 亿美元，国产机床产业收入总体增长 3.6%，达到 229 亿美元，进口额为 75 亿美元，下降 12.8%，进口比例为 27%。机床工业作为国民眼中"惨兮兮"的产业，仍然在有条不紊地逐步进行国产化替代。

除了这些进口工业品大类外，我国还进口了很多初级工业品。例如 2016 年进口纸浆 122.4 亿美元，纺织纱线和织物 167.4 亿美元，矿物肥料和化肥 24.1 亿美元等。这些初级工业制品，很多是来自资源国家的初级工业工厂的产出，我国进口是合理的。中国的发展还是要与世界其他国家互惠共赢比较好，这也符合中国提出的构建和谐世界的理念。

PART 2

进军高端——产业升级正面战场

第五章
中国产业升级路线图：从系统设计到零部件国产化

2018年的中国制造已经升级到了什么阶段？

中国的人均制造业产值（注意是制造业，不是工业，制造业不包含采矿业、热水燃气等）已经显著超过发展中国家，呈现大幅领先的态势。

和进入世界经济20强的发展中国家相比，中国2015年人均制造业产值是墨西哥的1.46倍，是土耳其的1.3倍，是俄罗斯的2.01倍，是巴西的2.69倍，是印度的9.9倍，是印尼的3.4倍。为什么和全球20强比较？世界经济排名第20位的国家的经济总量只有中国的5%多一点，所以和这以外的国家比较意义不大。也就是说，同世界主要的发展中国家相比，我们的人均制造业产值已经是他们的1.3~10倍。

同时我国人均制造业产值已经达到了美日德发达国家工业3强的1/3左右。以2015年为例，我国人均制造业产值是美国人均的35.5%，是德国人均的27.8%，是日本人均的33.4%。实际上，2018年，我国人均制造业产值占美日德的比例还会在上面数字的基础上有所上升。

中国制造业现在在人均产值上已经和发展中国家拉开了差距，同时又离发达国家还有距离。我们已经处于往前一步就是发达国家的阶段。到

2025年前后，中国人均GDP和人均制造业产值将迈入发达国家最低门槛，中国模式一定会被写进人类历史产业升级的教科书。

唯一横跨高中低端制造的大国

我们要自信地争夺中国制造的话语权，和美国、日本、德国制造比较，2018年我国人均制造业产值已经差不多是他们的40%。尽管总体不如他们高端，但我们在很多方面是比他们先进的。也就是说，既存在他们超过我们的地方，也有我们超过他们的地方。

贬低中国制造的人，已经形成了一套逻辑体系："外国不是技术上造不出来，而是主动放弃"，"主动放弃的原因是因为利润低，附加值低，所以进行产业转移给中国做"，"中国制造处于全球最低端，都是组装货"。听到这些错误信息的时候，我们的第一反应往往会觉得好像真的是那么回事，但是这些显然不是事实。中国制造在任何领域都不处于全球最低端，如果中国制造处在全球最低端，那么人均制造业产值远不如中国的工业大国墨西哥、印尼、土耳其、俄罗斯、印度、巴西处于制造业的什么端？再进一步，那些还不如这些发展中工业大国的国家的制造业，处于什么端呢？

真的"不是技术上造不出来，而是主动放弃"吗？比方说，智能手机里的处理器和基带芯片这种高附加值的产品，日本就造不出来，日本索尼、夏普、京瓷现在都还在设计和生产智能手机，但是核心的处理器和基带芯片都要从美国进口。

再比如，我国的支线民航客机ARJ21于2002年立项，2015年底交付，到现在已经商业飞行3年多了，日本的支线民航客机MRJ（三菱支线客机）于2003年立项，还要等到2020年才能交付。导致2018年1月，失去耐心的美国东方航空公司决定取消2014年9月下的40架MRJ订单。

实际上，根据中国台湾地区的《中国时报》2018年1月26日的报道，

PART 2
进军高端——产业升级正面战场

在2011年的时候，由于当时负责进行MRJ研发的日本三菱集团进展缓慢，美国波音公司曾经向三菱研发中心前主管建议，直接使用波音737的座舱，被日本人拒绝，坚持自主研发。

到现在，MRJ的研发成本超过当初预估的近2 000亿日元（118亿元人民币），增加至5 000亿日元（295亿元人民币）。为了加快研发进度，三菱重工的宫永俊一社长于2018年1月采取大量聘用外籍技术人员的方针。目前MRJ约2 000名研发人员中，外籍研发人员超过600人，占比高达30%。日本研制一款支线民航客机，时间一再拖延，成本一再追加，现在不得不依靠外籍研发工程师，这是技术上落后中国的体现。

再比如，德国制造在我们眼中是高端的典型，实际上，他们同样造不出手机处理器，同样也无力独立研发制造民航客机。我国的中芯国际集成电路制造，虽然在制程上比起韩国三星、美国英特尔和GF（Global Foundries，格罗方德半导体股份有限公司）还有很大的差距，但是比德国要先进。2017年第四季度，中芯国际28nm先进制程芯片占营收的比例已经达到11.3%。2019年中芯国际将量产14nm制程芯片。

另外一个例子是大水深载人深潜作业设备，德国就造不出来。目前人类制造过的大水深载人深潜作业器，能够潜下去还能正常作业的就5个，美国建造于1964年的"阿尔文号"达到深度4 500米，法国的1985年研制成功"鹦鹉螺号"达到深度6 000米，俄罗斯的"和平号"在1987年达到深度6 000米，日本的"深海6 500"在1989年达到深度6 500米，还有就是中国的"蛟龙号"在2012年达到深度7 062米。美国还造过下潜万米的深潜器，不过没有作业功能，只是探险用。

再比如，国家电网的特高压输电设备就是不折不扣的高端货，同样领先于德国、日本。

上面只是一部分例子，实际上中国能造，但是德国、日本或者美国不能造的高端产品还有很多。所以正确的说法是，中国是全球唯一横跨高中低端的超级工业大国。我们现在的短板是，高端产业上份额还不够高，我们目前不能制造的东西还很多，还需要不断补强。

"组装货"的战略意义

本文探讨下中国制造的升级路线图。

在过去的20年，中国制造在两个领域取得了突飞猛进的发展，一跃成为世界一流。一个是家电产业，一个是消费电子产业。从这两个产业我们可以很清楚地看出中国制造的升级路线。虽然我们在家电和消费电子领域，打造出了美的、海尔、格力、华为、小米、联想、OPPO、vivo等一批世界级的电子品牌公司，但是在中国网络上，这些公司一直被人认为是只会组装，生产的都是组装货。但凡是有关这些公司成就的新闻，下面的评论里一定会有人说，某某核心零部件是进口的，价值和利润都被外国人赚走了，中国只赚到可怜的几美元组装费。

另外就是对于日本在家电和消费电子品牌领域的衰退，有很多人说是"日本放弃了低端的家电和电子终端产品，转向了具备更高价值的核心零部件领域，掌握了价值链的更上游"，这种说法得到了很多人的赞同。

这种说法对不对呢？当然是错误的，而且是完全错误的。这是完全忽略了品牌和系统集成的高价值，低估了系统集成和工程的复杂性，完全忽视了掌握系统集成技术和能力对于一个国家的意义。

作为一个理工科毕业的学生，在大学的时候，我们有一门课的教材，叫作《论系统工程》，是我国一代科学大师钱学森先生的著作[1]。什么是系统工程呢？按照钱老的定义："'系统工程'是组织管理'系统'的规划、研

---

[1] 钱学森还有另外一本经典的著作，写于20世纪60年代初，距离今天已经50多年了，名叫《星际航行概论》，是当时他在中科大上课的教材。这本著作对火箭设计、原子能火箭发动机设计、飞船的星际轨道选择、光帆、航天器防辐射设计、人员生命维持系统等都有较为详细的描述，同时又通俗易懂，让人惊叹。

究、设计、制造、试验和使用的科学方法,是一种对所有'系统'都具有普遍意义的科学方法。"(《论系统工程》,1982年)这个定义至少告诉我们,完成一个系统,尤其是大而复杂的系统,不是一件简单的事情,而是一门科学,一门艺术。

在商业竞争中,完成一个复杂精密的系统,同时还要做得比竞争对手更有竞争力,最终得到市场认可在市场上打响品牌,其实是一件高度复杂而困难的事情,是供应链、渠道、研发、管理、市场、物流、营销、仓储等综合能力的集合。越是复杂的系统,对综合能力的要求越高,这其中任何一个环节出了问题,都会影响商业竞争力。

一个国家掌握设计、制造到创立品牌的系统工程能力,并且具备强大竞争力,其实不是一件简单的事情。我们说的组装制造,只是打造品牌过程中的一个环节而已。

以家电为例,做有商业竞争力的家电品牌绝对不是什么低端。权威咨询公司欧睿国际发布的2017年全球白色家电份额,世界前5位是海尔、三星、LG、惠尔浦、美的。中国、韩国和欧美品牌占主导地位。

实际上如果我们扩展到家电品牌世界前20位,会发现都是中美欧日韩品牌。除了中国全部是发达国家,这充分说明,家电这样的消费品牌,要做好并不容易。中国能有海尔、美的、格力这样的品牌厂家,是非常了不起的。

再比如白色家电里面,在家里用的酒柜,这通常是中产阶级或者有钱人家里才会有的家电设备。世界前5位,除了中国海尔位列世界第1位外,其他四家都是欧美公司。这是不折不扣的高端享受类电子产品。

以格力为例,做系统集成和品牌,能给一个国家带来巨大的价值,能够做系统和品牌,对一个国家的意义是极为巨大的。格力的净利润2017年达到了224亿元人民币,按照6.75的汇率就是33.185亿美元。这是什么水平呢?从《财富》发布的2017年世界500强里筛选出所有日本公司,我们按照净利润排名，格力可以排在日本所有企业的第 12 位。如果单看制造业的话，格力净利润可排在日本第 4 位，仅次于丰田、日产和本田。其他的日本制造业公司，如松下、索尼、日立、夏普、日本电装、普利司通、铃木汽车、三菱化学、佳能、住友电工、爱信精机、新日铁住金、富士通、三菱重工、马自达汽车、日本电气、大金工业等，净利润都被格力超越了。

我们把格力放在德国比较一下，根据 2017 年上榜《财富》世界 500 强的德国公司，格力 2017 年的 33.185 亿美元净利润，可以排在德国所有企业的第 11 位。如果单看制造业企业，2017 年格力的净利润可以排在德国工业企业第 8 位，仅次于戴姆勒、宝马、西门子、大众、拜耳、巴斯夫、大陆集团。

单看制造业，格力能在日本制造业净利润中排第 4 位，能在德国制造业排第 8 位，都在前 10 位的水平。而格力还不是中国净利润最高的家电集团，海尔集团、美的集团净利润都比格力还要高。所以真的是做家电品牌不赚钱吗？显然不是。

实际上，像日本这样的国家，大金空调、三菱空调仍然在市场上销售，并且占据了相当一部分市场，只不过在中韩竞争下份额在逐渐缩减而已。

当然，我们把格力放到美国比较一下，就能感受到美国的强大了。以格力大约 33 亿美元的净利润在德国能排在所有企业的第 11 位，在日本能排在所有企业的第 12 位，那在美国能排在多少位呢？仅仅排在第 64 位。

如果单看美国的制造业，比格力净利润高的公司有苹果、强生、IBM（国际商业机器公司）、宝洁、思科、通用汽车、通用电气、辉瑞制药、可口可乐、百事可乐、英特尔、安进制药、艾伯维制药、高通、洛克希德马丁、联合技术（旗下西科斯基和普惠发动机）、3M、波音、霍尼韦尔、福特汽车、陶氏化学、默沙东制药、耐克、卡夫亨氏食品、慧与（惠普企业公司），横跨军工、电子、通信、汽车、食品、制药、航空、化工等多个领域。也就是说，格力的净利润在美国能排在制造业的第 26 位。

如果我们看格力的毛利率，更是高达 30.43%，这是全球同行业最高水平之一。也就是说，格力每 100 元的销售收入里，有 30.43 元是净利润 + 税收 + 销售费用 + 管理费用 + 财务费用，其中管理费用就包括了研发人员工资，销售费用包括了营销广告支出、销售人员工资等各种支出，这些钱都流入了中国人的腰包。剩下 69.57 元营业成本，还包括一部分研发支出，格力 5 万多工人工资、投资工厂、办公楼、设备带来的资产折旧、购买原材料的运输费用等，这些钱也是花在中国国内了。

因此，虽然格力没有公布零部件采购费用，但是这个值肯定是低于 69.57 元的。如果我们按照 60 元来计算，也就是说，格力掌握了系统集成和品牌，即使所有的部件，包括空调外壳全部百分之百进口，中国仍然可以从一台空调上获取 40% 的产值，这是做任何一个空调零部件都达不到的收益。

更进一步，根据董明珠在 2017 年 6 月第三届中以科技创新投资大会的演讲，格力空调已经占领全球 30% 的市场份额，因此我们可以说，即使所有部件百分之百进口，仅仅格力一家的系统设计制造和品牌，就让中国占领了全球空调产业上下游总价值的 30% × 40%，即 12%。

实际上，不只是系统设计制造和品牌，格力空调零部件基本是采购自国内，旗下凌达压缩机就自产空调压缩机，空调 99% 的部件都国产化了。另外，中国家电品牌向上走的空间还很大，虽然我们在本土市场反攻成功了，但是在海外市场品牌知名度还不高。

中国海关总署的统计数据显示，2017 年中国累计出口空调 4 267.1 万台，同比增长 9.8%，规模创历史新高，但是其中大部分是贴牌代工，品牌出口仍然不多。

以美国空调市场为例，这是仅次于中国的全球第二大市场，2017 年美国空调市场规模达到 1 094 万台，海尔集团通过收购的形式，获得了市场份额第一。美国空调市场份额占比 TOP5 分别是：海尔和 GE Appliances（通用电器）双空调品牌占比27.2%、伊莱克斯17.7%、LG11.1%、Kenmore（凯摩）5.8%、惠而浦2.5%。能跻身当地市场前5位的中国空调品牌，除海尔外再无其他。实际上，海尔获得第一主要因为GE的品牌，而不是Haier品牌。

2017年在东南亚排名前10位的中国空调品牌，仅海尔一家，主要市场被日本品牌占据。我国空调品牌只在部分国家占据优势，比如在巴西、俄罗斯，中国品牌的份额都是第1位。我国家电领域在开拓海外市场方面，做得不如我国智能手机品牌。

我们还可以以智能手机为例子。2017年智能手机前10位只有中美韩三家了。据2017年9月IHS Markit（埃士信）出具的详细物料成本报告，一部64G版本的iPhone 8手机，物料成本为247.51美元，大约合1 671元人民币。而iPhone 8的售价为5 000多元人民币。系统设计和品牌的增加值占到了手机的70%，对于华为、OPPO、vivo、小米等也是一样。

以OPPO R11s为例，64G版本的售价是2 999元，但是其硬件成本不会比iPhone 8的1 671元的成本高。我们就按照1 400元计算，设计制造一部OPPO的R11s，打响品牌并且成功地以2 999元的价格销售，就算其硬件百分之百进口，中国也能从中获取至少1 599元的收益，占比为53.3%。

所以对一个国家而言，只要是会做系统设计、制造和品牌，做出了能够有市场竞争力的智能手机，哪怕物料百分之百进口，也能产生巨大价值，养活从工程师、物流人员、工厂工人到手机专卖店销售员等大批国民。而且获取的价值，能够随着品牌的中端化和高端化而不断提高。

一个在OPPO手机专卖店卖手机的员工，每卖出一部手机提成可能高达200元，实际上他们也是我国企业掌握了系统集成能力和品牌提升的受益者，以前卖山寨机，卖一部能得200元提成吗？显然不可能。

OPPO工程师工资为什么能够超越索尼、夏普？是掌握系统设计和品牌的结果。2016年的时候，我国OPPO和vivo两家公司创造了奇迹，实现了

100% 以上的增长，2017 年这两家在海外出口方面也表现很好。

深圳的各种大大小小的手机公司 HR（企业人力资源管理人员）都知道，OPPO 的年终奖高，挖 OPPO 员工总的来说是一件比较困难的事情，尤其是东莞 OPPO 的工程师。之前华为去挖脚 OPPO、vivo 的工程师的时候，打电话过去聊，有意向跳到华为终端的不多。一个在东莞 OPPO 工作的工程师，本科学历毕业两三年之后普遍年收入能够达到 20 万 ~30 万元人民币，这个收入在东莞可以过得不错了。

事实上，不只是 OPPO，国内其他手机大厂 vivo、小米、华为等，工资都不低。在中国如果要找一个大学生工作几年后，工资普遍在 20 万人民币以上的行业，智能手机肯定是其中一个，这是系统集成和品牌带来的价值。

我们和日本电子行业同行比较下，OPPO 和 vivo 工程师的薪资收入已经赶超了日本的标杆电子企业。根据日本相关公司招聘信息，2016 年日本索尼公司给硕士应届生的月薪为 25.1 万日元（约合 14 600 元人民币），本科生为 21.8 万日元（约合 12 670 元人民币）；日本夏普公司给硕士应届生的月薪为 23.4 万日元（约合 13 600 元人民币），本科生为 21 万日元（约合 12 200 元人民币）。

我们可以看出，索尼和夏普这两家日本电子产业指标企业给新员工的收入，第一年是十几万人民币，还是比国内智能手机企业给应届生的工资高。但在随后的几年，中国手机企业员工的工资会迅速增长，OPPO、vivo 等公司毕业两三年的工程师，会迅速达到 20 多万人民币的年薪，并不比在索尼、松下、夏普工作的日本同龄人差。

我们以索尼本科生的工资为例，1.267 万人民币的月薪，我们假设 6 个月年终奖，即是一年 18 个月的工资，年薪为 22.8 万元人民币，即使 3 年涨幅 20%（事实上日企工资水平早已 20 年不涨，日本没几个企业能够达到这种工资涨幅），毕业 3 年后年薪是 27.36 万人民币，跟 OPPO 工程师的工资比起来优势并不明显。

实际上，如果工作时间继续延长，例如5~10年工作经验，甚至只是3~5年，OPPO、vivo这样的公司的员工，以研发工程师为例，会很快提升至30万元以上，而日企的同龄人薪资涨幅，是不可能与中国公司相比的。也就是说，OPPO、vivo这样的公司的研发和市场人员，其收入会在30岁之前超过日本索尼、夏普、松下等公司的员工。

国内总是有人说，中国手机品牌都是组装货，没有核心技术，日本不是做不出有竞争力的手机品牌，而是不屑于做低端产业，转向了核心零部件等高新技术领域，赚大钱去了，所以才退出了竞争。我们以2 999元的OPPO R11s为例子，即使零部件百分之百来自日本，那么中国获得的价值是1 600元，日本获得的价值是1 400元。从以前可以做价值2 999元的生意，到现在放弃了系统和品牌，只做价值1 400元的零部件生意，是进步还是退步？

如果以iPhone 8为例来看，国行发布售价5 837元，而其零部件总价值只有1 671元，说日本是放弃了不赚钱的低端产业进军更赚钱的核心零部件产业，这会让人发笑的。

实际上，就是这1 671元的零部件，日本也根本不可能获得100%的份额。以苹果为例，苹果200家主力零部件供应商里面，日本公司只有40多家，占比20%多点。这意味着1 671元的零部件里面，日本能够获取的价值只有几百元人民币。以索尼为例，经常看到有人说，索尼放弃了低价值的手机业务，转而进军更高价值的半导体业务，高端旗舰手机的摄像头芯片就是索尼的。

根据iPhone 8的拆机报告，摄像头模组总价值为32.5美元，按照6.75汇率换算就是人民币219.4元，我国的欧菲光和舜宇光学已经位列全球摄像头模组的前两位。华为Mate 10的摄像头模组供应商就是舜宇，欧菲光则是苹果的摄像头模组供应商。事实上，索尼做的CMOS（互补金属氧化物半导体）传感器是摄像头模组的一部分，价值为几十元人民币。放弃了价值

5 000 元以上的系统设计和品牌，只做一个价值不到 100 元的图像传感器，诚然索尼在 CMOS 传感器上份额不断上涨，取得了战术上的成功，但是总体而言，品牌的增加值远远高于零部件供应的利润。

从 OPPO 工程师工资赶超索尼员工就可以看出来，做终端品牌的巨大意义。请注意，这不是说摄像头芯片不重要或者没有价值。不过系统设计、制造和品牌在今天非常重要。富士康仅仅是做系统集成中的一个环节——代工制造，就给中国创造了上百万个工作岗位，工人工资普遍可以达到 3 500~4 000 元，甚至更多。

这也是很多人对中国制造的误解，以为中国制造只有组装代工这一个环节，完全意识不到系统设计、供应链管理、营销、品牌等带来的巨大价值。

退出产值空间巨大的系统设计和集成领域有什么影响？根据世界银行统计的日本制造业增加值数据，1995 年巅峰时期的制造业产值是 1.279 万亿美元，到了 2015 年制造业增加值是 8 924.76 亿美元，下滑了 30%。

实际上，日本还在一个大型系统集成领域占据优势，那就是汽车。为什么说汽车产业是日本的命脉？从 2017 年《财富》世界 500 强里面的日本企业就可以知道，制造业净利润前 4 强是丰田、日产、本田、斯巴鲁。如果日本从汽车系统设计和品牌败退，放弃了高价值的汽车设计和品牌业务，转向只做汽车零部件，制造业产值不会是现在的 8 000 多亿美元，人均也绝对不会是现在的 3 万多美元，而是会进一步下滑。

掌握了系统和品牌，中国的下一步必然是逐渐攻克零部件市场份额。世界上 90% 的国家，他们是永远没有能力做出一个世界前 3 的品牌的。一些发达国家，有的能在部分领域打造出品牌，但他们并没有野心去把所有零部件攻克以便自己设计制造。

如同本文所写，对规模不是很大的国家而言，做系统设计和品牌带来的产值已经非常丰厚，他们完全没有必要，本身也没有能力去做垂直整合掌控所有上游的零部件设计制造。但是中国不一样，中国产业升级第一步是横向在所有领域进军系统设计，掌握系统能力。除了我们已经有所成就的消费电子、家电、高铁、航天工程、基础设施建设、电网、通信网络以外，还有两个攻坚战：一个是包括大飞机和支线客机在内的民航飞机产业；另一个是人类最大的产业——汽车产业。

从系统集成到掌控产业链

汽车产业，堪称工业命脉，德国和日本最大的工业公司都是汽车公司。其他在工程机械、医疗设备、化工装置、船舶、精密机床、机器人等领域我国进展较慢，还在系统领域艰难攻关。

先不要纠结于某某发动机、某某设备、某某零部件是进口的，掌握了系统设计，打响了品牌，做出性能在中高端水平的系统，实际上就已经可以掌握该产品产业链一半的产值了。这个"一半"是个概数，有的会高点，有的会低点。

当然对有14亿人口的中国而言，仅仅做系统是不够的。掌握了系统设计能力之后，第二步一定是纵向进军上游，实现对全产业链的掌控。这里面最为艰难的是我国每年要花费2 000多亿美元的第一大进口工业品集成电路，其他还有发动机、轴承、OLED面板、玻璃基板、汽车零部件等。我们也要有信心：掌握了品牌和系统设计，手里有了份额和市场，必然会带动零部件产业发展。

中国所有的产业，呈现出一个非常清晰的客观规律，中国公司越是在系统和品牌上占据优势，上游的国产零部件产业就越强大。我们把国产汽车零部件产业和国产消费电子零部件产业做个比较。我国自主品牌还很弱小的汽车产业，在《美国汽车新闻》（Automotive News）发布的2017年全球汽车零部件配套供应商百强榜中，中国只有5家入围，只占5%。这背后的原因是什么？全球每年卖出9 000多万辆汽车，而其中中国自主品牌的汽车只有1 000万辆多点，份额只占全球大约12%。

我们对比下消费电子领域，笔记本电脑、平板电脑中国品牌全球份额都在20%以上，智能手机中国品牌全球份额更是超过了50%。因此即使是对供应商要求最高最苛刻的苹果，其2017年版本的200大全球供应商，中国（大陆和香港）也有超过20家，占比超过了10%。而在我国拥有巨大优势的家用电器产业，零部件领域我国就几乎已经全部实现国产化。以家用空调为例，甚至可以说除了价值占成本1%的MCU（微控制器或单片机）等极少数部件以外，零部件几乎实现完全国产化了。

我们再从另外一个角度来比较，把中国的汽车零部件产业和电子零部件产业比较一下，汽车产业是人类最大的产业，远比电子产业规模要大。大到什么地步呢？全球电子产业只有3家公司营收过千亿美元——华为、苹果和三星，而汽车产业营收过千亿美元的公司有10家。

这么大的一个产业，按照2017年中国汽车零部件百强榜，中国营收过百亿人民币的汽车零部件公司只有18家。而对比下，我们电子产业上游营收过百亿的公司有多少家呢？京东方、华星光电、深天马、信利国际、比亚迪电子、合力泰、欧菲光、蓝思玻璃、伯恩光学、舜宇光学、海思、紫光展锐、立讯精密、瑞声科技、歌尔股份、东山精密、深圳欣旺达、惠州德赛、东莞新能源科技有限公司（简称ATL）……这就已经有19家了。事实上，如果把光缆供应商亨通光电什么的算进来会更多。相对空间更小的电子零部件产业居然诞生了这么多的国产巨头。

所以中国的产业升级路线图其实是非常清晰的，那就是先掌握系统设计和品牌，再逐步向上游扩展，而这个是需要时间的。所以我们总是能在各种新闻或者网络留言上看到，某某子部件、某某核心零部件是进口的。但是要相信，只要掌握了系统设计能力，以我国的垂直整合能力，上游的逐渐攻克只是时间问题。

我们以核电为例。2017年8月31日，在科技部举行的核电专项新闻发布会上，国家能源局核电司副司长、核电重大专项实施管理办公室负责人秦志军介绍说，我国三代核电技术国产化率总体达到85%左右。他说的三代核电技术，主要是指从美国引进第三代AP1000技术之后，进行再设计优化形成的CAP1000和CAP1400第三代核电技术。而在2008年，三代核电系统综合国产化率只有30%。也就是说，2008年的时候我们会做系统设计了，但是零部件70%还是需要进口，经过9年的努力，到2017年终于突破85%了，而且在远期全部具备量产能力后将能够达到90%，剩下10%都是国际通用、价格透明的设备。

从2008年到2017年大约10年的时间，三代核电零部件国产化率从30%提高到85%，其实速度是很快的，但是如果你在这10年里面看各种新闻，或者网络留言，或者评论，就一定会看到诸如"我在核电站工作，某某部件就是从法国进口的""核电站的某密封件，还是进口美国货"。其实也许就在你看到这些留言的当年，或者第二年，这些本来还需要进口的零部件就已经国产化了。

实际上，我们只要牢牢地记住，中国所有的产业，只要系统设计和品牌做好了，上游的零部件一定会快速国产化。而一旦国产化了，由于中国零部件供应商在规模方面的绝对优势，国外企业大多会份额下降甚至逐渐退出市场，这是客观的发展规律。因为吃透了系统的工作原理，真正掌握了系统的设计和制造，就能很清楚地知道"我需要什么样的零部件"，这会迅速带动国产零部件发展。

除此之外，掌握了品牌和系统市场份额的公司，还可以形成内部循环的态势。什么是内部循环？我们以格力空调为例，格力空调占了全球空调30%的份额，而格力现在在自己搞机器人和智能装备。很显然，全球空调30%的生产线会自动成为格力机器人的市场，而其他公司机器人会被逐渐排除在外。同样的还有美的公司旗下的库卡机器人，也是一个道理。

这也是为什么发达国家非常警惕和恐惧中国开始做系统设计和研发的原因。2017年，我国C919大飞机首飞成功。实际上我们仔细看C919的供应商，尤其是核心零部件，发动机、航电系统、飞控系统，几乎都是来自国外，也因此遭到了很多人的质疑和嘲笑，"就是个组装货"。

实际上，C919作为第一架自主设计制造的大型客机，只要中国掌握了系统设计集成技术，就完成了最重要的一步，只要系统设计能力一掌握，打响了商飞的品牌，大飞机产业链差不多一半的价值就到手了。更何况C919的初始国产化率并不低，可以达到50%，随后5~10年各种子部件就会迅速全部国产化。

最后，据世界银行官网，2015年全球制造业产值是12.157万亿美元，而中国是3.25万亿美元，占全球26.73%，保持6%的增速。到2025年，我国制造业产值占到全球40%~45%是可能的。

从系统集成到上游的漫延，是中国制造正在走的路。

第六章
大飞机是中国人开辟的新战场

航空器是中国进口的十大工业制品之一。2016年我们花费了203亿美元购买国外的航空器；2017年5月5日，C919大型客机首飞成功，中国终于又进入了一项从未进入的新领域。在和西方的全面产业竞争中，中国在不断地开辟新的战场。

典型的西方霸权工业

为了建造自己的大型客机，中国专门成立了中国商用飞机有限责任公司。对中国来说，造出一架能够运送人的大型飞机并不难，例如我们已经在2013年首飞运-20喷气式大型运输机，最大起飞重量220吨。对比一下C919，最大起飞重量只有72.5吨，运-20的各种子系统都是国产的（发动机用的俄罗斯的，后续会换装国产）。此外，运-20比C919大得多。但是民用飞机和军用飞机完全不一样，军用是考虑战斗力，要保证可靠供应；民用是要考虑经济性，航空公司买你的飞机要容易赚钱，人坐在机舱里面要舒服。

所以建造民用飞机，我们要老老实实向西方学习。当然我们不只是想造出一个大型飞行系统这么简单，而是必须要每个部件都是自己造的。中国政府主导和国外成立了 16 家合资公司，涵盖了大部分飞机核心零部件。大飞机最核心的航电系统、飞控系统、燃油系统、起落架等，基本是合资公司研制的。发动机则是外购的，我们只是做发动机和飞机一体化设计。

值得注意的是，这 16 家合资公司的合作方都是来自欧洲和美国的世界顶级航空系统供应商。如果我们在 2017 年查看中国商飞所有的 48 家一级供应商，17 家中国本土公司，31 家外资或者合资公司中，除去 1 家做客舱乘客广播和显示屏等系统的日本松下航电，其他供应商全部是欧美公司。

这也反映出，航空工业是典型的欧美霸权工业。亚洲虽然在电子工业领域可以说能与欧美平分天下（虽然最核心的操作系统和芯片西方还处于绝对优势），但在汽车、航天、航空、医疗制药这些领域，还是与西方相差很远。以汽车为例，人们印象中奔驰、宝马、奥迪、保时捷、兰博基尼、法拉利，还是比亚洲汽车品牌高出一截。航空工业更是欧美高度垄断的产业，亚洲只能作为某些零部件和原材料的供应商。

大型民航客机有上百万个接口，韩国和印度没有制造民航客机的能力，日本从 2003 年开始搞支线客机 MRJ，在美国人提供发动机，提供各项适航体系指导，扶持了十几年的情况下，商用时间还要推迟到 2020 年。研发 MRJ 的三菱重工，2014 年统计团队有 10% 的欧美研发人员，由于技术原因进度一再推迟后，2017 年准备将研发人员中欧美人员比例提高到 30%。

我们应该自豪的是，中国不仅是亚洲唯一已经将支线民航客机（ARJ21）商用的国家，而且现在是亚洲唯一一个在研发和推进大型民航客机的国家。从这点就可以看出，研发大型民航客机是不折不扣的高科技。

有钱才能造大飞机

C919 首飞了，中国网络上关于 30 年前下马大型客机运-10 的争论，到现在仍然在继续。正方说,当年运-10绝大部分是自主研发,通过项目极大地提升了中国的飞机制造和设计能力,锻炼了一批队伍,成长出来了一批工程师,不应该下马。反方说,什么自主研发,发动机之类的还不是进口的;以中国当时的工业能力,只能造出一架没有商业竞争力、耗油量高、维护费用高的飞机,同样的发动机,运-10的航程只有波音707的一半多点,这种在商业上不成功的飞机,只能给当时本来就没多少业务量的中国航空公司造成极大负担。

正方说,不能这么短视,没有任何新技术新装备是一开始就很有竞争力的,随着时间的推移技术能力必然会很快提高,燃油经济性也会逐渐提升。反方说,当时中国科研经费有限,不赚钱的大飞机挤占了有限的科研经费,必然会挤压其他战略项目的投入,看问题要从全局考虑,中国落后的不只有大飞机,当时的国民经济条件,急需的也不是大飞机,例如确定急需的运-8就没有下马。

正方说,下马运-10导致研发队伍全部解散,研发图纸封存甚至丢失,生产线全部关闭,直接造成之后的20年只能耗巨资买麦道、波音、空客,造成的损失更大……反方说,当时中国的经济实力根本没有那么多钱让你烧到一直盈利,反而极大可能影响到急需资金的其他战略产业发展……

其实没有必要争论,当年运-10下马,核心的原因还是国家缺钱,自力更生搞研发毫无疑问是正确的,但是自力更生也是要付出高昂代价的。2001—2016年,国家光是在京东方就投了1 200亿元人民币,而这16年京东方累计盈利才44亿元人民币,从前几年开始才真正实现规模盈利,十几年的持续烧钱投入不是一般国家能够负担的。

运-10的下马非常可惜,但是我们要认识到争论背后的核心,争论的背后本质上是中国没钱。运-10的总计投入为5.377亿元人民币,如果当时的中国是个富国,那么结局可能就会完全不一样。世界上能造有竞争力的大型民航客机的,美国一个,欧洲一个,中国一个。我们会发现一个规律,这三者GDP总量都在10万亿美元以上，人口规模都在3亿人以上。

日本现在技术能力不行，先把MRJ支线飞机的研发解决了才有资格谈大飞机。俄罗斯有造大型民航客机的技术吗？当然有，可是缺钱，以俄罗斯的技术能力，造一架能用的大型民航客机是没有问题的。俄罗斯从2002年开始研制中程大型客机MC21，2016年下线，到2017年还没有首飞，大型民航客机要想出口是非常困难的。从MC21的设计来看，设计的是180~220座，针对的就是俄罗斯国内市场和苏联老旧客机市场，而不是像C919一样设计成国际主流的150座（C919最大可以190座），直接和空客、波音竞争。

俄罗斯很清楚，自己的国力没有支撑MC21进攻世界市场的能力。MC21的子系统几乎全部从西方采购，俄罗斯根本没有财力建立起支撑MC21的庞大零部件产业链。能够做一架系统集成的飞机保证国内和苏联老旧市场供应，保证自己的飞机系统设计能力不中断就是极限了。如果想像中国和欧美那样搞全球竞争，就必须要投巨资建立自己的核心零部件研发制造能力。在世界市场盈利之前，必然会有大量的投入和持续的亏损，先不说俄罗斯有没有承受这个长年亏损的能力，就算有，以俄罗斯现在的财力，必然会面对当年中国国内对运-10的那种争论。一个国家要是缺钱，就是会有这些问题产生。

然而，中国不一样，为什么我们敢将第一架C919国产化率做到50%，难道国家不知道国产化率越高意味着投入的企业数量越多，投入的资金金额越大吗？没人担心是否能收回成本吗？这就是我国有钱的优势，庞大的国内市场，使得刚刚首飞的C919就有570架订单，更别说有一个资金雄厚的国家在背后支撑。一个典型的例子是，中国商飞2008年就成立了，到现在都9年了，国家还是纯投入，ARJ21到现在也才商用了一两架。

中国投入的可不只是商飞，还有中航工业等大量国内供应商，全部都在投钱搞子系统研发。C919到商用，最后到盈利估计还要5年、10年。可是投几千亿元进去就是要把高科技做出来。根据中国商飞官网发布的数据，2016年商飞员工已经超过了1万人，这个1万人的队伍，其中不乏高级专家，一年工资、社保、住房公积金、宿舍、食堂支出就得10亿元人民币以上。中国商飞的200多家国内企业供应商，无一不在投钱搞研发，因为大家都知道，投的钱一定能赚回来，因为国内市场足够大。

实际上，中国商飞的研发队伍里，还有大约10%不到的外籍人员，光是长期签约的海外高层次人才就有139人。2016年，公司入选高端外国专家项目就有4项31人次。其中上飞院乌克兰籍强度专家谢尔盖·基尔泽克、上飞公司复合材料专家刘卫平获上海市"白玉兰纪念奖"，上飞院乌克兰籍总体气动专家尼古拉·奥洛夫获上海市"白玉兰荣誉奖"。中国现在能一边投钱建造大飞机，一边投几千亿元做集成电路，还能一边投资上千亿做显示面板、做汽车、做空间站、做航空母舰……

我们可以打个比方，中国和俄罗斯就像两个小孩，在商场里面发现了大飞机、航母、空间站、显示面板、汽车、大型石化装备等各种玩具，中国小孩就可以任性地全带回家，俄罗斯小孩只能无奈地做出割舍与选择。

国产化率与核心自研技术

没有比较就没有伤害。C919副总设计师周贵荣已经说了，飞机的国产化率是50%，这个是怎么算的，实际上没有人知道。举个例子，C919的发动机是外购CFM（国际发动机公司）的LEAP-X1C发动机，而中国的中航新大洲航空制造公司又是LEAP-X1C发动机的零部件供应商，供应部分零部件，那么这个LEAP-X1C是算完全进口呢，还是95%算进口？很难统计。总体来说，50%的国产化率，对一些国民来说，这是不能接受的，但是其实一架新飞机能够做到这么高的国产化率，说明中国具有超强的工业能力。

我们对比下俄罗斯和日本。

俄罗斯研发的大飞机 MC21，主要零部件和子系统全部是从欧美进口。2014 年因为乌克兰危机被制裁，零部件进口被冻结，直接造成飞机研发停滞，一直到 2016 年美国放松制裁批准出口，MC21 才得以下线。而中国则是全部子系统合作研发或者自行开发，以自己制造为主。另外值得一提的是，MC21 的复合材料机翼，材料是俄国人去买日本 TOHO（东邦）和美国 Cytec（氰特）的碳纤维和树脂，制造则是由中国中航工业公司多年前并购的奥地利 FACC（菲舍尔未来先进复合材料股份公司）来完成。

日本的 MRJ 支线客机的国产化率，和俄罗斯差不多，甚至可以说更低。不要说发动机、液压系统、模拟器、惯性导航系统、高压管道、燃料系统这些高科技全部是进口欧美的，MRJ 连舱门、前挡风玻璃上的涂料、空调和灭火系统也要从美国进口，甚至连飞行手册都是让瑞典萨博公司帮忙写的。在 2019 年，MRJ 的 27 家一级制造供应商中日本企业数量只有 7 家。值得一提的是，MRJ 客机的整流罩、扰流板、襟翼都是进口的，因为日本大型风洞技术不行，凡是和流体力学相关的东西，缺乏验证能力，直接影响了日本的设计水平。例如日本新研发的心神战斗机，就要送到法国进行吹风验证。

那么 C919 究竟有哪些自主研发的技术呢？我们和国外成立的 16 个合资公司中，中国的话语权肯定是不一样的，例如做航电系统几个主要系统的昂际航电（不是全部子系统都由昂际来做），就是 GE 公司 50%、中航工业 50% 出资建立，总部设在上海。

昂际航电招聘的第 1 位应届毕业生是 2010 年从上海交大毕业的李扣生。他回忆说：“那时候办公室只有几十名员工，其中中方员工只有十几位，大部分是外籍专家。”而到 2017 年，昂际航电已经发展到接近 400 人，超过 80% 是中国本地员工。在这个过程中，我们都可以通过联合研发提升自己的技术能力。

再比如伊顿上飞公司，负责燃油和管道系统设计开发，中国商飞占股51%，伊顿占股49%，商飞拥有控股权，这项技术我们是一定可以拿到手的。

除此之外，C919的核心自研技术主要有以下几种。

1. 商飞和霍尼韦尔合作研发的飞控系统

中国商飞自行研发了C919飞控系统的核心，技术即飞行控制律的算法。霍尼韦尔公司作为飞控系统的供应商，受制于美国法律，在研发过程中只是负责将中国商飞设计好的算法与方案进行功能的实现。当出现故障时，由中国商飞自行定位或更改。受制于美国法律是什么意思呢？高科技的飞行控制算法美国政府不让卖。

2. 上航电器独立负责控制权与调光控制系统

中航电子的子公司上航电器承担了独立研制和批量交付。C919控制板组件与调光控制系统、集成断路器板两个工作包的任务，为C919飞机首飞系统级供应商。可能有人又会说，集成断路器还算炫酷，控制板组件也算高科技？还是那句话，对比一下邻近国家就知道了。控制板组件就是高科技，俄罗斯的MC21是全部外购，日本MRJ客机的座舱控制系统外购自美国Esterline，连服务人员用的控制板也是外购自法国Zodiac。

3. 航电系统七大子系统中的显示控制子系统是由中航工业无线电电子研究所（简称上电所）独立研制

这个子系统本来也是交给国外公司开发，2013年才因为种种原因转由上电所单独研制，这也是C919航电系统的七大子系统中唯一完全由国内单位开发的子系统。

4. 中航工业电子测控所负责的飞机电子飞行包、视频检测系统、客舱核心系统及机载娱乐系统

5. 中航工业光电研究所负责的HUD

C919的HUD由中航工业光电研究所研制，HUD即"平视显示系统"，是一种具有世界先进技术水平的机载光学显示系统。它的显示信息通过准直光学系统聚焦于飞行员视野前方的无穷远处,使飞行员在整个飞行过程中,始终保持平视状态飞行,不再频繁地低头俯视仪表或抬头关注外界目视参照物,提升飞行安全性。HUD 还可以增强飞机低能见度运行能力、降低最小起飞和着陆气象标准。C919 飞机的 HUD,是国内首个拥有自主知识产权的民用飞机 HUD。

6. 飞机主动控制技术

新闻里面说 C919 突破了 102 项关键技术,其中点名了主动控制技术、飞机的发动机、气动外形,这三者是互相影响的矛盾体,如何优化得到最优解是个难题。运用主动控制技术可以在设计阶段实现最优设计,大量减轻机身重量,提升结构强度。C919 的主动控制技术就是中国商飞自主研发的。

7. 超临界机翼技术

飞机的机翼是"飞机的灵魂",关乎起飞重量、运营效率和经济性。C919 的超临界机翼是目前国际航空设计中最先进的机翼设计,进一步减少 5% 的飞行阻力,好处是燃油的经济性。为什么说是最先进的机翼?C919 的常务副总设计师陈迎春 2015 年接受记者采访时说过:"当时做机翼设计时,我们集中了国内从事飞机气动专业顶尖的 100 名专家,组成 8 个队,设计了 500 多副翼型,在计算的基础上选了 8 副翼型进行风洞试验验证,从中选出 4 副进行机翼设计,再组成 4 个队,按照同一个目标和要求同时开工,拿出第一轮成果后相互评议。在总结四个方案设计的优点后合成一个更好的。在此基础上,再进行验证。最后才确定现在用在飞机上的这副机翼。这副机翼不仅在国内做试验,还到欧洲(法国、德国、英国、意大利、荷兰),到美国做试验,所有试验的结果均显示,我们飞机的几项重要指标比竞争机型都好,比如升阻比、巡航特性、失速特性、噪声水平、结冰特性等。对此,国内外同行是高度认可的。"

更值得一提的是,从 500 多副机翼设计中优选出 8 副机翼进行风洞试验，前后共计"吹风"15 000多次，这背后反映出我国强大的航空工业基础能力，不需要拿到欧美去做风洞试验。

8. 先进飞机材料——铝锂合金和钛合金

C919是全球范围内第一架大范围使用铝锂合金的民航大型客机。2017年5月，新华网记者专访了北研中心多电综合设计专业能力副总师、多电综合研究部技术负责人康元丽。康元丽说，在新材料方面，C919采用铝锂合金、复合材料等先进材料实现飞机减重、增加使用寿命的目标。C919的第三代铝锂合金材料用量达到8.8%，先进复合材料用量达到12%，钛合金用量为9.3%。其中铝锂合金由西南铝业制造，钛合金金属复合材料由宝钛集团有限公司研制。

而C919使用的复合材料主要从美国进口。我们与国际先进水平比较下，波音和空客都已经出产了复合材料用量超过50%的民航飞机。比如Airbus（空中客车公司）的A350XWB，复合材料用量达到53%，超过了波音787复合材料结构重量比例的50%，连俄罗斯的MC21的复合材料使用量都高达37%。

可以明显看出我国飞机复合材料使用率非常低，这是为什么呢？是为了自主可控。我国航空复合材料技术的进度赶不上C919的进度，目前复合材料技术主要还是在美国和日本手里，为了提高C919的自主可控能力，我国选择大量使用金属材料。

铝锂合金主要用在C919飞机的机身，复合材料主要用在机翼，但是目前首飞的C919，仍然是金属机翼。值得庆幸的是，中国商飞北京研发中心在5年前已经开始研发复合材料机翼，将逐步进行替换。

2017年5月，北研中心强度分析技术研究部负责人胡震东研究员接受央视网采访时透露，为了让C919未来更轻，他们已提前布局预先研究C919复合材料机翼，而这一研究成果也将更多地运用到制造业中，有望改变过去全部依赖进口的局面。

在"千人计划"专家李东升、刘传军、徐吉峰等带领下，一群青年才俊组成了复合材料机翼攻关团队，已经形成了较为全面的复合材料结构设计的准则、方法、验证方案等。目前，C919复合材料机翼预先研究的成效是显著的，他们已经做出了目前国内最大的复合材料机翼结构。

胡震东说："过去我国的这类复合材料基本依靠进口，一旦国内航空领域复合材料得到成功应用，将有很强的示范作用，引发原材料、设计、制造等一系列产业的发展，以后将在汽车、建筑甚至赛艇、羽毛球拍、高尔夫球杆、滑雪板等民用品领域都得到极大的应用。"

9. C919大型工程项目极大地带动了我国工业水平进步

前面已经提到了铝锂合金、钛合金材料，以及航空复合材料，但是光是造出了材料还不行。例如我们造出了构成机身的先进铝合金材料，然而焊接工艺是个问题，另外焊接需要的设备在我国也是空白。

2011年，哈工大先进焊接与连接国家重点实验室主任陈彦宾教授率领科研团队与上飞公司合作承担了"双束光纤激光焊接铝合金机身壁板工艺及装备技术"研制任务。团队经过近4年的努力，突破了铝锂合金双侧光纤激光同步高速焊接工艺、双机器人协调控制、空间焊接轨迹离线编程、大型龙门高速运动精度控制等关键技术。

团队在国际上率先完成铝锂合金激光焊接整体壁板的疲劳损伤容限和结构稳定性评定，研制出首台集成多轴数控与机器人组联动的双束光纤激光焊接装备，并于2015年底交付中国商飞上飞公司。请注意两个关键词，世界上最先完成铝锂合金的疲劳稳定性评定，首台双束光纤激光焊接设备。

不要低估对手压制我们的决心

《21世纪经济报道》的首席记者赵忆宁在一次采访中报道了这么一件事，在ARJ21试飞的时候，为找结冰试验的那块云，全世界到处飞，开始怎么也找不到满足结冰气候条件的区域。其实，结冰理想的气候条件只在北美五大湖区特定的区域能够满足，这点美国联邦航空局一清二楚。所以当我们的飞机最后来到这个区域时，他们甚至都没有到现场。ARJ21只是一款70座的支线飞机，基本是直接买欧美供应商的子系统，取得美国适航证尚且要受到如此刁难，实际上现在也没有获得FAA的适航证，而C919的国产化程度比ARJ21高得多，子系统都是合资公司共同研发，一定会遭遇欧美的强力阻击和舆论战，这场动了他们蛋糕的战役将是一场艰苦的持久战，我们要做好长期对抗和合作的心理准备。

欧美利用先进的适航体系为借口，阻挡我国民航客机进入世界市场是可以预见的，这也是为什么我国一定要完整地做中国民航适航体系。我们不仅是要做好学生，也要能够做好考官，我们不仅在学习做好学生，也在学习做好考官，这样才能抢占世界航空工业的制高点。

ARJ21原定2009年进入国际市场，因为适航体系问题无法获得实际国外交付，我国下定决心在ARJ21上面完成中国第一次完整的适航体系审查，建立国产适航体系标准。ARJ21飞机是中国首款按国际适航标准研制的支线喷气式客机。2014年岁尾终于完成中国民用航空总局适航审查并获得型号合格证前，5架原型机历经6年5 000多小时试飞，是世界上试飞时间最长的一款飞机。适航飞行长达11年，它也成为中国首款按照国际民航规章研制的客机。这个成就同时代表着中国在研制之外，也正式具备大型运输类飞机的适航审查能力。

把我国的民航适航体系建设成为世界标准，不能通过中国的适航体系，那就不能进入中国市场，甚至不能进入世界市场，这也是我们需要达到的目标。

第七章
半导体——一万年也要搞出来

半导体生产设备和材料,是半导体产品的最上游。全世界每年销售的半导体生产设备和材料金额,加起来总共800亿美元左右。如果仅从规模上来看,其实并不大,就算有个国家占据了全球50%的半导体生产设备和材料的份额,一年销售额也就是400亿美元多点。这两个领域主要是技术门槛高,同时是制高点,可以起到控制他国集成电路发展速度的作用。

具体来说,根据国际半导体产业协会(SEMI)的统计,2016年全球半导体设备出货额为412亿美元,全球半导体材料出货额为443亿美元。而据SEMI 2018年1月26日公布的数据,2017年全球半导体设备商出货金额达到560亿美元,比起上一年大幅增长接近40%,创下历史新高。遗憾的是,由于全球新建的12英寸晶圆厂在逐渐向中国集中,因此半导体设备采购额增长,很大程度上来自中国,在这个领域,我们处于受制于人的局面。

世界级的门槛

我们看一下高德纳咨询公司公布的2016年全球十大半导体设备制造商

排名,当然里面并没有中国公司出现,只有三个国家的公司上榜了——美国、日本和荷兰。

世界前3位是美国应用材料、美国科林研发、荷兰ASML(阿斯麦)。接下来第4位是日本的东京电子,第5位是美国的KLA Tencor(科磊)。前10位的门槛为4.97亿美元,可以看出其实世界10强的门槛并不高。就这么低的门槛——30多亿元人民币,我国仍然没有一家企业入围,但是这也从侧面说明,我国企业进入世界前10位的日子不会太远。

美国三家应用材料、Lam Research和KLA Tencor,营收共计153.56亿美元,这三家就占了全球份额的近37%。其次是日本有五家,东京电子、Screen Semiconductor Solutions(迪恩士)、日立先端科技、尼康和日立国际电气,合计84.76亿美元,占全球20.6%,仅次于美国。

但是请注意,日本虽然有五家,但是只有东京电子体量比较大,营收为48.61亿美元,比其他四家的总和还要多。尤其是曾经在半导体设备制造业盛极一时的尼康,现在年营收下滑到只有7.32亿美元了,日立国际电气在2016年也出现营收大幅下滑。与此同时,日本半导体设备制造的领头羊东京电子发展势头不错,日本迪恩士增速更是前10强中最高,因此东京电子、迪恩士、日立先端科技三家是日本的代表公司。

然后是荷兰有两家,一家就是大名鼎鼎的ASML,排名世界第3位。另外还有一家ASM International,两家合计55.88亿美元,占全球的13.55%。

前10位只有美日荷,因此美国、日本、荷兰是世界半导体装备制造的三大强国。

当然,上面的数据只是设备的收入,实际上这些厂家除了卖设备以外,还有服务收入。比如,某工厂的设备出了问题,那么就只能找厂家来解决,这个是要收费的。因此如果全部收入都加上,数据就更高了。

以第一名的应用材料为例,设备收入为77.37亿美元,而总营收为108.25亿美元,可见服务收入也是很高的。实际上,凡是购买国外先进设备的中国公司,都知道他们收取高昂的服务费,工程师按小时计费,备件贵得惊人,利润率甚至比卖设备更高。

那么我们关心的问题来了,中国的情况如何呢?

世界前 10 强的门槛是 4.97 亿美元,而中国 2016 年营收最高的半导体设备公司收入才 9.08 亿元人民币,按照 6.64 的平均汇率计算,只有区区 1.367 亿美元,离世界 10 强的门槛还差了很多。

国产"十大金刚"

中国半导体制造设备的现状是:星星之火,可以燎原,增速很快。

2016 年中国半导体设备销售收入总计 57.33 亿元人民币,同比增长 21.5%,其中前 10 强企业完成销售收入 48.34 亿元人民币,同比增长 28.5%。也就是说,前 10 强的增速快于整体增速,这意味着市场集中度在不断提高,可喜可贺。

我们换算成美元,全球市场是 412 亿美元,中国设备厂家全部加起来才 57.33 亿元人民币,差不多 8.63 亿美元,比例也就是 2% 左右。

但是我们也要有信心,世界前 10 强只有美国、日本、荷兰 3 强而已。这个产业涉猎的企业并不多,我们只要在里面,就是世界前 5 的水平,因为韩国的设备产业也比我国强。

目前我国保持超过 20% 的增速,差不多 4 年可以翻一番。也就是说,到了 2020 年,我们就可以达到世界的 4% 了;再继续保持,到 2025 年就可以超过世界 10% 了。虽然比例和我国的国力不相称,但毕竟跻身世界主流企业了,任重而道远啊!

另外还要说一点,半导体生产设备由于其技术难度高的关系,每一种工艺设备基本是前 3 名占据了全球 90% 的市场份额,可见其研发难度。

我们来盘点一下中国半导体设备制造的 10 强，看看这 10 强里面有哪些有希望的公司。

表1 2016 年中国半导体设备 10 强单位

（按半导体设备销售收入排序）

序号	单位名称	半导体设备销售收入（万元）	出口交货值（万元）	半导体设备销售类别
1	中电科电子装备集团有限公司	90 788.0	0.0	IC、光伏、LED
2	浙江晶盛机电股份有限公司	89 783.0	0.0	光伏、LED
3	深圳市捷佳伟创新能源装备股份有限公司	76 973.6	22 870.5	光伏
4	北方华创科技集团股份有限公司	68 690.7	719.9	IC、光伏、LED
5	中微半导体设备（上海）有限公司	48 459.0	18 691.3	IC、LED
6	上海微电子装备有限公司	29 047.6	3 425.0	IC、其他
7	北京京运通科技股份有限公司	26 832.5	0.0	光伏
8	天通吉成机器技术有限公司	21 414.0	0.0	光伏、LED
9	盛美半导体设备（上海）有限公司	16 423.0	16 423.0	IC
10	格兰达技术（深圳）有限公司	15 006.6	7 250.5	IC
	合计	483 418.0	69 380.2	

★数据来源：中国半导体行业协会官网。

这里要澄清一下，半导体不只是集成电路，其他如 LED 发光二极管和光伏电池也是半导体，它们都是硅基的。在晶圆制造中，总共有七大生产区域，分别是扩散（Thermal Process）、光刻（Photo-lithography）、刻蚀（Etch）、离子注入（Ion Implant）、薄膜生长（Dielectric Deposition）、抛光（CMP，即化学机械抛光）、金属化（Metalization）。其中，金属化用到的设备和薄膜生长的设备类似，可以算成六大类生产设备。另外，几乎每个区

PART 2
进军高端——产业升级正面战场

域都会用到清洗机,因为生产工艺越来越复杂,几乎每一两步就要对硅片清洗一次。所以我们一般说是七大类生产设备:扩散炉、光刻机、刻蚀机、离子注入机、薄膜沉积设备、化学机械抛光机、清洗机。

半导体晶圆制造中最主要、价值最高的三类是镀膜设备(或者叫沉积设备,包括 PECVD、LPCVD、ALD 等)、刻蚀设备、光刻机,分别占半导体晶圆厂设备总投资的 15%、15%、20%~25%。当然这只是外界的估计值,毕竟我们不知道中芯国际、台积电购买设备的实际价格。当然,我们注意到了,光刻机最贵,技术也最复杂,所以我们最关注光刻机。

排名第 1 位的是中电科电子装备集团有限公司(以下简称电科装备),2016 年的销售收入仅为 9.08 亿元人民币。从名字我们可以看出来,这是国企。实际上,电科装备隶属于的中国电子科技集团,旗下还有一家大名鼎鼎的公司,就是海康威视。不过电科装备主营业务,其实还是光伏部分。在集成电路晶圆制造的七大领域设备中,电科装备在离子注入机和化学机械抛光机两个领域实现了重大突破。离子注入机是集成电路制造至关重要的核心装备——主要是将离子注入半导体材料中,从而控制半导体材料的导电性能,进而形成 PN 结等集成电路器件的基本单元。

电科装备目前是国内唯一一家集研发、制造、服务于一体的离子注入机供应商,电科装备在承担了 02 专项[①]后,在离子注入机研发方面,一年迈上一个新台阶。我们要注意两个词,一个是唯一的一家离子注入机供应商,一个是 02 专项。实际上,如果没有国家 02 专项的支持,我国离子注入机到现在还是一片空白。

那么电科装备的离子注入机到现在发展到什么水平了呢?如果是研发出来后就停留在实验室,那就让人遗憾了。

2014 年,12 英寸中束流离子注入机以优秀等级通过国家 02 专项实施

[①] "极大规模集成电路制造装备及成套工艺"专项,因次序排在国家重大专项第2位,在行业内被称为"02专项"。

管理办公室组织的验收。2015年,在中芯国际先后完成了55nm、45nm和40nm小批量产品工艺验证,这一年国产首台中束流离子注入机率先实现了量产晶圆过百万片。到2017年11月,中束流离子注入机已经在中芯国际实现了稳定流片200万片。请注意这个数字,在2015年还是刚刚突破百万片。

200万片意味着什么呢?2017年第三季度,中芯国际的实际产能为44.8万片。从2015年的百万片,到2017年的200万片,两年时间国产离子注入机完成了100万片的生产量,而按照中芯国际2017年第三季度的实际产能计算,年产能为180万片左右。因此,我们可以合理估计,在七大类设备中的离子注入机,中芯国际产线的25%~30%已经实现了国产化。

我们要注意,中束流离子注入机只是适用于55nm、45nm和40nm,要进一步适应更先进制程,还需要大束流离子注入机。2016年,电科装备推出满足高端工艺的新机型45~22nm低能大束流离子注入机,前面提到中束流、低能大束流系列产品已经批量应用于IC大生产线。而2016年推出的45~22nm低能大束流离子注入机,于2017年也在中芯国际产线进行验证。验证通过后,会批量出货,进一步提高中芯国际产线离子注入机国产化率。

2017年,离子注入机批量制造条件厂房及工艺实验室投入使用,具备符合SEMI标准的产业化平台,年产能达50台。电科装备董事长、党委书记刘济东强调,电科装备自主研发的离子注入机打破了高端市场被美日垄断的局面,打造了离子注入机国产品牌。

七大类设备中的离子注入机,电科装备已经可以和中芯国际最先进的28nm制程齐头并进。当然,更先进制程的离子注入机我国目前还没有,合理估计中芯国际在研发14nm制程,也在和电科装备共同研发更先进的离子注入机。这也是中芯国际的发展如此重要的原因。国产下游不发展,就形不成对上游国产设备的需求,不要指望国外芯片制造巨头会购买你的制造设备来耗时耗力进行技术验证。

另外是七大类生产设备中的抛光机，2017年我国实现了零的突破。2017年11月21日，电科装备自主研发的200mm CMP商用机完成内部测试，发往中芯国际天津公司进行上线验证。这是国产200mm CMP设备首次进入集成电路大生产线，有效解决了制约我国集成电路产业自主可控发展的瓶颈问题。

CMP作为集成电路制造七大关键设备之一，用于平坦化工艺及铜互联工艺。有意思的是该设备并非是02专项，而是电科装备在承担02专项"28~14nm抛光设备及成套工艺、材料产业化"项目的同时，自主投入研制200mm CMP商用设备，形成300mm、200mm设备研发齐头并进、相互支撑的局面。200mm也就是我们常说的8英寸硅片，300mm也就是我们常说的12英寸硅片，300mm是目前集成电路硅片的主力尺寸。

从2015年1月开始，电科装备CMP设备研发团队用两年的时间，连续突破了10余项关键技术，完成了技术改进50余项。该团队在2017年8月成功研发出了国内首台拥有完全自主知识产权的200mm CMP商用机，成功打破国外技术封锁垄断。经严格的万片"马拉松"测试，该设备目前可媲美国际同类设备。在2017年11月底之后，200mm CMP设备要正式接受生产的考验，设备的可靠性和一致性将经受严格考核。

除了集成电路晶圆制造两大关键设备以外，电科装备还是国内集成电路封装设备制造商的主力，其封装设备累计销售2000余台套，已经批量应用于长电科技、通富微电、苏州晶方等国内知名封测企业——在高端封装设备领域，电科装备已经形成局部成套的供应能力。

在02专项支持下，电科装备完成了封装产线必需的300mm超薄晶圆减薄抛光一体机的研发与产业化。同时研发了倒装芯片键合机、全自动精密划片机用于封装产线，技术水平在国内处于领先地位。

第2位是浙江晶盛机电股份有限公司（以下简称晶盛机电），其董事长兼CEO邱敏秀是原浙江大学教授，这是一家技术背景强大的公司。这家公司现在处于火热状态，2017 年前三季度实现营业收入 12.57 亿元人民币，同比增长 87.3%，净利润 2.53 亿元人民币，同比增长 95.33%。

不过晶盛机电增长火爆，并不是因为半导体设备，而是因为光伏部分单晶硅组件由于成本降低逼近多晶硅，所以市场占比在上扬。而晶盛机电在以单晶炉为核心的单晶硅生产设备方面占有优势。作为国内最大规模出货单晶炉设备的厂家，晶盛机电占据了绝对份额。

2017 年以来晶盛机电在光伏领域的单晶炉、晶体生长设备等方面拿到了不少大单，带动了公司增长。实际上，根据晶盛机电的前三季度财报，2017 年公司新签订的合同总额已经有 30 亿元人民币了，而该公司前三季度仅 12.57 亿元人民币的营收。晶盛机电还将保持高速增长。

我们关心的半导体设备，按照 2017 年 10 月 30 日晶盛机电接受机构调研显示，2017 年以来接到的总半导体设备订单才刚刚达到 1.3 亿元人民币，这还是在较 2016 年有大幅增长的前提下，而且晶盛机电的半导体设备，主要是集中在晶体生长炉、单晶硅加工领域，所以晶盛机电要在半导体领域领先还需要时间。不过也有非常可喜的进步，就是晶盛机电获得了全球十大硅片供应商之一的台湾合晶科技 8 000 万元人民币的设备订单。合晶科技要把高纯度的半导体级硅加工成 200mm 的硅片，也就是说，要把一堆散装的硅料制作成圆形的硅片，这个过程需要购买生产设备。

晶盛机电提供的是半导体级单晶炉，也就是把高纯度硅做成晶棒。我们应该知道，硅片领域日本最强，美国及中国台湾地区也有不少硅片供应商。但是至少现在，部分硅片的生产设备我们已经涉猎了，这是我国在光伏领域突飞猛进的传导作用。

2017 年 10 月 31 日，晶盛机电公告与中环股份以及无锡市政府签订合作协议，计划在江苏宜兴建设集成电路用大硅片生产与制造项目，总投资 30 亿美元，第一期投资 15 亿美元。［中国现在严重缺乏大硅片项目，处于被日本、韩国"卡脖子"的状态。目前硅片由日本信越、日本 SUMCO（胜高)、中国台湾地区的环球、德国 Siltronic（世创）、韩国 SKSiltronic（硅德荣）5 家垄断了 98% 的份额，其中日本的 2 家占了全球 60%。]该项目基本可以确定会从晶盛机电采购生产设备，这是巨大的利好。

第 3 位的深圳市捷佳伟创新能源装备公司还是以光伏生产设备为主要业务。

第 4 位是北方华创科技集团（以下简称北方华创）。这家公司是我国半导体设备生产规模最大的公司，是在 2015 年由北方微电子和七星电子重组而成，是国企的一员，也是带头大哥。

当然，北方华创 2017 年也赶上了单晶硅组件爆发的东风，签了不少来自光伏设备的订单，例如 2017 年与隆基股份签订的单晶炉设备就有 8.57 亿元人民币。隆基股份，想必大家都很熟悉了，专注于单晶技术，是全球光伏产业经营状况最好的公司，净利润遥遥领先。

北方华创 2017 年上半年实现营业总收入 10.45 亿元人民币，同比增长 48.87%，归属于上市公司股东的净利润 5 247.13 万元人民币，同比增长 29.09%。我们注意到了，净利润是有点少，这跟研发投入高有关系，北方华创的研发投入强度非常高。公司主要产品为电子工艺装备和电子元器件。

2017 年上半年北方华创电子工艺装备主营业务收入为 6.9 亿元人民币，比上年同期增长 44.28%。其中，半导体设备主营业务收入 5.77 亿元，比上年同期增长 41.35%；真空设备主营业务收入 8 807.01 万元，比上年同期增长 260.78%；新能源锂电设备主营业务收入 2 631.97 万元，比上年同期下降 43.50%；电子元器件主营业务收入 3.47 亿元，比上年同期增长 59.14%。

请注意，半导体设备的收入增长速度超过 40%，占北方华创总收入的比例是 60% 左右。这个增长速度是惊人的，意味着两年翻一番。实际上，北方华创目前和所有国内大厂都有合作，比如我们正在武汉和南京如火如荼建设的长江存储公司，3D NAND Flash 产线的氧化炉设备就有采用北方华创的产品，2017 年 11 月搬入产线。注意七大生产设备区域中的扩散，其实就是用氧化炉来完成的。另外，长江存储还购买了北方华创的刻蚀机和PVD机台（物理气相沉积，属于薄膜沉积设备的一种），也就是说，国产集成电路设计制造的发展，也给北方华创带来了新的机遇。

七大类生产设备北方华创涉及了氧化炉、刻蚀机和薄膜沉积三类。在氧化炉领域，2017年11月30日，北方华创下属子公司北方华创微电子自主研发的12英寸立式氧化炉THEORISO 302进入长江存储生产线，应用于3D NAND Flash制程，扩展了国产立式氧化炉的应用领域。THEORISO 302立式氧化炉主要应用于逻辑电路、DRAM、NAND等产品工艺制程，成为长江存储的POR（Process of Record）机台（扩产优先采购机台）。

该款氧化炉在进入长江存储产线之前，已经批量应用于中芯国际、上海华力芯片生产线。

我们又一次看到，北方华创的氧化炉客户——中芯国际、上海华力微、长江存储，都是国产厂家。

在刻蚀机领域，按照材料来分，主要有3种：金属刻蚀机、硅刻蚀机、介质刻蚀机。在硅刻蚀机领域，2003年启动研制时，中国和国外差距在20年以上，仅仅能够制造90nm制程。在国家02专项的支持下，北方华创在硅刻蚀机领域不断实现突破，先进制程工艺一路上扬，28nm、22nm都实现了突破，2016年研发出了14nm工艺的硅刻蚀机。

目前中芯国际在研发的14nm工艺，就在验证使用北方华创的硅刻蚀机，这是有里程碑意义的。因为中芯国际作为中国最好的集成电路制造商，正在努力实现28nm的全面量产，而其在研的最先进工艺就是14nm，这意味着在硅刻蚀机领域，国产设备和国产集成电路制造已经实现了制程同步。也就是说，至少在这个领域，以往本来就不先进的国产集成电路制造工艺，还不得不放慢脚步等待国产设备技术进步的尴尬局面已经消失。

实际上，2017年北方华创已经在研发更先进的7nm硅刻蚀机。也就是说，至少在刻蚀机里面的"硅刻蚀机"这个领域，我们和世界顶尖水平的差距其实并没有差太远,当然我们也要看到,仅仅是造出来进行产线验证,跟实现市场占有率领先还是两回事,更何况目前也只是 14nm 而已,和最好的水平还是有差距。

刻蚀机里面还包括金属刻蚀机。2017 年 11 月,北方华创研发的中国首台适用于 8 英寸晶圆的金属刻蚀机,也成功搬入中芯国际的产线,这个也是有重大突破意义的。当然主流的 12 英寸晶圆的金属刻蚀机,我们还得努力实现突破,因为晶圆尺寸越大,成本降低越大。

除了氧化炉和刻蚀机领域以外,北方华创在 PVD 设备和单片退火设备领域也实现了批量出货,目前主要在 28nm 级别。单片退火设备主要是和离子注入机配合使用,实现对离子注入后硅片被损伤的原子结构的修复,前文已经提到,离子注入机电科装备做得比较好。

在薄膜沉积设备领域,北方华创进展较快,多种 14nm 的生产设备也在产线验证中,包括 ALD、AL PVD、LPCVD、HM PVD 等,基本是不同的沉积设备,目的是制作氧化薄膜,便于绝缘和控制不同的杂质扩散速度,或者金属化。PVD 是物理气相沉积,CVD 是化学气相沉积,ALD 是原子层沉积,它们的工作原理不同,但是目的是相似的。

所以,七大类生产设备中,北方华创主要是氧化炉、镀膜设备(各种沉积设备)和刻蚀设备(硅刻蚀机和金属刻蚀机)三大类。请注意,刻蚀机里面的介质刻蚀机,北方华创并没有涉及。

除了这三大类设备外,北方华创还有第四种关键设备:清洗机。2017 年 8 月 7 日,北方华创以 1 500 万美元,也就是 1 亿多元人民币,实现了对美国 Akrion 公司的收购。Akrion 公司位于美国宾夕法尼亚州,是一家专注于硅片清洗设备业务的公司,主要用于集成电路制造领域、硅晶圆制造领域、微机电系统和先进封装领域。该公司拥有多年的清洗技术积累和广泛的市场与客户基础,累计在线机台千余台。

北方华创自研的 12 英寸单片清洗机产品主要应用于集成电路芯片制

程。成功收购Akrion公司后，北方华创微电子的清洗机产品线将得以补充，形成涵盖应用于集成电路、先进封装、功率器件、微机电系统和半导体照明等半导体领域的8~12英寸批式和单片清洗机产品线。实际上，根据北方华创披露的2016年年报，其自研的12英寸清洗机到2016年底的累计流片量已突破60万片，收购Akrion之后，北方华创的实力进一步加强。在七大类关键设备中，北方华创涉及了4种，这是中国实力最强的。

第5位是著名的中微半导体（以下简称中微）。按照中国半导体行业协会的统计，中微2016年的销售额为4.846亿元人民币。实际上根据2019年3月上海监管局发布的中微上市辅导工作总结报告，中微2016年销售额为6.1亿元人民币，2017年增长到9.72亿元人民币，2018年上升到16.4亿元人民币。

2017年1月6日，以美国政府首席科学顾问John P.Holdren和布洛德研究所（Broad Institut）总裁Eric S.Lander为首的美国总统科学技术咨询委员会（President's Council of Advisors on Scienceand Technology，简称PCAST）发表了名为 *Ensuring Long-Term U.S.Leadership in Semiconductor*（《确保美国在半导体领域的长期领导地位》）的报告。该报告里面提到中国的集成电路制造设备生产商，称中国没有tier 1的设备制造商，但有一家tier 2的，就是中微。

中微由尹志尧创办，他之前是全球最大的半导体生产设备商应用材料公司的副总裁，回国创办中微。从2017年的销售额来说，中微和北方华创在半导体设备领域的销售额都会在10亿~11亿元人民币，似乎可以把两者并列成为半导体设备的两个希望。但是实际上，总体来说，北方华创要强得多，产线范围也要宽得多。

中微的产品主要是在三大领域，一个是LED芯片的MOCVD（金属有机化合物化学气相沉淀）机台。这个是LED芯片制造的核心设备，以至于衡量芯片厂家的制造能力，都是用它有多少MOCVD机台来衡量，机台数量

PART 2
进军高端——产业升级正面战场

越多的产能越大。

目前国内 LED 芯片产业在高速发展，三安光电、华灿光电等公司逐渐脱颖而出，逐渐进行进口替代。曾经 LED 灯里面的芯片，中国是百分之百需要进口的，然而现在这种情况已经彻底改变。2016 年 LED 芯片国产率提升至 76%，达到 106 亿元人民币，进口则为 33 亿元人民币。随着大陆厂商产能不断释放，2016 年大陆芯片厂产值同比增长 13%。

在 MOCVD 设备商方面，中微在 2017 年 10 月宣布，其 MOCVD 设备 Prismo A7 机型出货量已突破 100 台，迈向重要里程碑。该款 MOCVD 设备是在 2016 年才推向市场的。

按照中微的出货量，国内市场占有率可以达到 30%~40% 甚至更高，这是非常不错的成绩。

当然中微的 MOCVD 主要市场还是国内。美国的 Veeco、德国的爱思强（就是中国资本曾经试图收购，但是被美国阻碍的德国爱思强）两巨头，在全球 MOCVD 市场还是总体占有技术优势和份额领先优势。例如三安光电在 2016 年以前购买的 MOCVD 机台，基本不是 Veeco 的就是爱思强的，Veeco 和爱思强曾经占据了全球 MOCVD 90% 的市场份额。国内也有不少公司在做 MOCVD 设备，国产 MOCVD 设备从 2012 年底研发成功，到 2016 年开始完成批量验证，目前处于迅速上升的态势。经过不断洗牌，目前中微和中晟光电在国产中较为领先，2016 年占据国内市场 11% 的份额。

在国际巨头 Veeco 和爱思强两家中，爱思强目前已经逐渐式微，其产品因为技术原因不满足三安光电的需求，导致其丧失了三安光电这一全球最大客户。爱思强已经处于掉队的状态，国际上唯一的强敌是美国 Veeco 公司。

Veeco 现在和中微在中国和美国同时打官司。实际上，Veeco 试图捍卫自己的领先地位，感受到了来自中微的强大威胁。不过中微也在积极应战，中微在技术方面自主研发的态度一直比较坚定，过去 10 年中微的各种专利官司，不管是国内还是国外，都保持全胜。

由于中国已经逐渐掌握了 LED 生产各个环节的技术，在芯片、封装等领域都在迅速变强，出现了一批具备世界竞争力的龙头企业。从长期来看，在 MOCVD 设备领域中微和中晟光电逐渐取得优势地位，Veeco 走向衰落是大势所趋，这个先进技术产业向中国转移是不可逆转的趋势。

中微的另外一个领域，主要是其最早开始研发，具有多年经验的介质刻蚀机，这个目前是用在集成电路芯片制造上面。目前中微已经可以做到 22nm 及其以下，且中微的 14nm 也在进行产线验证，同时在推进 5nm 的联合研究。

2017 年早些时候，网络上有传言称中微研发出了 5nm 制程的刻蚀机，不少媒体开始说中国已经掌握 5nm 生产设备技术。实际上，刻蚀机只是集成电路制造中的一类设备，而刻蚀机根据材料的不同，又分为硅刻蚀机、介质刻蚀机和金属刻蚀机三类。相比北方华创在硅刻蚀机和金属刻蚀机领域的不断突破，中微只是在介质刻蚀机领域比较强，因此这个 5nm 实际上是中微在研的介质刻蚀机。另外，如中微的声明所言，先进的制程不可能是由设备厂家单独完成的，而是设备和制造厂家共同研发攻关的结果，不然中芯国际和台积电还有什么技术可言。

除了集成电路晶圆制造领域以外，中微还有一类是硅通孔刻蚀设备，主要用在集成电路芯片的先进封装上，也就是封装设备，像长电科技这样的封装厂家会购买。

目前总体而言，中微处于比较好的发展态势，MOCVD 机台已经经受住了量产的考验，将会迎来大批量出货时期。其多年来集中力量攻关的等离子体介质刻蚀机，已经在国际大厂部署多年，同时目前也开始进入最先进的 5nm 制程的预研。未来几年中微还将保持高速增长。当然我们也要注意，未来三四年内，中微还是一家销售收入不到 20 亿元人民币的小公司。

通过上述介绍我们知道，北方华创在氧化炉、清洗机、单片退火设备、

PART 2
进军高端——产业升级正面战场

硅刻蚀机、金属刻蚀机,以及各种沉积设备上都有了突破;中微也有介质刻蚀机;电科装备则有了CMP和离子注入机。七大类设备中的6种我们都有了,那么最核心的光刻机呢?

目前,光刻机领域荷兰ASML已经占据了大约80%的市场份额,垄断了高端光刻机市场,日本尼康在高端光刻机上已经彻底败退,Intel、台积电、三星、格罗方德、联电以及中芯国际等晶圆厂的光刻机目前基本是来自ASML。

最先进的EUV(极紫外光刻)光刻机全球仅有ASML能够生产,ASML在2016年下半年出售的两台EUV光刻机,单价都超过1亿美元,而落后EUV一代的ArF光刻机平均售价也在四五千万欧元。可以说光刻机是集成电路制造领域最后的皇冠。

在国内半导体生产设备排名第6位的上海微电子公司,2016年半导体设备收入为2.9亿元人民币。该公司就具备研发和制造光刻机的能力,也是国内唯一一家从事光刻机研发制造的公司,然而很遗憾,目前只能做到90nm制程。目前业界主要制程工艺,基本已经在65nm以下,上海微电子目前也在进行65nm制程工艺光刻机的研发,但是研发进度不得而知。事实上,我们也不要抱有太高的期望,因为上海微电子还是一家小公司。目前我国也还没有到完全攻克光刻机技术的这一步,即使是已经在产线验证的各种沉积设备和刻蚀机,我国设备商的市场占有率也还非常低,更不要说还没有研发出来的65nm制程光刻机。

虽然在集成电路制造领域的光刻机上,上海微电子还是路漫漫,但是至少在集成电路后段的封装领域的光刻机上,上海微电子已经出头了。事实上,上海微电子是国内唯一的先进封装光刻机设备供应商。集成电路的封装使用的光刻机,并不需要很高的精度,达到1~2微米(1 000~2 000nm)就可以使用。上海微电子研发制造的500系列步进投影光刻机,面向IC后道封装和MEMS/NEMS(微纳机电系统)制造领域,国内市场占有率达80%

以上。

另外，上海微电子还开发了针对LCD、LED领域的光刻机，这些领域的光刻机应用也并不需要很高的精度。借助我国在LCD显示面板、LED、集成电路封装等领域的突飞猛进，上海微电子先从这些领域的发展受益，获取利润，才能有真正的能力投入去研发更高等级的集成电路制造用的光刻机。

在液晶显示面板领域，应用的核心生产设备是光刻机，也叫曝光机。这个领域几乎百分之百被日本佳能和尼康两家垄断，但是上海微电子也在这方面不断取得突破。上海微电子耗资数亿元为天马研制了两台4.5代曝光机已在量产线上使用。2017年12月28日，上海微电子自主研发的首台平板显示6代投影曝光机正式发运给客户，一举打破尼康和佳能的垄断，成为全球第3家具备量产6代投影曝光机能力的公司，有力地提升了我国高精密零件制造能力。

不管怎样，以光刻机为核心和技术发展主线的上海微电子，是目前中国光刻机发展的唯一产业化力量。这个力量目前还非常弱小，短期内，上海微电子还是要借助先进封装光刻机、LED和LCD用光刻机来获取利润进行发展。集成电路制造光刻机这个皇冠，上海微电子只要能有所进步，比方说未来一两年内研发出65nm工艺的光刻机就是胜利，不要追求10年内能赶上ASML。

但是也不要灰心，按照下游带动上游的发展规律，如果最上游的核心生产设备光刻机都造出来了，那么说明基本上整个半导体产业，从上游到下游的技术中国全部吃透了，那么超过欧美日韩指日可待。

排名第7位的北京京运通、第8位的天通吉成，都是以生产光伏设备为主。第9位的盛美半导体，由入选国家"千人计划"的王晖博士创立。王晖博士1978年考入清华大学精密仪器系，之后留学日本和美国。2017年11月3日，盛美半导体在美国纳斯达克上市，这也是上海张江首家由归国留学人员创办并且到美国上市的半导体设备公司。这家公司事实上创办于硅谷，但是研发和核心人员都在上海，其营业收入也不高，2016年大约为1.64亿元人民币。

盛美半导体专攻硅片的清洗。随着集成电路制造工艺的不断进步，在制造过程中，由于对硅片的不断处理，几乎每个步骤之后都要进行硅片清洗，去除颗粒物和杂质。尤其是目前芯片结构从2D走向3D，清洗难度更高。盛美半导体主打Smart Megasonix清洗技术，该技术中的SAPS技术最高可以应用于65nm制程的硅片清洗。另外TEBO技术硅片清洗系列产品，可以对FinFET、DRAM、3D NAND Flash实现覆盖16~19nm的制程。根据2017年7月的报道，基于该技术的清洗机已经批量应用于上海华力微电子的产线。

实际上，SK海力士、中芯国际、华力微电子的产线都重复下单购买盛美半导体的清洗机。由于盛美半导体的清洗技术可以同时应用于2D和3D图形结构，预计生产3D NAND Flash和DRAM的长江存储公司也会购入盛美半导体的硅片清洗机。2017年5月，盛美半导体在合肥投资3 000万美元建立研发中心，事实上就是和合肥长鑫、睿力集成、兆易创新一起组团开发DRAM技术。

目前盛美半导体预计在单片清洗设备市场总共营收大约27亿美元，而相对于盛美半导体目前的营收，未来还是有很大的增长空间。当然，我们知道清洗机领域除了盛美半导体以外，还有北方华创，因此在清洗机国产化道路上，盛美半导体并不孤单。

第10位的深圳格兰达，主要是生产一些集成电路制造的外围非核心生产设备，包括激光标刻、晶圆检测等，规模也很小，营业收入1.5亿元人民币左右。

隐约可见的光明

我们做下总结,也就是集成电路制造设备几个主要的特点。

(1)最大的两家是北方华创和中微,2017年的营收都是11亿元人民币左右。

北方华创半导体出货增长超过40%,中微增速更快,达到80%,主要是因为LED用的MOCVD出货量暴增。其中北方华创是国内最全面的生产设备厂家,涵盖了各种沉积设备、刻蚀机、氧化炉和清洗机;中微在LED的MOCVD设备方面进展很大,但在集成电路制造领域还主要局限于介质刻蚀机。

(2)上海微电子是唯一的光刻机玩家。

(3)电科装备在离子注入机和化学机械抛光机两个领域不断实现突破。

(4)晶盛机电的半导体设备将会异军突起,不过现在规模还很小,只有1亿元人民币。

(5)盛美半导体专攻硅片清洗机,技术上直追国际厂家,但是规模也很小,不到2亿元人民币。

(6)2017年电科装备首次研发出了200mm CMP,北方华创首次研发出了金属刻蚀机,目前都已经在中芯国际产线上进行验证。同时LED芯片制造用的MOCVD设备,国产厂家在2017年迎来了爆发性增长。

请再次注意,以上国产集成电路生产设备厂家,主要客户还是在国内,具体地说就是中芯国际、华力微电子等厂家。

中芯国际、上海华力微、长江存储、合肥长鑫、杭州士兰微等国产集成电路制造厂家的发展,直接关系到甚至是决定着上游国产设备厂家的发展。由于大陆集成电路制造厂家都还很弱小,例如最大的中芯国际的营收只有台积电的10%,所以大大限制了国产设备厂家的规模。但是随着全产业链的进步，国产设备厂家将保持每年 20%~30% 的增速，大概 3 年翻一番。不过按照现在的份额和增速，即使到 2025 年，国产设备占全球市场比例也就是 10% 左右，乐观点可能会达到 15%。可以说，与荷兰、美国、日本还是有差距。从另一方面讲，我们也可以说自己是全球 4 强。即使到那个时候，中国也只是刚刚跻身主流企业，但是要彻底超过美国、日本、荷兰，还有很长的路要走。尤其是光刻机，作为最核心最昂贵的设备，现在反而差距最大。

中芯国际现在在寻求 28nm 高阶制程量产，台积电已经量产 10nm 了，这个差距已经够大了。然而，光刻机我们还停留在 90nm 的水平，不仅如此，上海微电子还是一家小公司，本身实力不足以支撑高额资本投入的研发，如果其母体上海电气集团决定投入大规模资金，又是另外一回事。

从另一方面来讲，我们也要有信心，如果我们把集成电路最上游的生产设备都彻底吃透了，那么说明中国已经彻底站到电子工业的顶端了，那么凭着海量的生产能力以及超强的成本控制能力，其他国家会迅速丧失市场份额。

从集成电路制造的生产设备来看，所有的设备我国都有厂家在攻关，只是由于技术难度和产线验证原因有先有后。在七大类设备中，由电科装备、北方华创、中微、上海微电子、盛美半导体组成的集团全部都有涵盖。所谓星星之火，可以燎原，弱小并不可怕，可怕的是完全没有人去做这个事情。

试想一下，再用一二十年时间，如果从最上游的集成电路设备，到集成电路制造，到集成电路设计、封测，到中游的零部件，到下游的消费电子终端的设计、研发、品牌，以及在终端运行的各种软件应用全部被中国掌握，那我国就是毫无疑问的科技强国了。而这一切，至少从现在的发展看，已经隐约看得见了。

第八章
汽车工业——产值最大的工业

汽车工业是我国产业升级的最主要战场，全世界找不出任何一个工业，其产值能够比得上汽车工业。

世界上的工业强国，从美国、日本、德国，到法国、瑞典、中国、韩国、英国，乃至于印度、俄罗斯，无一没有汽车工业，世界前10位经济大国和世界前10位汽车生产大国高度重合。

我国在汽车工业实现升级成功，对发达国家的冲击将是全面性的。

自主品牌之殇

全球一年销售9 000多万辆汽车，而我国市场占了全球大约30%。我国虽然已经是世界第一汽车生产和销售大国，但是由于我国在自主品牌方面长期处于弱势，因此我国从汽车工业中获取的价值总体是有限的。

我们为什么要做汽车自主品牌，做自主品牌到底有多重要？

我们以广州汽车为例，我国最大的汽车工业集团之一的广州汽车集团，2017年全年销量达到200.1万辆（乘用车1 996 868辆，商用车4 168辆）。

其中广汽自主品牌乘用车（广汽传祺）累计销售50.86万辆，这项数据在2016年还是37.2万辆，增长很快，增速达到36.7%。

这带来了什么价值呢？2018年1月13日，根据广汽集团常务副总经理、广汽丰田董事长吴松在主题为"全球制造业变局下的新产业革命"的2018中国制造论坛上的发言，在2016年，广汽传祺自主品牌已经是广汽集团里面盈利最大的，而且是净利润最大，广汽集团自主车企广汽乘用车在2016年营业收入为328.08亿元，净利润为30.43亿元。这意味着，广汽乘用车对广汽集团62.88亿元净利润贡献近半，单车利润约为8 000元。广汽传祺创造的净利润基本上接近广汽集团总净利润的50%，而广汽传祺的销量只占集团总销量的25%。换句话说，广汽从一辆自主品牌车获取的利润等于三辆合资品牌车的利润之和。

除了公司净利润高以外，还有员工收入的增加。广汽在2007年开始策划做自主品牌，2011年才有第一辆车投放市场，早期组织自主品牌力量，主要是从集团内部的广汽本田和广汽丰田招人。吴松回忆当时他在合资企业招人的时候，所有干部见着他就躲，甚至领导训人的时候就说，你不听话我就把你派到传祺那里去。当时广汽的合资企业效益不错，广汽传祺的待遇只有广汽合资企业的80%左右，现在不但跟广本、广丰持平，奖金还要高百分之十几，甚至更多一点。

此外，还有一个是自主品牌对国产供应商的扶持作用。2017年广汽传祺的供应商体系里面，日系供应商占15%，国产零部件供应商占到了50%，欧美供应商占35%。一辆外资品牌汽车，很难做到50%的零部件来自中国公司。

只有做自主品牌，我们才能真正获取巨大价值，而合资企业的话语权、高收入的岗位、利润都牢牢控制在国外企业手里。

在自主品牌汽车领域，我国还非常弱小，但是我们用10~15年的时间，在汽车产业是可以复制我国在家电、消费电子产品、高铁、核电、电网上的崛起道路的。

从目前的形势来看，由于中国汽车市场已经逐渐进入增长停滞的饱和期，中国自主品牌汽车已经开始进入生死存亡的阶段，其中的强者通过吞并弱势自主品牌的份额，让自己变得更强大，从而逐步具备向上挑战和蚕食合资品牌份额的实力。

在过去的十几年，中国自主品牌汽车在份额上并没有构成对合资品牌的威胁，而是一直停滞不前，稳定在40%左右，并没有具备挑战合资品牌的实力。而在经过内部整合之后，强大的国产品牌将会脱颖而出，销量将达到二三百万辆甚至更多，逐步具备战胜合资品牌的实力。

这几年，自主品牌汽车总体份额的上升只会是缓慢的、渐进的，一年增加零点几个百分点很正常。而在这之后，出现几个国产汽车品牌巨头，自主品牌汽车总份额才会加速上升。

目前我国还没有国产汽车品牌巨头，最大的吉利，2017年销量也才130万辆，这跟国际巨头动辄800万、1 000万辆的销量没法比。根据中国汽车工业协会发布的2017年中国汽车产销数据，我国汽车产销2 901.54万辆和2 887.89万辆，连续9年蝉联世界第一。但同比增长仅为3.19%和3.04%，是2008年以来的最低增速。其中乘用车产销分别完成2 480.7万辆和2 471.8万辆，同比分别增长1.58%和1.4%。由于在商用车领域我国本土品牌占有率已经非常高，所以乘用车领域才是我们的产业升级核心。

我们要知道一点，一旦一个市场高速增长期结束，那么淘汰赛阶段就要来了。而2017年乘用车销量仅仅1.4%的增速，已经充分说明了残酷竞争时代的到来，每一家车企的销量上升，几乎都必然伴随着另外一家车企的销量下降。

2017年中国自主品牌乘用车销量达到1 084.67万辆，增长3%，占乘用车销售总量的43.88%，比上年同期提高0.69个百分点。就份额上升的势头来看，似乎不错，但是这背后有很大的隐忧。2017年这个超过1 000万辆的自主品牌乘用车销量,是把面包车之类也算进去了。比如在2017年,据中国汽车工业协会的统计,上汽集团自主品牌乘用车销量为244.88万辆,名列全国第一。这个统计是把上汽通用五菱旗下的五菱汽车和宝骏汽车销量也算进去了。

实际上,上汽通用五菱的两大品牌,五菱大家认可是国产品牌血统,而宝骏究竟是自主品牌还是合资品牌,实际上争议是很大的。尽管2017年宝骏汽车销量历史性地突破了100万辆,但是由于上汽通用五菱公司,美国通用汽车占股达到了44%,至少在我看来,宝骏应该算成合资品牌。真正的上汽自主品牌乘用车,荣威和名爵2017年销量才刚刚达到52.2万辆。

因此2017年中国自主品牌乘用车第一名毫无争议的是吉利汽车,销量为130万辆(本文使用中国汽车工业协会数据,吉利自己在官网公布的数据是124.7万辆)。更进一步说,如果把宝骏和五菱去掉,2017年全中国真正的自主品牌乘用车销量是没有1000万辆的,也就是800多万辆的水平,这个量还没有丰田或者大众高。日本和德国的龙头汽车公司,一家的销量都是上千万辆,超过全中国自主品牌的总和。

从2010年到2014年,中国的自主品牌生存比较艰难,连续4年出现市场份额下滑。2010年中国品牌乘用车份额还有45.6%,而到了2014年,中国品牌乘用车共销售757.33万辆,只占乘用车销售总量的38.44%,份额出现了大幅度的下滑。中国的消费升级挽救了挣扎中的中国自主品牌。同样是2014年,尽管中国自主品牌乘用车份额是下滑的,但是由于中国市场在快速转向SUV,在SUV市场瞄准了合资品牌车型空当的中国公司获得了巨大的机遇,尽管当年中国自主品牌轿车销量大幅下滑16.9%,但是国产自主品牌SUV的销量却大幅上升50.9%,因此自主品牌乘用车总体份额还是上升了。

消费升级是把双刃剑

中国的消费升级是一把双刃剑，在轿车领域国产品牌遭受严重打击。由于消费者开始逐渐向上移动购买10万元以上的轿车，而国产轿车品牌在10万元以上区间处于弱势，导致在轿车领域艰难升级的国产品牌遭遇打击。

2017年国内购买最多的一款轿车品牌——大众朗逸，全年卖了大约46万辆，几乎接近单月4万辆的销量，此款车的主要价格区间就在8万~13万元（有的配置会比这个区间高点或者低点）；排在第2位的别克英朗，销量大约为42万辆，也差不多是这个价格区间。

可以看到，我国消费者买车的趋势，已经逐渐向上集中在10万~15万元区间，而我国自主品牌轿车，在这一领域处于绝对弱势。而合资品牌不只是占据了10万~15万元的市场，而且价格下探到了7万~8万元，这也给自主品牌轿车造成了严重打击。

另外，消费者倾向于买更贵的汽车，直接促使SUV的崛起。SUV相对于轿车空间更大，动力更强，更有高级感，其总体价格也更高。10万~15万元区间的SUV属于中低端产品，这恰好是国产品牌SUV的主要价格区间，而合资品牌在该价格区间的车型布局和投入相对不足，这极大地挽救了在轿车领域被打得落花流水的国产自主品牌，挽救了自主品牌的下滑命运。

在2007年，中国市场轿车销售473万辆，SUV销售36万辆，两者还有10倍以上的差距。10年之后，到了2017年，中国市场轿车销售为1 185万辆，比上年居然还下降2.47%。SUV销量猛增到1 025万辆，比上年增长13.76%。10年间中国市场SUV销量猛增了几乎30倍。2017年中国SUV销量前10位，仅有三个合资品牌上榜，刚好是来自美国、日本、德国三个汽车工业强国的品牌，一个是大众途观，一个是别克昂科威，一个是日产奇骏。它们的成交均价都在 15 万元以上，像途观和昂科威均价都在 20 万元以上。事实上，其他没有上榜的合资品牌，例如丰田 RAV4、本田 CR-V，其均价也都在 15 万元以上。而自主品牌 SUV，销量火热位于前 10 位的哈弗 H6、哈弗 H2、长安 CS75、吉利博越、传祺 GS4、荣威 RX5 等，则基本集中在 15 万元以下。也就是说，国产 SUV 利用价格差和产品布局占领了 SUV 的市场。

实事求是地说，在过去的几年，中国的汽车自主品牌总体发展并不好。直到现在，我们的轿车品牌仍然无法打破 10 万元的天花板，我们的 SUV 仍然基本局限在 15 万元以下。尤其是在轿车领域，过去几年我国轿车高端化的努力基本可以说是失败的，而且还被合资品牌反攻打得落花流水。

2010 年我国自主品牌轿车销量为 293.3 万辆，占轿车市场份额为 30.89%。2013 年自主品牌轿车销售 330.61 万辆，市场份额为 27.53%，同比下降 0.85 个百分点。2017 年我国自主品牌轿车销量仅为 235.45 万辆，市场份额为 19.87%，同比增长 0.6 个百分点。2017 年我国自主品牌轿车销量不要说和 2013 年比较了，还不如 2010 年。和 2010 年相比，2017 年中国自主品牌轿车销量下降了 19.72%，而市场份额更是从 30% 的水平下降到了 20% 的水平。

除了零星的亮点，我们在轿车领域基本上处于劣势地位。2010 年，销量排名前 10 位的轿车品牌里面有三款车来自中国公司，其中比亚迪 F3 销量高达 26.39 万辆，排在第 1 位；一汽夏利排第 7 位，销量为 19.87 万辆；奇瑞旗云排在第 9 位，销量为 17.35 万辆。到了 2017 年，在轿车领域，吉利成为孤独的勇士，2017 年我国只有吉利新帝豪系列轿车进入了全国轿车销量前 10 位，总销量为 26.44 万辆，排在第 9 位。比亚迪、一汽、奇瑞的轿车品牌销量全部退出了全国前 10 位。而唯一进入了前 10 位的帝豪，均价仍然徘徊在 5 万 ~10 万元之间，没有跟上轿车品牌 10 万 ~15 万元的主流步伐。

实际上，把轿车、SUV、MPV等所有乘用车算在内，2017年我国众多自主品牌中，只有四家实现了同比正增长：吉利增长了63%，广汽增长了37%，上汽（MG+荣威）增长了62%，众泰增长了8%。其他自主品牌长城、长安、比亚迪、东风、奇瑞、北汽，乘用车销量全部下滑，这和中国市场整体的增长形成了对比。换句话说，是吉利、广汽和上汽三家在2017年挽救了中国自主品牌乘用车的份额。

当然，从另一个角度来说，由于同合资品牌正面竞争还比较少，吉利、广汽和上汽也同时在蚕食其他自主品牌的份额。实际上，在撑起中国汽车市场的品牌中，增长最快、增幅最大的吉利，其增长也主要来自SUV，在其官方网站公布的2017年销量情况里面，也用大篇幅介绍了SUV。

在轿车领域，吉利销量最大的主力车型新帝豪系列，全年累计销量为26.44万辆，同比增长9.7%，而远景系列全年销售14.5万辆，增长仅为5.3%。新帝豪和远景销售的主要是5万~10万元区间的轿车，轿车销量个位数的增速和吉利整体高达63%的增速对比极为鲜明。吉利的帝豪GL轿车成为吉利轿车在2017年的最大亮点，销量高达14.5万辆，而2016年由于才上市，当年销量仅为3万辆。2017年12月帝豪GL销量再创新高，达14 088辆，同比增长39%，这款主要在8万~12万元区间的轿车，作为A+级别车型，总体价格贵于新帝豪，成为吉利轿车向上升级的一支重要力量。而吉利最为高端的主力产品，均价在12万元以上的吉利博瑞车型，2017年销量为4.28万辆，比起2016年的6.28万辆下滑了31.8%。作为本土最为火爆的自主品牌吉利，2017年即使在8万~12万元区间的帝豪GL上取得了重大突破，但是仍然在10万~15万元的主力轿车品牌博瑞上严重受挫。

向上突破做出10万元以上的爆款轿车品牌，向上突破做出15万元以上的爆款SUV品牌，是中国汽车企业发展的关键。就SUV而言，2017年中国品牌已经占全国市场的60%左右，而由于SUV整体销量已经在2017年突破了1 000万辆，向上猛增的时代已经逐渐结束了。

2016年我国SUV销量增速还高达44.6%，2017年我国SUV累计销量为1 025.3万辆，同比增长仅为13.3%，中国SUV市场以前的高增长时代已经一去不复返了。到后面中国品牌SUV销量将逐渐进入硬碰硬阶段。一个是在15万元以下的中低端领域竞争，打垮较为弱势的其他国产汽车品牌；另一个是奋力突破15万元，做出更为高端的SUV和合资品牌正面竞争。

2017年，我国在15万.~20万元级别车型中，能够挑战合资品牌的SUV车型如下。

1. 长安的旗舰SUV CS95

这款2017年3月上市的旗舰SUV曾被长安寄予厚望，然而一年时间下来，2017年全年销量只有20 912辆，上市仅仅3个月后月销量就大幅下滑，到2017年最后几个月月销量只有几百辆。长安SUV的高端化可谓惨败。

2. 长城哈弗H8销量为7 698辆，同比增长3%；哈弗H9为13 855辆，同比增长20.1%

长城在2017年打造的新豪华SUV品牌WEY也取得了很好的成果，VV5在2017年9月上市后，全年累计销量达到33 658辆，其中11月和12月连续月销量过万。价格更贵的VV7，于2017年6月上市后，全年累计销量52 767辆，其中11月和12月连续月销量过万。

对长城来说，H8、H9、VV5、VV7四款均价在15万元以上车型销量总计接近10万辆，这对中国品牌来说是很不错的战绩。

3. 最为成功的当数广汽传祺GS8，销量为10.22万辆，同比增长了10倍

广汽传祺GS8堪称2017年中国品牌SUV的最大亮点，该车均价接近20万元。该车由于2017年销量出乎意料的火爆，产能一度还受到了爱信精机的自动变速箱供货限制。

4. 比亚迪唐，销量 14 592 辆，同比下滑 53.5%

从以上数据可以看出，2017 年我国 SUV 品牌销量看似高增长，其实还是因为 SUV 市场整体增长了 40% 以上的结果。仔细看我国 SUV 的高端化成果，除了广汽传祺 GS8 和 WEY 品牌猛增，成为最大亮点以外，其他闪光点其实寥寥无几。

当然，2017 年 11 月 28 日我国自主品牌龙头吉利汽车高端化的领克品牌领克 01 SUV 终于上市了，其售价在 15 万元以上，到 2018 年 3 月中旬已经累计销售了 1.6 万辆。2018 年吉利还会上市领克 02 等车型，持续进军高端市场。

而轿车领域则是我国汽车品牌突破的核心领域。看一家中国汽车公司有没有前途，有没有勇气，有没有做成世界第一的野心，就看它在轿车领域有没有不断向上的能力和动力。从发达国家的市场来看，即使 SUV 大量普及，轿车始终能占到 50% 的份额。

而在我们本土市场，2017 年国产品牌轿车仅能占到 20% 左右的份额，且基本集中在 10 万元以下。如果我们的轿车做不起来，可以说中国在汽车工业领域产业升级就是失败的。

实际上，从数字可以看出在轿车领域我国自主品牌做得还不够。在 2017 年轿车销量前 50 名中，我国只有吉利帝豪 EC7 排在第 9 位，吉利远景排在第 23 位，奇瑞艾瑞泽 5 排在第 27 位，吉利帝豪 GL 排在第 32 位，比亚迪 F3 排在第 34 位，长安逸动排在第 47 位。销售前 50 名的车型中，只有 6 款来自中国品牌。并且除了帝豪 GL 价格在 8 万~12 万元区间，其他 5 款全部是 5 万~10 万元区间的廉价车型。

如果我们把条件放宽到中国市场轿车销量前 100 位，请注意，中国市场轿车销量前 100 位其实是很低的门槛，年销量只要超过 2.2 万辆就能进入前 100 位。然而即使这样的低标准，能够进入前 100 位的国产轿车型号只有 18 款，除了排在前 50 位中的 6 款外，其余 12 款是：第 52 位的北汽新能源 EC 系列，第 56 位的上汽荣威 i6，第 66 位的上汽荣威 360，第 69 位的长安悦翔，第 71 位的吉利博瑞，第 72 位的知豆 D2，第 80 位的吉利金刚，第 86 位的江淮 iEV，第 92 位的奇瑞 eQ，第 95 位的广汽传祺 GA6，第 99 位的奇瑞风云 2，第 100 位的比亚迪 e5。这 18 款中国品牌轿车中，均价在 10 万元人民币左右的，只有 5 款。请注意下面的价格区间是指主要价格区间，实际因为配置不同可能会更高或者更低。

（1）售价为 8 万 ~12 万元的吉利帝豪 GL，销量高达 14.5 万辆，翻了几番，这是一个可喜的成绩。

（2）售价为 8 万 ~12 万元的上汽荣威 i6，也是上汽在 2017 年轿车领域最大的亮点，i6 也是上汽乘用车销量最大的轿车车型，2017 年售出 6.38 万辆。

（3）均价超过 12 万元的吉利博瑞，2017 年销量只有 4.28 万辆，下滑了 31.8%。

（4）广汽传祺的 GA6，售价在 8 万 ~12 万元，2017 年销量为 2.5 万辆，同比增长 96.4%，这也是广汽自主品牌传祺 2017 年销量最高的轿车车型。

（5）比亚迪 e5，2017 年销量为 2.36 万辆，同比增长 50.5%，实际售价在 10 万 ~15 万元之间。

除了以上 5 款以外，还有比亚迪秦售价也在 10 万元以上，其实秦的混动版本和 EV 纯电动版本总共销量也有大约 2.4 万辆，和 e5 差不多，但是如果混动秦和 EV 秦分开算，就进不了前 100 位。

另外上汽旗下的名爵品牌，也在 2017 年 11 月上市了新 MG6，指导售价在 10 万 ~15 万元，2018 年 1 月销量也接近 1 万辆，可以说是不错的成绩。

我们总结一下。在 SUV 和轿车领域都在奋力向上走，向高端走，打破天花板且有一定销量的车型：SUV 有吉利的领克 01（销量还不行），长城的 WEY，哈弗 H8、H9，广汽传祺的 GS8，比亚迪唐（2017 年销量下滑）；轿车有吉利博瑞（2017年销量下滑），吉利帝豪GL，上汽荣威i6，上汽名爵MG6，广汽传祺GA6，比亚迪秦（2017年销量下滑），比亚迪e5。

按照公司来说，就是吉利、长城、广汽、上汽、比亚迪。当然，我们也能够看到，这其中没有传统上的"自主三强"（吉利、长城、长安）之一长安的名字，长安其实努力地向高端走，只不过前面的努力失败了而已，这也反映了长安目前发展的困境。

未来几年，由于中国乘用车市场增长已经基本归零，中低端市场残酷的弱肉强食竞争时代已经来临。一方面由于自主品牌主要还是集中在中低端，而有明显优势的自主品牌例如吉利、上汽、广汽等已经逐渐脱颖而出，它们的增长必然是以其他自主品牌的份额下降为代价。因此自主品牌将会加速分化，强者越强，而弱者的市场份额将逐渐被强势自主品牌掠夺，自主品牌淘汰赛阶段已经来临。同时中国自主品牌中较为优秀者已经在逐渐向上升级，直接挑战合资品牌，体现在轿车突破10万元，SUV突破15万元，而这将是我国汽车产业升级的正面战场。

电动汽车是我国汽车产业弯道超车的第二次机遇

为什么是第二次机遇呢？从2007年到2017年，中国SUV市场爆发，市场扩大了30倍，给中国汽车工业的发展带来了第一次机遇，成为在轿车领域被合资品牌打得节节败退的中国汽车工业的救命稻草。

现在电动汽车时代的来临，是我国汽车工业的第二次机遇，而这次机遇是全方位的，涵盖了轿车和SUV。如果说SUV最终要占有50%的市场，那么电动汽车最终要占有100%的市场，所以它带来的影响比SUV市场的爆发还要大得多。

我们可以看到，在传统燃油车领域，不管是轿车还是SUV，都造不出中高端爆款车型的比亚迪，凭借着汽车电动化的东风，反而在SUV领域有均价超过20万元的比亚迪唐，在轿车领域有均价超过10万元的秦和e5。

在SUV市场爆发前，中国消费者买中国车，还是习惯在10万元以下车型里选，而SUV市场爆发后，中国消费者开始逐渐习惯了花10万~15万元买中国品牌汽车。也即是SUV的爆发，无形中提高了中国品牌的溢价。

汽车电动化也是一样，会大大提升中国品牌的溢价能力。会有人花20万元以上去买比亚迪的燃油SUV，花十几万去买比亚迪的燃油轿车吗？这样的消费者还是极少数的。但是如果是电动的，那就不一样了。

在汽车高端化方面显得有点落后的百万销量自主品牌长安，2017年10月，宣布正式启动"香格里拉"计划，称将在2025年全面停售传统燃油车，实现全谱系产品电气化，体现了长安想抓住电动化机遇实现品牌跃升的愿景。

汽车电动化，只靠比亚迪是撑不起来的，上汽、吉利、广汽、长安等主力汽车公司也要大力投入进去，实现我国汽车产业弯道超车。

最后，自主品牌谁最有希望？

从现阶段来看，只有高端化做得好的品牌才有希望。从这个意义上讲，是吉利、上汽、广汽、长城、比亚迪五家。这五家里面，吉利毫无疑问已经脱颖而出，不仅研发实力提升显著，并且SUV和轿车两条腿走路非常均衡。2017年吉利轿车和SUV销量几乎是一半一半，可以说结构非常健康，和其他中国自主品牌车企高度依赖SUV形成了很强的对比。

在高端化方面，虽然吉利博瑞销量受挫，但是由于8万元以上的轿车帝豪GL以及SUV的热销，2017年吉利的8万~15万元售价车型销量占比已达到60%。其中售价10万~15万元的车型占比首次突破21%，而售价5万~8万元的车型占比则由2013年的71.18%降到2017年的32.57%。作为吉利旗下最高端的轿车品牌，吉利博瑞是吉利汽车向上走的关键，如果在轿车高端化上止步不前，吉利集团的长期发展势必会受到影响。

上汽势头也很好，毕竟是国内总体实力最强的车企，不管是资金还是研发实力都傲视群雄。上汽乘用车自主品牌前些年发展并不好，2010年总销量为16万辆，到了2014年也才18万辆。这几年随着逐渐重视和加大投入，势头就逐渐起来了。

2014—2017年3年间，上汽销量几乎提升了3倍。这充分体现了上汽的实力，同时也说明，自主品牌只要下定决心做，是可以做起来的。虽然SUV仍然是上汽乘用车销量的绝对主力，但是上汽不只是在SUV领域发展迅猛，在轿车领域也出现了荣威i6、新MG6这样的车型，整体发展也较为均衡。

上汽集团发布的2017年财报，最大亮点就来自自主品牌。在2017年上汽集团新增的44万辆销量中，自主品牌新增销量达到22.7万辆，增量贡献占比达到51.6%。上汽自主品牌营收达572亿元，增速达71%，盈利水平虽然呈现亏损42亿元的状态，但同比减亏6亿元，这实际上是贡献了6个亿净利润增幅。

实际上，上汽乘用车的亏损，是把研发费用计算在内的。如果不算研发费用的话，上汽乘用车2017年已经开始盈利了，上汽自主品牌可谓苦尽甘来。

广汽传祺爆款车型和品牌聚焦的思路很正确，一款10万~15万元的GS4 SUV占了60%以上的销量，同时其销量最大的轿车车型GA6均价也在10万元左右，可以说传祺从一开始在其品牌形象设计中，低端的成分就比较少。传祺无论是轿车还是SUV，售价还是在10万元左右。

但是传祺的问题是，爆款车型太少，GS4一款车占了60%的销量，这是不太健康的。另外传祺90%以上销量还是来自SUV，有SUV依赖症，需要均衡发展。另外，广汽的电动化进展很慢，2017年电动汽车销量全国10强看不到广汽的影子。

长城专注SUV，轿车业务基本处于放弃状态。长期来看，随着中国

SUV 进入发展饱和期，SUV 市场将进入肉搏战阶段，长城必须要不断提升产品力，否则问题会很多。目前国内竞争对手 SUV 车型越来越多，越来越强，去年在 SUV 整体增长超过 13% 的情况下，长城却出现了下滑趋势，已经说明了一些问题。

另外一个更大的问题是，长城完全没有跟上汽车电动化的步伐，在这方面差距太大。长期来看，长城如果在电动化领域跟不上发展潮流，那么我国北方最后一家有能力的自主汽车品牌也会垮掉。

比亚迪是 5 强当中实力最弱的，是唯一一家从来没有一年卖过 60 万辆汽车以上的车企，但是其电动化的决心最为坚定。比亚迪的问题是，其内部管理能力始终得不到提升，这导致虽然比亚迪在战略上走得早，但是别人一旦意识到问题，就会很快追上来。

2017 年全国电动汽车销量 10 强，比亚迪是增速最慢之一，而上汽的电动汽车销量反而几乎增加了一倍，一跃到了全国第 3 位。像上汽的 eRX5 是和比亚迪唐对比的产品，而 ei6 则和比亚迪秦一起比较，上汽的几款新能源车 2017 年均销量增速惊人。

比亚迪目前搞家族化前脸设计，是件好事，但是比亚迪给人的感觉总是走得不太稳。比亚迪汽车在 2005—2010 年的辉煌成绩，过去了 8 年，至今再也没有重现。

目前的比亚迪，将会在 2018 年开始进入恢复期，2018 年新一代的秦、唐都在年中以后上市，而 3 月 30 日秦 EV450、e5 450、宋 EV400 也集中上市了。从产品力上来说，比亚迪电动车在国内依然处于领先地位，比亚迪之外做得最好的上汽荣威车型，产品力和外观设计优化，与比亚迪相比依然有差距，因此比亚迪 2018 年会重回快速增长轨道。其实比亚迪的这些年，就是这样一直在起起伏伏的轨道上运行。

比亚迪在电动车领域的优势，主要来自其提早多年的研发和布局。多年前我乘坐比亚迪的第一代混动车型 F3DM，印象就很深刻，虽然整个车油耗高，车身重，噪音大，续航也有问题，但是当时国内没有任何一家其他公司投入搞电动车研发。后来当比亚迪秦上市，真的是个惊喜，至少领先国内其他公司一代以上，具有代差的压倒性优势。

但随着时间的推移，比亚迪如果不在本身基础能力上提升，最终会逐步消解掉其在技术上的领先优势。自主品牌领域中的优势企业，吉利、上汽、长安、广汽等，在电动车上的投入势必会逐渐加大。上汽新能源在2017年的崛起只是一次警示，还谈不上致命威胁，因为客观地说，2017年荣威的电动车在技术产品力上并不够强。但是仅仅凭借强大的外观设计、渠道、营销和品牌能力，2017年上汽就能实现从比亚迪手中抢夺市场。

一旦上汽、吉利等在技术力上逼近比亚迪，比亚迪就很危险，很难阻止自己的份额下滑。而从长期来看，随着吉利、上汽等投资研发力度逐渐加大，比亚迪很难一直保持高度技术优势，这是比亚迪需要思考和警醒的问题。电动汽车，抛开技术不讲，只看技术以外的其他能力，比亚迪和吉利、上汽、广汽、长城比较都是有差距的。一个汽车销售总经理，2015—2017年先后就有3个人担任。这很能说明问题。

除了以上五个在不断试图高端化的自主品牌之外，还有传统自主三强之一，但是在高端化方面显得有点掉队的长安汽车。不只是2017年15万元以上的CS95 SUV销量惨败，其在2017年底上市的10万元级别轿车睿骋CC，2018年前两个月销量依然不理想，上市才两三个月就出现大幅下滑，可见长安高端化的努力任重而道远。

不管如何，长安自主品牌毕竟有上百万辆的销量，说明了其还是有实力的。长安未来的发展如何，还是要观察其未来发布的高端化品牌究竟运营怎么样。

综上所述，吉利、上汽、广汽、比亚迪、长安、长城六家自主车企中，2017年销量在增长的有吉利、上汽、广汽；2017年集团有百万产销量能力

PART 2
进军高端——产业升级正面战场

的是吉利、上汽、广汽、长城、长安；产品在向高价格区间进军且有一定销量的是吉利、上汽、广汽、比亚迪、长城；产品布局均衡的（SUV+轿车）是吉利、上汽、长安、比亚迪；电动汽车销量能进入全国前10的有比亚迪、上汽、长安、吉利。

从上面我们可以看出，吉利和上汽已经脱颖而出，在综合能力和素质上明显高出其他公司一筹。上汽只算荣威和MG就已经发展速度惊人，销量超过50万辆了，关键是不完全是自主品牌的宝骏品牌也发展迅速，2017年销量过百万辆，足见上汽的长期经营能力。吉利同样做到销量百万辆基础上的高速增长，尽管在电动化方面进展相对迟缓，但是其企业基础能力已经大大提升。从2018年开始，吉利每一款上市车型都会有相应的电动型号，自主品牌老大开始在新能源发力，比亚迪将会迎来上汽之后的又一个企业竞争者。

广汽传祺尽管发展迅速，但是在电动化方面发展迟缓，并且高度依赖SUV，发展不均衡，爆款车型太少，一款GS4成为发展核心，因此总体逊于吉利和上汽。而比亚迪这么多年在起起伏伏中发展，缺乏稳定性。比亚迪要解决发展不稳的问题，毕竟一个企业如果没有发展稳定性，是不具备长期竞争能力的。

中国这么多年之所以进步明显，是因为几乎每一年我国都能保持7%左右的高速增长率，假如上一年增长10%，这一年增长0%，其进步还不如两年都增长5%，中国政府为什么说"稳定压倒一切"，这背后是有深刻经济原因的。

长城和长安，可以说都迎来关键转折期了。长安的高端化、长城的电动化，如果还没有进展，那么处境会越来越不利。如果高端做不上去，中低端又面临越来越强势的吉利、上汽、广汽的竞争，加上汽车电动化趋势明显，电动化又不给力，只会不断走下坡路。其他还有东风、一汽、江淮、奇瑞、北汽之类，暂时不评价。

可以这么说，发展相对较好的自主汽车品牌，往往战略都比较清晰，而那些处于弱势的自主汽车品牌，看了半天也不知道他们究竟想干啥。

什么叫相对更清晰呢？

比亚迪：我就是要搞电动汽车。

长城：我就是要搞 SUV。

吉利：我吸收沃尔沃的力量，不断提升品牌和产品力。

广汽：我就专心做传祺，主要做 10 万元左右车型。

上汽：荣威、名爵双品牌驱动，其中名爵作为出生在国外的中国品牌，同时打海外市场。

而其他公司，我们往往都不知道他们究竟想干吗。

另外还有东风和北汽。2017 年有一个很大的趋势，就是韩系和法系车份额下滑，其实也不奇怪，韩国和法国是全球发达国家中汽车工业水平最弱的。2017 年，国内德系、日系、美系、韩系和法系乘用车分别销售 484.97 万辆、420.48 万辆、303.95 万辆、114.45 万辆和 45.58 万辆，分别占乘用车销售总量的 19.62%、17.01%、12.30%、4.63% 和 1.84%。与上年同期相比，韩系和法系品牌销量均呈快速下降态势。韩系从 7.35% 大幅下滑到 4.63%，法系从 2.64% 下降到 1.84%。其他外国品牌呈一定增长势头，日系品牌增速更快，从 15.55% 增加到了 17.01%。

法系是和东风合资，韩系是和北汽合资，所以东风和北汽毫无疑问会受影响，这也让东风和北汽陷入尴尬。从战略上来讲，法系和韩系长期肯定是要先往下走的，是继续和它们的利益捆绑在一起奋斗呢，还是最后逐渐剥离？这也提醒我们，自主品牌的崛起势不可当，合资品牌的衰落是不可逆转的。只有把自主品牌做起来，才能避免在未来被边缘化和弱势化。

中国作为未来的世界强国，是需要至少五六个强势的自主汽车品牌的，从目前来看，自主品牌淘汰赛和整合期已经开始，未来销量将不断向几个强势自主品牌集中，至于会是哪些品牌脱颖而出，目前的趋势已经初露端倪。当然，客观地说，我国目前能够看出有很大希望成为世界级品牌的自主汽车企业，是没有五六家的。吉利和上汽已经处于领先位置，其他还有三四个空位等着广汽、比亚迪、长安、长城，还有东风，也许还有一汽、江淮等厂商去填补和争夺。

PART 3 看得见的战争——危机四伏的升级之路

第九章
贸易之争：九只拦路虎

这个世界很大，世界上人口很多。但是在通向发达国家的道路上，却是无比空旷。在当下的世界，中国是唯一一个正在大步走向发达国家的发展中国家。除了中国，世界上其他的发展中国家，现在都看不到能在不远的将来迈入发达国家的希望。不管是中东的沙特，南亚的印度，非洲的南非，东南亚的泰国和马来西亚，南美的巴西、阿根廷，中亚的哈萨克斯坦，还是俄罗斯，它们都还有比较远的距离。

成为发达国家，非常艰难，以至于虽然我们的前方就是发达国家，但是我们的身旁，其实空无一人，并没有同行者。是的，从这个意义上讲，中国显得有点孤独。

为什么成为发达国家如此艰难？到目前为止，世界上有 200 多个国家和地区。国家与国家之间充满了竞争，尤其是大国之间，由于大国的势力范围和影响范围无比广阔，在利益边界处必然会发生强烈的碰撞，从而导致利益和势力的此消彼长。

在过去的 50 年，除发达国家和地区以外，真正算得上迈入发达经济体的，也就是"亚洲四小龙"和以色列。其中只有一个人口大国，那就是韩国。说韩国是人口大国，是因为它人口过了 5 000 万。日本、澳大利亚、新西兰，以及北美、西欧的人口之和，有差不多八九亿。所以说，韩国的崛起，其实对发达国家还是有一定影响的。想想看，8 亿人突然多了 5 000 万人进来，相当于增加了大约 6% 的体量。

中国就有点不一样了，5 000 万人也就是中国一个省的人口，中国大陆 31 个省区市，平均人口是 4 484 万人，这是不得了的数字。有 14 亿人的中国，进入发达国家行列，那是很惊人的，这个体量比现有发达国家之和还要大，将会完完全全改变发达国家的面貌。发达国家，尤其是美国必然会阻击中国，特别是阻击中国制造业的升级。

知识产权诉讼精准狙击

发达国家由于拥有技术优势，同时在长时间发展中形成了完整的专利壁垒和专利保护法律，因此对后来者形成了巨大的障碍。在大公司，往往有专业法律人士数量庞大的法务部，它不仅可以保护自身知识产权不受侵犯，也同样可以成为打击对手的工具。

中微半导体的应诉与反诉

最为典型的就是中国的高科技企业中微半导体。2004 年，我国半导体设备技术专家，在全球最大半导体设备企业美国应用材料公司担任副总裁的尹志尧，辞去在应用材料的职务，回国创业，成立中微半导体（以下简称中微）。这对当时基本算一片空白的中国半导体设备产业来说，是件大好事。

由于研发半导体制造设备需要较长时间，中微在 2004 年成立之后，一直处于全力研发新设备的阶段。3 年后的 2007 年 10 月，中微研发出应用于 65nm 至 45nm 高端芯片生产的设备，大大提升了半导体生产设备国产化水平。

中微的产品才刚刚进入制造厂家试用，还没有开始正式批量商业销售，就被美国应用材料公司在美国加州法院起诉，称中微使用了应用材料的商业机密开发了设备，要求停止侵权并且进行赔偿。当时还没有正式形成销售收入的中微，不得不拿出费用聘请美国律师，同时在公司内部调拨人力应对在美国的跨国诉讼。

应用材料的指控也非常简单：中微申请的两项专利应该归应用材料所有，因为这两项专利是任职中微的4名前雇员发明的，其中包括中微董事长、创始人尹志尧，副总裁陈爱华。

根据诉状，应用材料的理由是这样的：尹志尧2004年辞去应用材料副总裁兼CTO前，一直管理蚀刻产品团队，参阅过公司"大量敏感信息和商业机密"。而陈爱华之前担任另一产品总经理，熟悉该领域大量专利技术。应用材料还表示，当初与4人曾签订过协议，不仅要求其在任职期间所有专利所有权归应用材料，而且即使离开应用材料，一年内申请的专利也全部"假定为其受聘于应用材料期间所发明，所有权归应用材料"。

应用材料的诉讼，当时被普遍认为是一种商业策略手段，这场诉讼持续两年多的时间，一直到2010年1月，双方才达成和解。这也说明应用材料对全球范围内新崛起的竞争对手，具有高度的警惕性。

应用材料起诉中微，只是中微成立十多年来的讼战之一。2009年，美国另外一家半导体生产设备厂家科林研发就在台湾起诉中微侵权，中微积极反诉，最终证明对方专利无效。中微在进入LED芯片制造的核心设备MOCVD机台领域之后，产量不断上升，2017年中微发货量甚至突破了100台，这是非常大的数字。2016年中国最大的LED芯片制造商三安光电，其MOCVD设备数量也才不到400台。中微不仅已经成为和美国Veeco并列的两家世界最大MOCVD设备制造商，而且在不断"侵蚀"Veeco的份额。

2017年4月12日，Veeco在美国纽约东区的联邦法院对西格里碳素

（简称 SGL）展开了专利侵权诉讼，而 SGL 是中微的晶圆承载器供应商。同年 11 月初，美国纽约东区地方法院同意了 Veeco 针对 SGL 的一项初步禁令请求，禁止 SGL 出售供采用了 Veeco 专利技术的无基座 MOCVD 使用的晶圆承载器，包括专为中微 MOCVD 系统设计的晶圆承载器。这会导致中微的设备生产受到严重影响。

但是此时的中微已经今非昔比，其在 MOCVD 领域的体量和占有率已经不在 Veeco 之下。2017 年 7 月，中微向福建高院正式起诉"Veeco 上海"，指控其 TurboDisk EPIK 700 型号的 MOCVD 设备侵犯了中微的晶圆承载器同步锁定的中国专利，要求其停止侵权并主张上亿元侵权损害赔偿。2017 年 12 月初，福建高院同意中微针对"Veeco 上海"的禁令申请，该禁令禁止"Veeco 上海"进口、制造、向任何第三方销售或许诺销售侵犯中微专利的石墨盘产品。

2018 年 2 月 9 日，Veeco、中微和 SGL 共同宣布，同意就三方之间的未决诉讼达成和解，并友好地解决所有的未决纷争，包括中微在福建高院针对 Veeco 的诉讼和 Veeco 在美国纽约东区地方法院针对 SGL 的诉讼。

中微，由于是从美国回来的人员创办的，自始就极为重视技术积累和专利。公司有专人研究专利和知识产权状况，保证公司使用技术能够避开现有专利的封锁。这其实需要高度的专利相关知识，因为各类专利千千万万，没有专门的技术功底根本无法看懂，同时很多又是只有英文文件，需要具备很强的检索能力和阅读能力，不然随时可能踩到陷阱。

中微这样极为重视研发和技术能力的技术型公司，在过去的十几年，遭到了来自国际巨头的多次诉讼，耗费了大量人力财力投入诉讼战。

华为与美国思科诉讼案

美国思科一直是路由器和交换机领域的全球霸主，在全球数据通信市场占有率一度接近 70%。而中国华为公司从 1999 年开始进入该领域，仅

PART 3
看得见的战争——危机四伏的升级之路

仅3年后的2002年,华为在中国的路由器和交换机市场的占有率就已经直逼思科。不仅如此,2002年6月,在美国亚特兰大举行的电信设备展上华为还展出了其全系列的数据通信产品,不仅性能数据和思科同类产品相当,而且价格还大大低于思科。华为甚至还在美国媒体上刊登广告,广告语是"它们唯一的不同就是价格"。同时2002年6月,华为成立了美国公司,当年华为在美国的销售额比2001年增长了70%,思科产品竟然首次出现了份额下滑。

2003年1月24日,思科在美国得克萨斯州东区联邦法庭对华为提起诉讼。思科提交的诉状长达77页,主要内容是指控华为在多款路由器和交换机中盗用了其源代码,指控还包括华为路由器和交换机命令接口等软件侵犯了思科拥有的至少5项专利。指控涉及的专利、版权、不正当竞争、商业秘密等方面的罪名高达21项。这是思科17年来首次主动提起诉讼,也是华为成立15年来首次被外国企业起诉。不仅如此,思科更是展开广告投放进行大肆宣传,在媒体界造成了广泛的影响。在诉讼开始时,美国舆论几乎一致认定华为窃取了思科的东西,美国几家最著名的财经媒体对华为侵权做出了肯定性报道,还有媒体怀疑华为具有军方背景。

华为向美国方面开放了VRP平台的源代码用于比对,第三方分析人员没有一个是中国人,包括斯坦福大学教授、数据通信专家Dennis Allison在内,对思科IOS和华为的VRP平台新旧两个版本进行了对比分析。其分析结果是:华为的VRP平台有200万行源代码,而思科的IOS则用了2 000万行,其中华为VRP旧平台中仅有1.9%与思科的私有协议有关。同时在思科提出的八大类21项指控相关的2 000多条源代码中并没有发现华为对思科的侵权。

2003年3月20日,华为和3Com的合资公司宣告成立,共同经营数据通信产品的研究开发、生产和销售业务。这是思科与华为诉讼案的转折点。时任3Com公司CEO的克拉夫林随后出庭做证表示,华为的技术和实力是值得信赖的。事实上,在成立合资公司之前,3Com 对华为技术、管理等各个方面都进行了考察,正因为信任才决定合资合作。此后,在双方反复举证,并进行过两次听证会后,2003 年 6 月 7 日,法庭驳回了思科申请下令禁售华为产品等请求,拒绝了思科提出的禁止华为使用与思科操作软件类似的命令行程序。但又颁布了有限禁令:华为停止使用有争议的路由器软件源代码、操作界面及在线帮助文件等。

2003 年 10 月 1 日,双方律师对源代码的比对工作结束,事实证明,华为并没有侵权。2004 年 7 月末,思科与华为达成最终和解协议。华为并没有侵犯思科的知识产权,但华为已经同意修改其命令行界面、用户手册、帮助界面和部分源代码,以消除思科的疑虑。

华为、思科、3Com 公司向美国得克萨斯州东区联邦法院马歇尔分院提交终止诉讼的申请,法院据此签发法令,终止思科对华为的诉讼,最终全部解决了该起知识产权案件的争议。同时思科日后不得再就此案提起诉讼或者就相同事由提起诉讼。

两年的诉讼战役,让华为进军美国的进程明显受阻,很多客户的合同就此搁置。不只是市场方面的延缓,诉讼的代价还可以从下面几个例子看出来。

华为在美国聘请的 Heller Ehrman 律师事务所,其负责华为应诉的律师 Robert Haslam 是知识产权诉讼方面的顶尖律师之一。仅仅是该律师一个人,其收费标准就是每小时 630 美元,相当于当时一个华为人一个月的工资。

另外一个是华为和美国 3Com 成立的合资公司。该合资公司的成立,意味着和思科同样在美国的 3Com 公司认为华为在知识产权方面没有问题,3Com 的 CEO 甚至还出庭为华为站台做证。当然这样做不是无私的,3Com 仅仅投入了 1.6 亿美元,就取得了华为 3Com 合资公司 49% 的股份,而且有权在两年后再收购 2% 的股份从而取得控股地位;而华为则将自己多年来在企业级数据通信产品方面的资源悉数投入。由此可见,3Com 也从这场诉讼中获取了利益。

任正非任命当时华为高级副总裁郭平为应诉总负责人，并迅速组成了由公司知识产权部、法律部、公关部以及数据通信产品团队参加的应诉团队。大量人力被投入这场诉讼战役中。

华为和思科诉讼案，在 2003 年的中国是最具影响力的财经新闻之一，不亚于 2018 年的中美贸易战和美国制裁中兴案。在思科宣布起诉华为之后，短短几天内中国互联网上各种关于此案件的评论文章就有数千篇。实际上，中国企业在走向世界的过程中，这类诉讼不胜枚举，即使你完全没有侵犯知识产权，也不得不为之付出巨大代价。

知识产权保护，一方面可以保护创新，另一方面也成为先进者打压后来者的工具。

市场禁入与投资设限

华为无法进入美国已经尽人皆知。2018 年 4 月 18 日，在深圳举办的华为全球分析师大会，轮值 CEO 徐直军是这样回答关于美国的问题的。

分析师：我很关心最近在美国发生的贸易壁垒，之前华为和 AT&T 的合作也流产了。您如何看待和评价美国现在商业环境包括今天中兴再次遭遇美国禁令的事件？

徐直军：作为华为，还是聚焦把自己的事情做好，不管遇到啥困难，更加服务好客户，才能长期生存和发展。有些事情不是以我们意志为转移的，与其你无法左右，还不如不去理它，有更多时间和精力去服务好自己的客户，有更多时间和精力打造更好的产品，满足客户的需求。

有些事情放下了反而轻松。

美国是全世界最大的电信设备市场之一，华为只做美国以外的市场，在 2017 年就做到了 900 亿美元，这是非常了不起的。

不仅如此，美国不只是禁止中国在美国销售高科技产品，同时还准备限制中国在美国进行高科技投资。据彭博社和《金融时报》报道，当地时间 2018 年 4 月 19 日，负责监管国际市场与投资策略的美国财政部助理部长希思·塔博特（Heath Tarbert）在 2018 国际金融协会华盛顿政策峰会上表示，美国政府正在考虑动用《国际紧急经济权力法》来限制中国在美国涉及敏感科技行业的投资，其中包括半导体以及 5G 无线通信技术。

高科技产品对华禁售

除了 1996 年的《瓦森纳协定》限制出口军用以及军民两用物资以外，2015 年美国就禁止向中国出口超级计算机芯片。

2015 年 4 月，美国商务部发布公告称，决定禁止向中国 4 家国家超级计算机机构出售"至强"（Xeon）芯片。在此之前，美国商务部在 2 月 18 日发表的公告称，使用了两款英特尔微处理器芯片的"天河二号"系统和早先的"天河一号 A"系统，"被认为是用于核爆炸活动"。

此次被禁售的 4 家机构分别是国家超级计算长沙中心、国家超级计算广州中心、国家超级计算天津中心和国防科技大学，它们被美国列入"坚持违背美国国家安全或者外交利益的实体名单"。不过到 2017 年底，中国已经使用国产芯片对英特尔的芯片进行替换。以运算速度全球第二的"天河二号"为例，2017 年美国已经禁止对中国出售 Xeon Phi 加速器，但到 2017 年底，"天河二号"就使用全新的国产 Matrix 2000 加速器，替换原有的英特尔加速器。

实际上，美国人的对华出口管制清单远不只是"超算"芯片。2018 年的中美贸易战，很多网友说，光看双方互相征收关税的货物清单，感觉中国是工业国，美国是农业国。其实不然，美国自我设置限制不对中国出口高科技产品而已。

不合理专利费用和不合理权益

其实给专利付费是天经地义的，但是利用技术优势获取不正当利益，就会极大地打击后来者的进步。

我国是世界手机设计和生产大国，高通2017财年产生的223亿美元收入中，65%来自中国，而在2016财年这个数字还是57%。仅仅2017年一年高通就从我国获取了145亿美元的销售额，相当于超过970亿元人民币。

2015年2月，中国国家发展和改革委员会宣布对高通处以人民币60.88亿元罚款，相当于高通2013年度在我国市场销售额8%的罚款。我们看下理由是什么：

经调查取证和分析论证，高通公司在CDMA、WCDMA、LTE无线通信标准必要专利许可市场和基带芯片市场具有市场支配地位，实施了以下滥用市场支配地位的行为：

一是收取不公平的高价专利许可费。高通公司对我国企业进行专利许可时拒绝提供专利清单，过期专利一直包含在专利组合中并收取许可费。

同时，高通公司要求我国被许可人将持有的相关专利向其进行免费反向许可，拒绝在许可费中抵扣反向许可的专利价值或提供其他对价。此外，对于曾被迫接受非标准必要专利一揽子许可的我国被许可人，高通公司在坚持较高许可费率的同时，按整机批发净售价收取专利许可费。这些因素的结合导致许可费过高。

……

中国发改委的整改措施，除了罚款，以及消除高通以上的霸王条款之外，最大的进步是高通在中国只能按照整机批发净售价的65%收取专利许可费，这大大地降低了我国手机企业的负担，这也是高通在全球首次改变其收费规则。

高通的收费有多贵，可能大家直观感受不到。2015年高通和发改委达成协议的收费规则是这样的：

3G设备（包括3G/4G多模设备）收取5%的许可费，对包括3模LTE-TDD在内的4G设备如不实施CDMA或WCDMA则收取3.5%的许可费，在上述每种情况中许可费基数为设备净售价的65%。

简单地说，3G手机售价1 000元，按照650元收取5%，也即32.5元。4G手机，只要不支持3G的CDMA和WCDMA（一般不实施）收取3.5%，2 000元的手机按照1 300元收取3.5%，就是45.5元。我们可以算下，你买了一部3 000元的OPPO或者小米手机，支付了多少钱给高通。

当然，总的来说，我们也可以看到，随着中国手机厂家在无线专利方面的不断进步，"高通税"[①]在不断退坡，3G手机按照5%，4G手机按照3.5%征收，总体的税率在降低。另外随着实力的提升，中国手机厂家对现有专利费率还是不满意。2018年4月4日腾讯科技报道，华为和高通正在谈判，准备通过和平方式解决专利授权费的争端。这背后就是华为希望高通降低专利许可费率，体现了华为技术实力的上升。不只是华为，全球手机研发实力最强的苹果和三星，也在和高通重新谈判专利许可费率。

---

① 按整机批发净售价百分比收取专利许可费。

合资的 B 面

合资并不意味着就是吃亏，但是合资往往只有在双方势均力敌的情况下才会有双赢，作为最大工业产业的汽车产业就是个典型。当年我国汽车工业的"次子"二汽，坚定走合资的路。结果其研发中心不少工程师被当时还在艰苦创业的奇瑞公司招至麾下，结果短短几年时间就开发出了东方之子、QQ 等奇瑞旗下的著名车型。一直到 2018 年，我国几大国有汽车集团，其主要利润来源仍然是合资企业。

设立合资企业，是发达国家企业通过利益分享的方式，和中国主要企业进行利益捆绑，同时让对方将资源投入到合资企业，将骨干人才调入合资公司以获取利润，减弱其自主开发技术和自主发展的动力和能力，控制对方让其在自己的框架内发展，可以有效地掌握其发展节奏。

合资公司某种意义上，就像是一场"婚姻"。看合资公司会不会成功，一定要看双方是不是势均力敌。我国汽车工业集团当年在技术和管理处于绝对弱势的情况下和外方合资，理论上说是市场换技术，但是就单个国有汽车集团而言，根本无法实现对市场的控制。也就是说，市场这张牌并没有在自己手里，而同时自己在技术、管理水平和质量管控上又大大弱于外方合资对象，直接导致在合资企业失去话语权。

相反，我国高铁为什么搞合资是成功案例？当年长春客车和阿尔斯通、南车和川崎、青岛四方和庞巴迪、唐山机车和西门子合作，单看我国四大机车厂任何一家，都是没有对市场的掌控能力的。但是就是因为有铁道部（现为"国家铁路集团"）进行统一筹划，整个中国市场被中方牢牢掌控，在我国高速列车技术能力当时远远弱于外方的情况下，掌握了主动权，成为强者，结果外方不得不进行了技术和制造工艺的转让。

再强调一下，和外方建立合资公司，一定要看双方是不是近似于势均力敌，这就跟国与国、人与人的交往是一样的。如果双方是强者和弱者的关系，那么弱者的利益能不能保证，基本上就是看强者的态度了。合资公司里面，强者一定会占据主导权，同时也会获得更大的利益。除此之外，合资公司甚至成了发达国家阻碍中国自主产业发展的一种手段。

2005年下半年，在深圳市政府的支持下，深受进口面板制约之痛的创维、TCL、康佳、长虹等四家彩电巨头，计划合资在深圳建设6代液晶面板生产线。但在向外国企业寻求技术支持时，或者被干脆拒绝，或者被索要巨额技术转让费。于是他们主动找到了京东方，双方各占40%的股份，再加上深超公司（代表深圳市政府）占股20%，组建了深圳聚龙光电公司（注册资本800万元）。深圳市政府也表示愿意提供77亿元的资金支持。

为了支持"聚龙计划"，京东方立刻组建了数百人的技术团队。但是就在"聚龙计划"的消息传出来后，日本夏普于2006年6月主动向深圳方面提出建设一条7.5代线的计划，导致各方产生了动摇。而长虹干脆撤出去做等离子面板（PDP）了。之后夏普又违背了承诺，要求在控股的情况下转让技术，导致谈判到2007年9月终止。这直接导致深圳的显示面板生产工厂计划向后推迟了两年。

高价设备和原材料销售

典型的就是光伏产业。

光伏产业，目前中国已经占据了世界的压倒性份额。2017年我国多晶硅产量24.2万吨，同比增长24.7%；硅片产量87GW，同比增长34.3%；电池片产量68GW，同比增长33.3%；组件产量76GW，同比增长31.7%。光伏产业链各环节生产规模全球占比均超过50%，继续保持全球首位。

生产光伏组件的生产设备，曾经长期把持在欧美发达国家企业手中。在2006年，中国企业要想搭建一条完整的100MW光伏产品生产线，只能向发达国家企业购买，费用高达 1.6 亿~2 亿元人民币。不仅是生产设备，发达国家还通过高昂的原材料、零部件价格，从中国制造业攫取大量利润，同时也抬高了中国企业的生产成本，降低了中国公司产品的竞争力。

要打破这个局面，中国只能搞自主研发。到了 2016 年，光伏生产设备行业十种主要的生产设备，已经有七种实现了国产化。这时，一条 100MW 生产线的工艺设备的投资，仅需要人民币 6 000 万元左右。由此可见，国外设备商从中国公司攫取了多少利润。

我们当年说，中国光伏产业崛起是非常了不起的，我们曾经经历过"两头在外"。什么是两头在外呢？一边是关键的原材料和设备需要从国外高价采购，另一方面主要的市场又在以欧洲为主的国家，导致我国一边要进口昂贵的进口设备和原材料零部件，同时为了进入欧洲市场，还要花费大量资金进行相关的测试、认证。

做过海外客户出口的人都知道，国外客户很多都有自己独特的"认证"和"测试"要求，这养活了一大批海外的测试和认证机构。

中国制造，真的是无数人通过艰苦奋斗才做起来的。

生态的控制封锁

最为典型的就是 IT 领域的 Windows+Intel 体系和 ARM+ 安卓 /iOS 体系，发达国家企业通过先发技术优势，形成了强大的生态系统，让后来者的自主研发丧失了市场需求，变得无利可图。

当然在这里，一定要赞扬下胡伟武博士和他的龙芯团队。他们多年坚持自主研发，光是龙芯团队出来的陈氏兄弟创立的寒武纪，目前估值已经超过 20 亿美元，就足以成为龙芯团队骄傲的理由了。另外龙芯还开发了大量用于航天设备等的自主 CPU 芯片，目前销售额过亿元人民币。虽然龙芯在营收方面是家规模极小的公司，要知道 2017 年中国营收过亿元的芯片设计公司都已经差不多 200 家了，但是龙芯十余年的坚持，非常了不起。

其实，华为和阿里巴巴的道路更为合理。华为通过获取 ARM 授权，融入现有生态体系赚取利润，同时利用赚取的利润投入自主研发，逐步地实现国产替代。华为海思芯片不只是在手机领域，在电视、安防摄像头、机顶盒等领域，都实现了大规模商用和自主化，形成良好的正向循环，通过把自己做大之后，逐步摆脱受控制的生态体系。

同样，阿里巴巴通过在西方生态体系中赚取的利润，投入自主研发。现在阿里云计算的数据库 Oceanbase，云操作系统飞天，以及 2017 年整合发布的物联网操作系统 AliOS（前身是 YunOS），都在逐渐摆脱国外生态体系开始实现自主化。上汽荣威和雪铁龙发布的电动汽车，使用的都是阿里云的操作系统 AliOS。华为也同样发布了自己的物联网操作系统 LiteOS。

操作系统，在桌面很难挑战 Windows，在移动端很难挑战安卓和 iOS，但是在新兴的物联网领域，华为和阿里巴巴都发布了自己的操作系统，并且已经形成了销售额。阿里巴巴在汽车行业布局最早，2016 年 7 月发布的荣威 RX5 上搭载的互联网智能系统 1.0，是由阿里巴巴和上汽组建的合资公司斑马智行提供，底层系统基于 AliOS。

直到 2018 年 3 月，荣威 RX5 月销量仍然高达 22 065 辆，2018 年 4 月 19 日，AliOS 轮值总经理谢炎在接受记者采访时说："目前，国内车企主要有三种选择：一是采用像 AliOS 这种完全自主的汽车操作系统，已经应用于上汽、东风雪铁龙的新车；二是基于安卓手机版自我改良的操作系统，主要由具有互联网基因的新入局的造车商自行研发；三是基于 QNX、WinCE 等上一代操作系统研发。""AliOS 操作系统在物联网轻型设备上的应用，从底层到上层重新设计架构，和安卓没有任何交集，代码差不多有 6 000 万行"，"（在汽车操作系统领域）将安卓列为目标，着力超越安卓。事实上，我们胜率很大，国内的互联网服务、理念都比美国先进，我们大概率会做一个比美国人更好、更符合市场的操作系统"。

AliOS 的前身 YunOS，也曾经在魅族手机上搭载，被阿里巴巴宣传为全球第三大操作系统。由于兼容安卓手机应用，仍被普遍认为是基于安卓修改。但是随着阿里操作系统事业部的逐渐进步，如今 AliOS 已经可以自称为完全独立自主的操作系统，不仅如此，还获得了国内和国际厂家的认可，如东风雪铁龙、福特汽车等，均搭载 AliOS。

贸易战关税打压

美国 2018 年 3 月 23 日签署的备忘录，直接就是面向"中国制造 2025"的十大领域进行征税，税率预计为 25%，这其实是非常严重的事件。

为什么这样说呢？以前美国只是禁止华为进入美国市场，华为的主力产品是通信设备，因此美国封锁华为，其实只是封锁了中国的一项高科技产品不能进入美国市场。而贸易战对准的"中国制造 2025"的十大领域，意味着中国公司被封锁的范围从华为开始被扩大，这大大超过了封锁华为对中国的影响。

中兴被制裁，在国内被认为原因在中兴。其实以美国发动贸易战对中国 500 亿美元的高科技产品征税为例，中国这些领域的公司，没有违反美国法律也照样被毫无理由地进行精确打击。所以国与国之间的竞争，想找借口找理由真的很容易，即使没有理由没有借口，也照样可以打击你。

直接精确制裁

这次的中兴就是最为典型的案例。美国老是对准华为和中兴不放，就是因为在通信设备领域，华为和中兴已经取得了彻底的胜利，目前处于穷追猛打的阶段。全球 4 强，华为和中兴在不断上升，而爱立信和诺西则处于节节败退的境地。

华为就不用说了。2014—2017年，如果没有美国的罚款，中兴处于发展良好的状态，净利润连年上升，股价也从2014年的11元左右上涨到现在的30元左右，不到4年的时间股价涨了3倍。就净利润而言，2014年为26.3亿元，2015年为32.1亿元，2016年亏损23.6亿元，但是如果不计算给美国的罚款，2016年净利润为38.3亿元，2017年净利润进一步上涨到45.7亿元。

2018年4月27日晚间，中兴发布的第一季度财报显示，公司2018年一季度营收为288.8亿元，同比增长12.18%；归属于上市公司普通股股东的净利润为16.87亿元，同比增长39.01%。中兴宣布该财报没有考虑拒绝令的影响，将会发布基于拒绝令影响的财报。可以说如果没有美国的制裁，中兴2018年第一季度的表现非常好。

我们再看看西方竞争对手的情况。瑞典电信设备制造商爱立信发布的2018年第一季度财报显示，报告期内，公司净营收为434亿瑞典克朗（约合317亿元人民币），较去年同期的478亿瑞典克朗（约合349亿元人民币）下滑9%；净亏损为7.25亿瑞典克朗（约合5.29亿元人民币）。此外，爱立信在2018年第一季度还裁员超过3000人，事实上，自2017年7月宣布重组以来，爱立信累计裁员总数已接近1.8万人。

根据4月26日诺基亚发布的2018年一季度财报显示，公司第一季度净销售额相比上年同期下降了8%，为49.2亿欧元（约合378.84亿元人民币），而上年同期为53.8亿欧元（约合414.26亿元人民币）；净亏损1.88亿欧元（约合14.47亿元人民币），较上年同期的净亏损4.88亿欧元（约合37.57亿元人民币）收窄61%。

华为和中兴按照这个趋势下去，正在走向逐渐垄断全球通信设备市场。这将成为中国第一个也是优势最大的一个电子高科技产业，因此美国选择中国的这两家主力企业有针对性地下手，是做了精心选择的。

以上总结的只是西方打压中国产业发展的九个手段，其实在这以外还有很多，比如商业间谍，高薪挖走核心人才，对华裔科学家判刑，发起反倾销反补贴调查（中国是全球遭受此类调查最多的国家）等。我们称之为发达国家对中国制造的围剿，而我们针对西方的收购、合资、诉讼、专利费、禁运、禁止投资、禁止进口、生态封锁、高价设备、贸易战关税、制裁等手段的反制就是反围剿。

这些围剿手段，可以说每一项都可能置中国企业于死地，也确实有大量中国企业在这中间倒下了。随便就可以举出一大堆例子：在收购中大量消失的民族品牌活力 28、新飞冰箱、小护士；在合资中一蹶不振的自主汽车品牌；在 IT 生态封锁中消失的方舟芯片；手机品牌里面经营情况不好，却还要向高通缴纳高额专利费的边缘手机品牌；等等。

中国制造的崛起，是在荆棘中杀出的一条血路，能有今天的成绩，是非常了不起的。同时，我们也看到，在反围剿过程中，最大的共同经验，也是最有效的手段，就是要独立自主，不管合资、收购股权、被制裁、生态封锁、关税、禁售还是其他，独立自主地拥有自己的技术永远都是最好的反击手段。

这也说明，手段只有附着于基础力量之上才能发挥作用，不管对手的围剿手段如何千变万化，只需要加强技术、人才和资本三大基础力量。基础上去了，自主力量够强了，不管对方用什么手段，都可以化解。

第十章

收购与反收购

最近的十余年，是中国制造大发展的时期。

2007年的时候，全球制造业总产值为9.324万亿美元，中国为1.15万亿美元，只占世界的12.33%。而到了2017年，中国制造业总产值为3.596万亿美元，占全球比例已经提高到30%左右。中国提高的这17个百分点来自哪里呢？主要是来自发达国家，具体地说以欧洲和日本为主，美国也有少部分。

比如说高速列车制造，2017年全球60%~70%的份额都被中国中车拿走了。而在10年前是什么样子呢？2007年4月18日，时速200千米的"和谐号"动车组D460次列车从上海站出发驶往苏州。这是中国第一列正式开行的动车组。这意味着什么？中国在2004年至2005年从德国、法国、日本、加拿大引进的高铁技术消化吸收制造出的"和谐号"，2007年才第一次在地球上正式运行，那个时候我们份额是零。10年的时间，谁的份额下降了呢？欧洲的德法，亚洲的日本，北美的加拿大。无一不是发达国家，无一不是制造业强国。

其他如家用电器、消费电子产品、安防产品、通信设备等都一样。以

PART 3
看得见的战争——危机四伏的升级之路

我们现在视为传统产业的钢铁产业为例，在 2007 年我国还进口了 1 687 万吨的钢材，而到了 2017 年，尽管中国国内需求增加了一倍还多，钢材进口量却下降到了 1 330 万吨。可见进口替代在不断进行，国产化比例在不断提高，这 10 年间全球新增钢铁份额的大部分被中国企业获取。按照产量计算，现在的中国钢材进口比例只有 1% 左右，也就是 99% 的钢材都可以国产化。

中国的崛起直接影响到了发达国家的利益。发达国家面对这种局面，心里面自然是不舒服的，他们要做的是尽量迟滞和阻止中国制造的发展和崛起。

在发达国家工业水平和资本实力优于中国的年代，他们对中国市场是处于俯视的状态，就跟我们现在看印度市场一样。因此除了直接用先进产品占领中国市场，使用各种方法阻滞和扼杀中国制造的崛起，也是其市场战略的重要一环。这其中比较重要的必杀技之一，就是收购，利用当时中国资本短缺的劣势，以及利用获取技术和先进管理经验的渴望，通过收购消灭掉潜在的竞争对手，从而达到狙击中国制造崛起的目的。

中国制造业巨头为什么会被卖掉

三巨头是产业界的常见现象，也就是行业内通常有三家巨头企业占据第一集团。比如家电三巨头美的、海尔、格力，工程机械三巨头中联重科、三一重工、徐工集团，互联网三巨头 BAT（百度、阿里巴巴、腾讯）等。实际上，中国最大的工程机械公司徐工集团和中国最大的空调企业格力都遭遇过被出售的生死危机。

3.75亿美元险些卖掉徐工机械

2018年4月13日,徐工机械①发布业绩快报,公司2017年实现营业收入291.31亿元,同比增长72.46%,归属于上市公司股东的净利润10.26亿元,同比增长391.95%,这是中国最大的工程机械公司之一。

然而在13年前的2005年10月26日,新华社从徐州发了一条专电:"徐州工程机械集团有限公司25日在此间宣布,徐工集团当日与美国凯雷投资集团签署协议,出售其全资子公司徐工集团工程机械有限公司85%的股权。该交易总价值约3.75亿美元,交易完成后,徐工集团将保留徐工机械15%的股权。该交易已获得徐州市政府的批准,待江苏省政府有关部门批准后,将按照有关程序向国家相关主管部门报批。"徐工集团董事长王民说,引入凯雷投资将使徐工集团获得高新技术、发展资金和新的项目,加快徐工机械做强做大、走向国际化的步伐。

从当时徐工集团董事长的表态,我们可以看出当时中国制造业认为出售企业可以"获得高新技术",获得"发展资金",获得"新的项目","做强做大,走向国际化"。可见新技术、新项目和资金,对当时徐工集团的吸引力。

收购徐工机械的美国凯雷投资集团(以下简称凯雷),总部设于美国,是一家全球私人股权投资机构。按照当年的汇率,3.75亿美元约合30亿元人民币。而徐工集团2003年营业收入超过154亿元,徐工机械的收入占集团的60%~65%。

实际上,2003年春,徐州市政府有关部门就已经正式启动徐工集团整体改制工作,向海内外发布项目推介。简单地说,就是要出售徐工机械的股权。为什么徐工集团要卖掉徐工机械的大部分股权?在那个年代,国

---

① 徐州工程机械有限公司(简称徐工机械),为徐州工程机械集团有限公司(简称徐工集团)100%控股。

有企业改制是普遍的现象，作为国企，徐工集团的效益并不好，大部分产品线处于亏损状态，不仅面临贷款和债务压力，同时还存在妥善安置大量员工以及退休人员的任务。而企业发展，例如投入研发新型产品和技术也需要资金。因此通过债转股改制，引进新的资金和资本方，同时利用外资获取新市场和项目，是国企寻求生存发展的一种方式。当然，出售股权的同时，徐工集团也希望保留管理团队和品牌资产，以实现继续发展。

2003年秋，国内外三十余家企业和基金蜂拥而至，其中有德隆集团、三一重工等十余家国内民营企业，及美国同行卡特彼勒，美国的财团凯雷、摩根大通等。有意思的是，2004年6月，第一轮竞标之后，中国民营企业全部出局，当然徐工集团给出的原因是报价总体比较低，而且国内企业总体实力不佳，不能带给徐工集团好的发展。6家入围者全部是外国资本和企业，包括卡特彼勒、华平投资、美国国际投资集团、摩根大通亚洲投资基金、凯雷亚洲投资公司和花旗亚太企业投资管理公司。最终在2005年10月，徐工集团与凯雷签署协议，只待国家批准。事情看起来就是那么顺利，中国最大的工程机械公司控制权即将易手。

改变这一切的是，收购徐工机械失败的三一重工的总裁向文波在2006年6月连续发博客文章披露徐工机械收购内幕，并且提出三一重工愿意以高出凯雷30%的价格收购徐工机械。另外，向文波还爆出凯雷竞争对手摩根大通的报价为31.98亿元人民币，高于凯雷3.75亿美元的报价。向文波不断发出的博客文章在国内引起轩然大波。

一个月后的2006年7月，中国商务部在北京组织了听证会，将徐工集团、徐州市政府，以及对收购不满的三一集团高层召集到北京进行质询。同时凯雷创始人大卫·鲁宾斯坦，携美国前国务卿鲍威尔也到达北京活动，就收购一事进行沟通。

听证会的内容，我们不得而知，但是听证会三个月后的2006年10月，徐工集团和凯雷重新签订了协议，从30亿元人民币收购85%的股权变成了18亿元人民币收购50%的股权，单位价格明显上升了。但是商务部仍未批准，到了2007年3月，再次修订协议，变成收购45%的协议，而单位价格在第一次修改的基础上再次上升11%。而到2008年7月，由于协议期已过，徐工集团和凯雷发布联合声明，终止合作。

徐工机械被收购事件自此谢幕，中国保住了徐工机械的所有权。实际上，徐工机械的母公司徐工集团，2017年实现销售收入接近1 000亿元人民币。

2017年9月，第四届全球工程机械产业大会发布的2017年全球工程机械制造商50强排行榜，中国企业徐工集团位列第7，连续数年成为唯一进入前10位的中国企业。

9个亿卖掉格力——董明珠告状记

张艺谋有个电影，叫《秋菊打官司》，讲的是秋菊的丈夫被村长踢伤了，秋菊去告状的故事。而现在格力电器的掌门人董明珠，在十几年前也曾经为了格力品牌的存亡到省里去告状，原因是有的领导坚持要将格力卖给美国人。直到今天，董明珠仍然称此事是格力"一次最大的挑战"。

2015年10月12日北京大学国家发展研究院BiMBA商学院和凤凰创投共同举办"中国制造2025新思维"讲座，董明珠主讲第一期公开课，以下为董明珠讲话原文：

首先我告诉大家，格力在2004年的时候，曾经遇到一次最大的挑战。当时我们政府希望把格力电器卖掉，2004年的时候我们的销售额是138亿，如果我们同意卖掉的话，我们只能按净资产9亿，但是我想今天就没有中国自己的世界500强。

我们政府的建议也不能说错，他迫切地希望我们的城市有世界500强

PART 3
看得见的战争——危机四伏的升级之路

的企业，但是你有没有想这个不是中国的，有什么值得骄傲的？有什么值得自豪呢？所以当时我们坚决反对。后来这个买家就说，我们很奇怪，在中国已经收购了好几个企业，都很成功，怎么到格力就变了。

因为当时我们的国有资产占了58%，当时我也强烈要求不能卖。结果外资企业告诉我，说给我年薪8 000万，我们中国所有的合资企业经营者都是非常满意的，但是我说我不满意。

你收购的成功就意味着我们的失败，你告诉我，我们中国有多少自己的品牌生存下来了？有多少好的品牌今天不存在了？因为我们的品牌基本上都卖完了，我们成了外国的加工基地，所以我们中国走向世界的时候，有多少人了解中国？高露洁在中国生产，但是原来就是中华。当然还有无数的品牌。

2004年我没办法，我就跑到省里去向书记汇报。虽然我们才130多个亿，但是我告诉他，我们格力电器有未来。

第一，中国的家电企业，企业的结构都是按照外国人的结构来设计的，它的名称都是事业部，这来自哪里呢？来自日本。我记得那时候我当总经理，别人劝我赶紧改名，因为"人家都是总裁，总经理显得档次不够"。总裁也好，总经理也好，空调不好，什么裁都没有用！

所以当时找省里汇报的时候我就说，格力电器有自己的管理模式，我们有我们自己的研发能力。

第二，格力电器从1997年开始，我们没有银行贷款。曾经我这个无贷款，很多人质疑我，说我经营得不好，要资本运作才是好企业，2008年金融危机的时候，很多企业不行了，我们的利润增长了50%。

当时，我们对卖与不卖，发生了很大的争执。当时在省里跟书记汇报完了，书记还没表态。但是我想我是在为国企打工，我觉得作为一个国人我坚持了我自己的理想，也可以说我们坚持了自己的原则。

但是一定要卖，我们就没有办法了，非常不高兴。半个月以后，省里来了调查组，调查完以后决定不卖。

我们用 10 年的时间，2004 年到 2014 年的时间，我们给国家的税收是 150 亿。如果我们卖完以后，我们国家还有这么多的税收吗？我们国家格力这个品牌就没有了。而中国这么大的市场，我们所有的东西都是外国的，所以我们中国人养成了崇洋媚外的习惯。这是因为我们没有努力创造一个好的环境。

董明珠说的这家外资企业就是美国开利，世界 500 强企业，也是当时全球最大的空调企业之一。当时不只是董明珠，时任董事长的朱江洪也表示反对并发挥了巨大作用。这充分说明当时卖掉格力的决定并不是企业经营者的意愿。到 2017 年，格力实现净利润 224 个亿，纳税超过 200 亿元人民币。如果当初 9 个亿卖掉格力，会给我国造成多大的损失！

在家电行业，不是所有的企业都像格力那样，像我国小家电企业，也是最大的炊具企业苏泊尔，目前就已经是纯正的法国品牌。2007 年苏泊尔被法国赛博集团（SEB）收购 50% 以上的股权，2014 年 9 月，苏泊尔法定代表人和董事长由苏显泽变更为法国人 Frdric VERWAERDE。之后由于不断增持，2018 年 SEB 持有苏泊尔 80% 以上的股权，而苏泊尔集团只占股权的 0.01%，已经完全退出。

国资与洋资——中国啤酒产业

中国的啤酒产业，也在当年的改制大潮中一度被外资控制。

2004 年，哈尔滨啤酒被百威啤酒的母公司美国安海斯 - 布希（现为百威英博）收购了 99.66% 的股权。到 2017 年为止，哈啤仍然是纯正的外资企业。中国另外的两大啤酒公司，青岛啤酒和华润雪花啤酒也是如此。

2005 年，通过不断债转股，安海斯 - 布希持有的青岛啤酒股份达到

27%。这一年,安海斯-布希 CEO Stephen J.Burrows 被派驻青岛啤酒,有了中文名"伯乐思",还成为青岛啤酒的副董事长。2009年,日本朝日啤酒以6.665亿美元从已经改名叫百威英博的安海斯-布希手中购入青岛啤酒19.99%的股权。华润雪花啤酒(旗下雪花,金威)也被南非啤酒公司 SAB 米勒入股49%的股份。哈啤、青啤、华润雪花这些中国最好的啤酒企业,基本被外资持有股份。

根据新华网的报道,到2014年,中国的啤酒产业中,唯一纯正中国血统的啤酒公司只剩下燕京啤酒一家。当然,对中国而言,只要品牌还在持续经营,还是有翻盘的机会,2015年以后,事情发生了逆转。

2015年百威英博与 SAB 米勒这两家位居全球第一、第二的啤酒公司宣布合并。中国通过反垄断审查的方式,迫使 SAB 米勒不得不放弃雪花啤酒的股权。2016年3月2日,华润集团以16亿美元回购了49%股权,自此雪花和金威两大啤酒品牌回归中资。2017年12月20日,复星国际联合中国财团回购日本朝日啤酒手中持有的青岛啤酒17.99%的股权,代价共约66.17亿港元,青啤的外资也基本退出。

与青啤和哈啤命运类似的,还有中国最大的碱性电池生产商南孚电池。南孚2003年被吉列公司收购。被控股之后,为了避免和大股东吉列冲突,南孚被迫从增长迅速的海外市场退出,延缓了进军海外的步伐。2005年南孚被并入宝洁公司,然而宝洁并不想主推南孚电池,而是试图借助南孚电池的渠道力推自己的金霸王电池品牌。

由于南孚电池管理层始终保持独立经营,南孚业绩和市场份额良好,南孚品牌长期在中国市场处于垄断地位,因此尽管宝洁努力扶持自有品牌金霸王,却也始终无法胜过南孚品牌。2014年11月底,鼎晖投资以约6亿美元从宝洁公司手中收购南孚电池78.775%的股份。这个世界五大碱性电池生产商之一的民族品牌,终得回归。

从南孚、青啤、雪花这些出售又回归的例子,我们可以得出一个结论,只要自己够强大，保有足够的股权或者强大的品牌力，即使出售了部分股权，也还是能够保持话语权，后面还是有翻盘回归的机会。

对中国进行全行业并购

由一家外资企业对中国一个产业所有企业进行并购，听来难以置信，但是真的有一家公司几乎实现过，那就是美国柯达公司。

中国感光材料行业的企业并不多，20世纪90年代大约有7家，给相机提供胶卷，由于技术落后、体制僵化和经营不善等问题，在市场竞争中和外资相比处于劣势。中国市场份额三分之二被日本富士占领，另外美国柯达也占有部分份额。而中国这些厂家，在外资竞争下，技术不如人，管理不如人，几乎都处于亏损状态。

美国柯达看好中国市场，试图扩大在中国的份额，彻底打败日本富士。于是1994年初柯达开始计划对中国感光材料产业的7家公司进行全部并购，经过和中国政府长达4年的谈判，最终在1998年签订了著名的"98协议"。根据协议，柯达直接和无锡阿尔梅、汕头公元、厦门福达成立合资公司，柯达占据70%~80%的股份，同时其余3家上海感光、天津感光和辽源胶片不直接签订合资协议，但是事实上也成为合作关系。中国只剩下乐凯一家民族感光材料企业。

通过"98协议"，中国感光材料领域由此对柯达开放。柯达利用中国公司的本地化产线，可以获取内资待遇，同时极大降低了生产成本。由于中国对进口彩色胶卷征收高额关税，日本富士尽管在技术上不弱于柯达，但是在价格上完全无法与其竞争。"98协议"后，柯达在中国影像市场的业务以每年8%到10%的速度增长，到2004年已占有了市场份额的70%以上，而富士、柯尼卡等品牌的份额，合起来也不到25%。

2003年，乐凯也与柯达合资，柯达以1亿美元现金和其他资产换取乐凯 20% 的股份。柯达自此可以说实现了对中国感光材料产业的全产业收购。

单以柯达对中国感光材料的全行业并购来说，它是非常成功的。不过，2000 年之后，数码相机的时代逐渐到来，胶卷的使用量不断下降。在数码产品冲击下，柯达的感光材料业务在全球范围不可避免走下坡路。2007 年，柯达不得不出售乐凯的 20% 股份给中国公司，此时出售价格仅为每股 4.02 元，而 2003 年柯达购买乐凯股份时为每股 8.3 元，居然还亏损了。2012 年，柯达开始了破产保护流程，虽然现今还健在，但早已不复当年的风光。而乐凯集团，则在 2012 年被中国航天科技集团收入麾下。

感光材料行业是幸运的，因为全行业衰落了，所以也彻底地消灭了外资在该行业的绝对优势，但是我国被收购的其他行业，就没有这么幸运了。

中国日化产业——失去的 20 年

我们说"失去的 20 年"，一般是说日本，其实中国也有一个失去了 20 年的产业，那就是日化行业。

相对于其他行业国产品牌的大发展，日化行业的中国民族品牌在外资并购中损失严重，至今仍然极其弱小。其背后的原因是，在和外资合作过程中，对民族品牌缺乏保护意识。活力 28 这个知名品牌，当年可谓家喻户晓，"活力 28，沙市日化"是人们耳熟能详的广告语，连小学生都会背诵。然而这个品牌，仅以 6 000 多万人民币就出售给德国美洁时公司 50 年使用权，而德国方面把所有渠道资源和广告用来推自己的"巧手品牌"。当中方意识到问题，7 年后收回活力 28 品牌时，市场已经发生了巨大变化，品牌价值一落千丈。

同样的还有小护士、丁家宜、美加净、羽西、大宝等。2003 年小护士被法国欧莱雅集团收购，尽管欧莱雅现在并未关闭该品牌，但目前消费者只在一些低线城市看到该品牌，而在当年，小护士是中国排名前3的护肤品牌。丁家宜2011年以4亿美元出售给跨国日化巨头科蒂集团，之后业绩下滑退出中国市场，创始人庄文阳在2015年将其辗转买回重新运作，但品牌已经元气大伤。

1990年，美加净在全国护肤品市场的占有率高达20%，同年，上海家化在政府招商引资的指令下，美加净商标被庄臣以合资方式收购，作价人民币1 200万元。1994年，上海家化花5亿元人民币收回美加净商标。2004年，美加净开始重塑尘封10年的品牌，但已错失发展的宝贵时机。

2012年，份额位居中国第一的国产面膜美即品牌，当年的销售额达到13.49亿港元，同比增长了41%，净利润为2.05亿港元。2013年8月15日，欧莱雅集团宣布收购美即控股全部股份，总价为65.38亿港元（当时约合51亿元人民币）。之后美即控股退市。中国丧失了最大的本土面膜品牌，不仅如此，美即此后发展也并不好，其销售额至今（2017年）也未恢复到2012年的水平。

2007年，德国著名日化巨头拜尔斯道夫公司出资3.17亿欧元收购当时中国最大的洗护发企业丝宝集团旗下丝宝日化85%的股份，拜尔斯道夫一举拿下丝宝集团旗下舒蕾、风影、顺爽和美涛四大护发品牌。随后，拜尔斯道夫将丝宝剩余15%的股份也全部购买。

更为著名的是1954年在上海成立的中华牌牙膏的品牌使用权，这一老牌国产品牌，其使用权无限期被跨国日化巨头联合利华拥有。牙膏这个日化品，至今仍然没有实现完全国产化，目前中国的牙膏市场，外资品牌仍然占据优势份额。根据中国口腔清洁护理用品工业协会的统计，2016年中国牙膏市场前4位有3个是外资品牌，只有云南白药排在第2位。前10位中，黑人、佳洁士、高露洁、中华、舒适达均为外资品牌。

现在我们日化产品市场上，外资品牌处于绝对优势地位。中国本土品牌只在一个领域有优势,就是洗衣粉和洗衣液市场,蓝月亮、立白、超能等本土品牌占据优势份额,最大的广州立白集团2017年销售额突破了200亿元人民币,实现了两位数增长。其他如浙江纳爱斯、蓝月亮等也有不错表现。

其他与化妆护肤品有关的领域,本土品牌处于绝对弱势。我们今天说买化妆品和护肤品,基本都是买法国货、日本货或者是韩妆,国产份额极低。不过在护肤和彩妆领域,本土品牌也有希望,那就是上海家化公司。2017年该公司实现营业收入64.88亿元,同比增长8.82%,实现归属于母公司的净利润3.61亿元,同比增长97.28%。更让人欣喜的是,上海家化公司2017年度自有品牌实现营业收入50.69亿元,同比增长15.85%,取得大幅度增长;旗下佰草集、六神、美加净、双妹等品牌均实现上升,尤其是佰草集高端化非常明显,400元以上产品从31.2%上升至40.15%。未来佰草集将主打400元、600元以上的系列。

实际上,除了本文提到的工程机械、日化、啤酒、家电行业,在21世纪初,还有哈药集团、华北制药等制药业企业向外资出让股权。

更让人感到可惜的是新能源科技有限公司(ATL),这是目前世界上最好的锂电池生产企业之一。该公司创始人和管理层都是中国人,然而由于创业发展期间需要资金,2005年6月,日本TDK集团以1亿美元收购ATL 100%股权,ATL成为TDK的全资子公司。

ATL一直保持高速发展,2012年成为全球第一的锂聚合物电池电芯供应商,我们使用的三星、苹果、华为、OPPO、vivo、小米等手机和平板电脑均使用其电芯。实际上,全球第一的无人机制造商大疆创新,其旗下产品也是使用ATL的电池。目前ATL公司每年销售额高达20亿美元,在锂聚合物电池领域全球份额接近50%。

不过值得庆幸的是,ATL的创始人曾毓群在福建宁德创立了宁德时代新能源公司(CATL),该公司专门做汽车动力电池,是从ATL的动力事业部独立出来的，目前是百分之百的中资公司，2017年已经超过比亚迪成为中国第一大动力电池供应商。

从中国制造的发展史中，我们可以看出一些规律，吸取一些教训。

1. 如何看待中国的互联网巨头公司外资占大头

从本文的案例来看，保留了一定控制权、能够独立运营的公司，最后都有翻盘的机会。典型的如南孚电池，虽然大部分股权被收购，但是由于经营独立，并且一直保持较高市场份额，一直具有话语权，因此最终能够回归中资。

中国的啤酒产业也是一样，未将全部股权出售，只是出售部分股权，最终还能进行回购。但是那些丧失了控制权的，就翻盘无望了。

国内的互联网公司，如百度、阿里巴巴、腾讯三巨头都有大量外资持股。百度第一大股东是美国德丰杰风险投资。而到2017年6月，软银集团持有阿里巴巴7.46亿股，占总股本比例为29.2%；第二大股东雅虎持有3.83亿股，持股占比为15%；马云持有1.78亿股，占比7%。腾讯的第一大股东则是南非Naspers（旗下MIH）。因此不少国人说这些都是外资公司，马云也是在为软银打工。

股权旁落是事实，但是我们也要知道，公司的实际控制人和运营人仍然是中国人，税收和公司运营支出主要都是在中国，中国仍然是主要受益者和控制者，只要我们保留了公司控制权，仍然有完全翻盘的机会。只要控制权在手，外资不可能永远不套现，必然会有退出套现的一天。软银2016年就出售了大约3个百分点的阿里巴巴股票，套现数十亿美元。

2. 国人要对自己的能力有自信

很多人内心缺乏自信，认为中国公司不可能成为世界级品牌，认为中国公司不可能战胜外国公司。出售格力就是典型，2004年的珠海想要有世界500强企业，所以想通过出售格力的方式获得世界500强的开利投资。

那个时候的人有这种想法其实不奇怪，2003年中国才有多少家世界500强企业？11家。那个时候人们看报纸，会很关注中国企业冲击世界500强的情况。当时有报纸说，2010年会有50家中国企业进入世界500强，人们就有点吃惊。但现在有100多家了，而且后面还会出现更多。当时很多人是不敢想象以后中国企业能做那么大的，更不敢想象仅仅10年以后格力就进入世界500强了。

实际上，2017年的格力，其营收、市场份额和净利润都远远超过开利。即使是和开利的母公司联合技术集团相比（联合技术公司一年营收570多亿美元，净利润50亿美元左右），格力一年净利润就可以达到联合技术的60%。联合技术公司旗下有奥的斯、普惠发动机等子公司，是非常低调的高科技公司。

在这里再次强调一个事实，中国重回世界巅峰只是时间问题，近代几百年被外国人拉开技术代差的黑暗时期并不是常态，中国登上世界顶峰，在各个方面做得比外国人好才是常态。

美国1945年研制出了核武器，短短一二十年时间，包括中国在内的世界其他主要强国就研制出了核武器。美国现在掌握的集成电路、航空航天等技术也是一样，看起来高不可攀，只要别的先进国家有足够的资源投入人力财力做，不会做不出来。韩国搞存储器就是个典型，三星和SK海力士高强度地投资存储器研发，如今美国美光、日本东芝都已经被三星和SK海力士超越。

我国还有一点显著优于其他国家，就是在最为重要的人力资源力量上远比其他国家强大。所以我国能在化工、航空航天、轨道交通、通信设备、智能手机、显示面板、集成电路、汽车及零部件、医疗设备等方面全线推进，这是其他国家做不到的。

在不自信的情况下，人往往会低估自己的价值。在出售中国企业的这些案例里，有的人觉得格力就值9个亿，徐工机械就值20亿多点，活力28才6 000多万元人民币就能卖掉，这就是严重低估了自己的价值。而像董明珠这样的企业家，有自信，才能最终让价值最大化。

3. 不排斥合资，但是如果不掌握主导权，合资很难得到先进技术

我国企业当年选择以出售股权和品牌的方式与国外巨头合资、合作，除了获取企业发展急需的资金以外，其实还寄希望于借助外资的品牌渠道打开国际市场，同时通过合资获取先进的管理经验和技术。而从实际的经验来看，是外资通过收购股权，更多地获得在中国的销售渠道，打开中国市场，而不是帮助中国企业去打开国际市场。

而我国这些年崛起的，能够占有市场的优秀企业，如生产汽车的吉利、生产通信设备的华为、生产高铁的中车、安防设备行业的海康、化工行业的万华等，几乎都不是合资企业。

反过来我国的汽车产业就是典型的失败案例，全行业合资，最终真正能够从合资当中学习到技术和管理经验，并且用于自主品牌发展的，也就上汽和广汽发展尚可。即使如此，上汽乘用车（荣威、名爵）和广汽乘用车（传祺）加起来的销售额也比不过吉利，和长城差不多。在电动化方面也慢于比亚迪。

4. 我们总体已经挺过了并购危险期，中国进行反向收购的时代已经来了

我们可以注意到，在21世纪初期，我国有一个出售国有企业股权的小高潮，本文中大量案例发生在2000—2007年间。这一方面是当年国有企业改制，激活企业活力的需要。另一方面，当年的中国处于资本短缺状态，手握强大资金和技术的外国买家往往在收购中处于优势地位，出手更大方，让一些经营处于困境的中国企业选择出售给外资。有的是因为中国企业经营不太好，例如感光材料产业的企业、工程机械的徐工集团等；有的是因为中国企业在发展初期，虽然经营良好但是急需资金，典型的如ATL，就

PART 3
看得见的战争——危机四伏的升级之路

是因为融资对象退出急需获取资金,从而让TDK获取了入股的机会,用1亿美元就获取了全资,可以说日本赚得非常多。

如今中国资本强大了,不管是国家还是民间都有强大资金,所以现在我们仿效和反击的机会来了。反击是对发达国家进行反击。我们要认识到一点,如今中国的经济总量是世界第2位,换句话说,这个世界上20多个发达国家,除了美国以外,我们的资本力量比其他所有的发达国家都要强大。

除了像华润雪花、青岛啤酒、南孚电池一样回购民族品牌股份以外,还要充分利用我国的资本力量优势,对发达国家经营不善但具有优势技术的企业进行收购,尤其是在欧美处于金融危机期间,将会出现遍地黄金的局面,更可以以较低价格收购其优质资产。这些年我国企业收购的德国林德液压、瑞典沃尔沃汽车、日本高田气囊、瑞士先正达农化、意大利倍耐力轮胎等,都是世界级的优质资产。

中国企业强大的资本实力是我们的优势。实际上,从中国企业对发达国家企业进行收购的统计来看,欧洲被中国收购的先进企业最多。例如2012年德国以约26亿元人民币,把全球最大的混凝土机械企业普茨迈斯特的100%股权出售给了我国三一重工。三一重工在该领域一跃成为全球老大。同样的案例还有英国把世界三大移动GPU芯片公司之一的Imagination卖给了中国财团。该公司本来是为苹果的iPhone手机提供GPU芯片的,在苹果宣布自研后,英国选择将其出售给中国。

而对我国收购提防度最高的则是美国,例如我国紫光想收购存储器制造商美光,美国坚决不卖,甚至连我们想收购德国的芯片设备制造商例如爱思强等,美国也不让卖。当然,美国不卖,中国也可以自己做。中微半导体的MOCVD设备,就完全实现了对爱思强MOCVD设备的替代,现在该领域已经呈我国中微和美国Veeco世界两强之势,而爱思强则日益衰落。我国乃至世界最大的LED芯片制造商之一的三安光电,以前是买爱思强的

MOCVD 生产设备，现在则转向中微。

美国不仅对自己的核心资产一律不出售，高科技公司、高科技产品都不卖给中国，甚至还直接打压中国最优秀的企业，阻止他们进军美国；不仅阻止我国企业进军美国，甚至反过来以贸易战方式打压我国还局限在本土的高科技产业。从这一点来看，美国是我国崛起道路上的强大对手。

第十一章
后有追兵——从欧洲商场看中国低端产业竞争力

我们现在经常有一种"狼来了"的感觉，前有堵截（以美国为首的发达国家采用各种手段在高端产业中的竞争），后有追兵（越南、印度，以及东南亚、东欧等国在劳动密集型产业中的竞争），我必须要说，狼真的来了，而且已经在跟我们争抢份额。

我们现在注意力都在前面的堵截上面，这个也很正常，毕竟美国实在是太强大。2018 年的中兴事件就让我们有了体会，应该说不管是政府还是企业，都已经在不断地开展 Plan B 运动，防止美国随时可能会落下来的新一轮制裁。

我们看下"身后的追兵"，我们在向上攀爬中高端产业的时候，往往忽略了我们身后有的国家正在不断地追上来，而且已经在某些领域蚕食我们的份额。

那么现在的态势究竟如何呢？我们可以通过一个小小的调查来观察一下。中国目前在劳动密集型产业的竞争力依然很强，2017 年我国传统的劳动密集型产品合计出口为 3.08 万亿元人民币，增长 6.9%，占出口总值的 20.1%，仍然是我国的出口主力产品之一。按照美元计算就是 4 547.13 亿美元。

什么是劳动密集型产业呢？主要包括七大类：纺织品、服装、箱包、鞋类、玩具、家具、塑料制品。这是一个目前能给我国每年带来3万亿元人民币出口收入的庞大产业，但是我们需要警醒的是，世界上其他国家的劳动密集型产业也在迅速发展，并且增速比我国要快。

这些年我国劳动密集型产业的出口处于稳定状态，事实上，也有些时候是处于停滞状态，2013年中国纺织品、服装、箱包、鞋类、玩具、家具、塑料制品等七大类劳动密集型产品出口额为4 618.4亿美元，而到了2017年，出口额为4 547.13亿美元。考虑到全球经济在这4年有所增长，所以实际上我国的劳动密集型产品全球份额处于下降的态势。

我曾在欧洲某个国家的首都，利用周末两天的时间，到两个典型的地方去看了低端产业中各国的竞争情况，一个是Outlet，一个是宜家。

虎视眈眈的追兵

先说Outlet，我去了三家代表性的店，分别是耐克、阿迪达斯、李维斯。

在耐克店里，我主要看了鞋类产品。货架上，越南制造的数量是最多的，印尼制造的数量次之，中国制造的鞋仍然有，但是数量最少，例如Air Jordan就是中国制造。

不过值得注意的是，除了越南、印尼和中国制造之外，印度制造的耐克鞋也出现在欧洲市场了。除了以上四个国家，店里没有发现其他国家制造的耐克鞋。当然，第一次看到鞋盒上的Made In India，多少有点吃惊，印度也加入竞争了。

当然，以上只是运动鞋，鞋类有很多种，拖鞋、凉鞋、登山鞋、高跟鞋等，总体上中国仍然占据优势。

PART 3
看得见的战争——危机四伏的升级之路

但是,越南鞋类出口在飞速增长。越南海关总局统计数据显示,越南鞋类企业的出口总值一直保持增长态势。具体为:2013年出口额为84亿美元,2014年为103亿美元,2015年为120亿美元,2016年达到了130亿美元,2017年达到了146亿美元。

查询我国的鞋类出口金额,2017年为456.6亿美元,仍然占据很大优势,但是已经多年负增长或者零增长了。我国鞋类出口金额:2012年为443.64亿美元,2013年为481.48亿美元,2014年为538.38亿美元,2015年为511.12亿美元,2016年为448.78亿美元,2017年为456.6亿美元。也就是说,我国鞋类出口金额从2014年开始就出现了连续的下滑,过去的5年基本上没有增长。

越南的鞋类出口预计还会较快增长,我国鞋类出口除了越南这个最大的竞争者之外,还有就是印尼,现在又多了印度。

接下来是到阿迪达斯的店里,我考察的范围更加扩大了一些,除了鞋之外,还把几乎所有类型的服装的产地都查看了一遍。

阿迪达斯的鞋类:和耐克一样越南制造占了主流,最直观的感觉就是整个货架上一看大部分是越南制造,然后就是印尼制造。有没有中国制造呢?找了半天总算在一个货架那里发现还有几个款式的鞋是中国制造的。但是我没有发现印度或者其他国家制造的阿迪达斯的鞋。

除了鞋类之外,其他各种服装的来源就多种多样了,我随机进行了查看:

(1)运动外衣:越南、中国、柬埔寨。

(2)长袖紧身跑步衣:印尼。

(3)儿童T恤:巴基斯坦。

(4)儿童外套:孟加拉国。

(5)运动裤:越南。

（6）运动帽衫：中国。

（7）运动T恤：印尼、土耳其。

（8）运动裤：中国。

（9）羽绒服：孟加拉国。

可以说，如果鞋类制造还是中国和越南、印尼三分天下，那么服装类制造就是群雄逐鹿了，不只是越南和印尼制造阿迪达斯的服装，土耳其、孟加拉国、柬埔寨、巴基斯坦也加入了国际竞争。

根据世界贸易组织数据，2017年，孟加拉国出口成衣达290亿美元，占世界成衣市场份额，由2016年的6.4%提升至6.5%，保持世界第2大成衣出口国地位。2017年，中国出口成衣为1 580亿美元，位居世界第1位，越南（270亿美元）和印度（180亿美元）成衣出口分别位居第3位和第4位。不过虽然印度成衣出口居世界第4位，但是在阿迪达斯店里并没有发现印度制造的服装。

在李维斯店里我也进行了同样的查看，结果如下：

（1）衬衣：孟加拉国。

（2）牛仔裤：埃及、中国、柬埔寨、斯里兰卡。

（3）长袖T恤：土耳其。

（4）羽绒服：孟加拉国、中国。

（5）冬季厚卫衣：中国。

（6）袜子：中国、巴基斯坦。

（7）棉衣：孟加拉国。

（8）短袖T恤：斯里兰卡。

（9）皮带：意大利。

这也是我第一次看到有发达国家制造出现。非常有意思，除了皮带之外，还有毛线帽子也是意大利制造，而且意大利制造在李维斯享受了特殊的待遇，李维斯专门做了个标牌，上面不仅印着意大利国旗，而且非常醒目地标明 Made in Italy。这是包括 Made in China 在内的其他国家制造所没有的待遇。其他国家制造的服装，你只能翻开衣服里面的标签才能看到。这也是目前中国制造在鞋类和服装类产品中遇到的一些麻烦，虽然被认为优于越南、印尼和印度制造，但是至少现在在欧洲人眼中，哪怕只是根皮带，或者毛线帽子，中国制造的档次感还无法和意大利制造相比。

中国的优势——低端里的中高端

除了到 Outlet 之外，重头戏是到当地的宜家去进行调查。我前后花了几个小时的时间，看他们的家居类东西的产地。方法是随机地选择不同种类的商品，查看其产地标签，结果如下：

（1）雨伞，以及自行车头盔。这个头盔很轻，不是金属材料，像是塑料或者复合纤维，都是中国制造。

（2）箱包类。随机地拿起几个背包和拉杆的行李箱，感觉档次很低，发现都是越南制造。看来越南不仅在鞋类、服装类出口进入了世界前 3 位，在箱包类产品中也有很大的比重。

（3）毛绒老鼠玩具，印尼制造。

（4）沙发上的靠垫，查看了几个，分别是中国制造和乌克兰制造。

（5）地上的圆形毛绒地垫，土耳其制造。

（6）木质椅子，波兰制造；木质小桌子，罗马尼亚制造。

（7）金属质架子、装蜡烛的金属底座、金属小茶几，中国制造。

（8）用来垫椅子的布质毛巾，印度制造。

（9）盒装的积木，越南制造。

（10）金属花盆，里面放着塑料假花，用于装饰，中国制造。

（11）做成老鼠模样的创意蜡烛，越南制造。

（12）到了厨房区，餐桌上放的各种陶瓷盘子、碗、杯子，全部是中国制造。

（13）厨房区灶台上的各种金属器皿，包括平底锅、煲汤用的金属锅、金属汤勺之类，都是中国制造。

（14）装红酒的玻璃酒杯，法国制造，这是在宜家首次看到发达国家制造的产品。还有一款用来装蜡烛用的大玻璃杯，也是法国制造。

（15）装蜡烛的小玻璃杯、装鲜花的玻璃杯，中国制造。

（16）宜家里面展示用的电视机，看了好几台，都是中国TCL品牌或者是TCL代工生产的品牌。

（17）布狮子，越南制造。

（18）所有的办公椅，就是有轮子坐着可以移动，同时椅子靠背可以放下来的那种，都是中国制造。

（19）办公区的台灯，都是中国制造。

（20）布做的枕头，土耳其制造；布做的熊猫，印尼制造。

（21）厨房区的洗手池，意大利制造，这是第二次看到发达国家的产品。

（22）塑料盆，波兰制造。

（23）灯具区，这个区域各式各样的灯具和灯泡，几乎都是中国制造。

（24）纽扣锂电池，也是中国制造。

（25）鲜花区的各种鲜花，塑料假花是中国制造的，真花和花茎都来自荷兰，这是第三次发达国家产品出现。

（26）陶瓷做的花盆，德国制造。

（27）床垫的布套、床上用的毛毯，土耳其制造。

（28）被子的被芯，这个制造国很多，爱沙尼亚、立陶宛、波兰。

（29）枕头，爱沙尼亚制造。

（30）擦身体用的浴巾，孟加拉国制造。

（31）淋浴的喷头（包括连接喷头的金属水管）和放喷头的金属架子，整体都是中国制造。

（32）墙上放东西的金属架子，中国制造。

（33）熨衣服的平板，波兰制造。

（34）工具箱（里面有钳子、螺丝刀、扳手等），中国制造，不过另外一个里面放着各种螺钉和螺母的盒子却是土耳其制造。

（35）酒杯，荷兰制造。

我们总结如下：

第一点，产地国特征非常明显，在宜家里面的各种生活家居类用品中，中国占据了劳动密集型产业里面的"中高端部分"。

而最低端的部分，像布制品和棉制品，大多数国家都能制造，比如沙发上的靠垫、毛巾、布偶玩具、浴巾、床上用品（被套、被芯、枕头、毛毯）、地垫、沙发之类，可以发现有爱沙尼亚、立陶宛、中国、印尼、孟加拉国、土耳其、越南、波兰和印度等国家制造。

而其他的东西，中国制造占据了绝对的份额。最典型的是金属制品，另外还有各种金属的支架，以及底座、椅子、架子之类，我随机翻看标签全部是中国制造。这可能跟中国钢铁工业发达、金属加工工艺成本控制能力好有关。同样的还有钟，这个是劳动密集型产业里面相对比较复杂的东西了，我随机地拿了各种不同的钟，一看都贴的是中国制造标签。

还有就是各种陶瓷产品了，几乎可以说百分之百中国制造。至少我在厨房区，还有陶瓷用品区域找了半天，只找到一个陶瓷花盆是德国生产的。没有发现任何其他发展中国家制造的陶瓷产品。而且中国制造的陶瓷餐具，表面各种图案有趣而精美。

还有就是玻璃制品。我在宜家看到的玻璃制品，大部分来自中国，少部分来自法国、荷兰这样的发达国家。但没有发现来自其他发展中国家的。其他的，如塑料制品大部分来自中国，当然很多塑料桶是波兰制造。另外吃饭和香薰用的蜡烛，大部分也是中国制造。

一些相对较为"高端"的东西，比如灯具区的各种LED灯泡，我随机地翻了一些，都是中国制造。另外像纽扣锂电池这种"高端"产品就更不用说了，基本来自中国。还有就是自行车头盔这种涉及人身安全的东西，对制造能力和质量要求很高，也是中国制造。

另外一些相对比较复杂的东西，例如办公区的多功能办公椅，也都是中国制造的。还有就是宜家里面摆放的各式各样的电视机，都是TCL制造的TCL品牌或者TCL代工的品牌。也就是说，至少从目前宜家的情况来看，但凡稍微复杂点的劳动密集型产品，中国仍然占据绝对的竞争优势，很多品类其他国家的总和也没有中国多。

除了布制品、棉制品领域面临其他国家竞争外，家具区的各种木质衣柜、桌椅、抽屉、床之类，来自中国的就不多了，至少我没有看到。这也是一个很大的市场，毕竟一个衣柜、一张床动辄就是几百欧元的零售价，但是我自己查询，中国目前其实仍然在向海外的宜家出口木质家具，但是看起来我国在这方面不具备竞争优势。这是否跟我国也需要进口木材，同时大型木质家具的运输成本较高有关？

第二点，越南进步确实很快，在宜家，除了中国制造以外，其次就是越南制造了。不只是背包、拉杆箱这样的箱包产品（这是非常大的市场），还有各种布质玩偶，甚至创意造型的蜡烛也有越南生产的。蜡烛属于化工产品，这个也让人意外。而在阿迪达斯、耐克那里就更不用说了，越南制造最多。

第三点，宜家里也能发现印度制造的商品。虽然还非常少，但是至少出现了。不过印度制造能力也还需要提升，比如他们制造了台灯的底座和灯泡的基座，但灯泡还是中国制造的。还有土耳其的制造能力也还可以，螺钉和螺母的工具箱是土耳其制造。

第四点，和在 Outlet 的李维斯看到意大利制造的产品一样，在宜家里面也能发现德国、法国、意大利制造的产品。这说明即使是发达国家，也还在制造劳动密集型产品。比如法国制造的玻璃红酒杯、荷兰制造的玻璃水杯、德国制造的陶瓷花盆、意大利制造的塑料洗手池等。另外还有荷兰的花卉业，这应该算农业的范畴，确实发达。看来劳动密集型产业，是应该长期保持的产业，虽然这个产业的确赚不到太多钱。我在宜家灯具区看到的圣诞促销 E27 的 LED 灯泡，中国制造，零售价不到 10 元人民币一个。

有一点必须要说明，我周末做的欧洲 Outlet 和宜家调查并不严谨，因为查看的样本只有几百例，同时也仅仅是一个国家首都的两个地方。

高端化和品牌化刻不容缓

我觉得和宏观数据比对可以看出一些特点和趋势。

1. 鞋类、服装类、箱包类，以床上用品为代表的布类、棉类用品，木质家具，我国走向高端化和品牌化刻不容缓

从 2017 年的数据看，虽然我国仍然占据这些品类出口金额的世界头把交椅，但是从数据上来看，不仅越南、印度、印尼、孟加拉国为首的国家追赶很快，而且还出现了柬埔寨、巴基斯坦、斯里兰卡、土耳其、爱沙尼亚、波兰、立陶宛、埃及等国家。这说明鞋类、服装、布棉制品这些没有太高技术含量的产品，大多数国家都能制造，只要成本够低。这些产业的特点是对机器的依赖较小，所以他们能在这个领域和中国一争天下。这在宜家和在阿迪达斯、耐克、李维斯看到的情况是一样的。尽管在质量上可能和中国还有差距，但是并不明显，至少没有达到专门为"中国制造"做个醒目的标签的地步。

我国的服装鞋类箱包出口金额，近年处于停滞的状态。在追赶的国家里，越南和印度成为很明显的两个最大的竞争对手，其次是印尼。以2017年为例，越南鞋类出口金额已经达到中国的32%，服装成衣出口金额占到中国的17.1%，这对人口不到中国10%的越南来说，是很了不起的成就。如果要排序的话，就是越南第一、印度第二、印尼第三。虽然单看Outlet和宜家的产品，印尼更好，但我还是把印度排第二，毕竟体量在那里。

当然，实事求是地说，越南的出口金额"含金量"不太高，一是很多原材料需要进口，比如鞋材、染料等；二是出口由外资企业主导，越南本土企业还没有发展起来，而且越南没有自主设计和原创品牌。

中国目前在这方面做得要好得多，不只是已经有安踏、海澜之家、利郎、李宁、雅戈尔等品牌，同时各种原创设计和品牌女装、西服等都正在快速发展。在国内各大电商平台，我们都会发现非常多的原创设计和自有品牌的店铺。原创有什么好处？国内凡是没有自己原创设计的电商服装店铺，店铺封面照片和广告照片用的模特大都是外模（乌克兰、俄罗斯等东欧国家居多），而越是原创的店铺，使用本土模特拍摄的比例就越高，也越适合我国消费者的需要。根据这个简单的特点，就可以很快识别出一个品牌是不是原创设计。

在Outlet，我们现在看不到来自中国的服装和鞋类品牌，在宜家也一样，实现了去品牌化。其实品牌就相当于一个大的平台，里面可以极大地承载中国制造，由于本土品牌和本土制造天然的具有更好的黏性，比如沟通、文化、交期、服务等，因此比外资品牌更容易保持本土制造的全球份额。

我们希望早日可以在欧洲的商场里面看到中国的品牌化商品出现。一旦把品牌和设计抓在了自己的手里，对在哪里制造便拥有更大的决定权。

2. 我国在稍微复杂点的低端产品上，仍然有压倒性的优势

至少从今天的情况看，虽然其他国家劳动密集型产业也在崛起，但其还是主要集中在布制品、棉制品（例如各种床上用品、沙发靠垫）、箱包、鞋类、服装类，以及木制品（床、衣柜、抽屉等）。而涉及金属加工、陶瓷、玻璃制品、LED 灯具、钟、自行车头盔、纽扣电池，这些稍微复杂点的，需要更多的机器进行生产的领域，中国目前仍然占据绝对优势，而且成本控制能力很强。

只有我们在已经面临其他国家强力的出口竞争的棉纺、床上用品、服装、鞋类、箱包、木制品等领域，做好原创品牌和原创设计，才可以实现出口金额长期保持稳定，同时提升附加值。

此外，在更多"中高端"的低端产业，例如金属加工、陶瓷、玻璃制品、LED 灯具、钟表、纽扣电池等领域，持续地做好自动化和成本控制，中国很有可能在"中高端"领域不断突破的同时，在低端产业依然保持较高的"存在感"，成为劳动密集型产业中一直在线的"玩家"。

PART 4

中国创造——产业跃升时代的来临

第十二章
全球进入中美科技时代

2010年中国在经济总量上超过日本,现在总体科技产出也超过了日本,仅次于美国。事实上,日本在基础研究领域下滑非常严重,不仅已经落后于中国,而且被英国和德国超过。

2017年6月13日,《日本经济新闻》发布了一篇新闻报道,叫作《全球科技进入中美两强时代》,说明日本媒体也开始正视现实,那就是中国和美国不仅在经济总量上领跑全球,而且在最新科技发展上也是全球两大核心力量。

实际上,最近几年中国科技出现了井喷式发展:国产航母下水、国产万吨"大驱"下水、新式火箭顺利进入太空、货运飞船成功发射、智能手机用上了国产芯片、超级计算机领跑全球、量子通信和第五代移动通信都处于世界一流水平等。

本章我们从日本人的视角来看一下中国科技的实力。

来自日本官方的全球科技实力报告

日本文部科学省官方每年都会对世界各国科技实力产出进行数据统计，以下的内容全部来自日本文部科学省2016年版报告。

（1）中国的科技投入在2013年超过日本，同时在2014年达到了整个欧洲的56%，是仅次于美国的世界第二大科技投入国。

首先看世界各国在R&D[①]研发上的经费支出。按照日本人的统计，中国的R&D研发支出在2013年和日本出现了交叉，超过了日本，2014年更是超过日本17.9%，达到22.4万亿日元。实际上，2018年中国的研发支出已经是日本的两倍多了。

当然，韩国进步也很快，2014年研发费用超过了英国，和法国差不多。韩国崛起非常明显。

（2）R&D研发经费占GDP比例，中国已经接近欧盟28国平均水平，在世界主要科技国家中超过了英国。

中国2014年R&D研发投入占GDP比例为2.05%，欧盟28国平均为2.08%，英国为1.72%。日本为3.87%，在世界主要国家中仅次于韩国（4.29%）居第2位。

（3）中国科技人才总量2014年为152.4万人，超过美国的125.3万人，仅次于欧盟28国的176.2万人。

资金和人才是一个国家科技发展的双发动机，按照国家维度，中国的资金投入目前仅次于美国位居世界第2位，人才投入则是世界第1位。

---

① R&D，科学研究与试验发展（research and development）。

中国科技的真实水平

中国在科技领域投入大量资金和人才,在这么高强度的投入下,必然会带来科研成果的爆炸式成长,就一定会制造科技发展的风口。我们就从日本的官方报告里,看一下中国目前的科技实力到了什么水平。

我们把科研分成两大部分,一部分是基础科学研究,一部分是应用技术研究。前者主要以论文为主,后者主要以专利为主。

我们先看以论文为主要表现形式的基础科学研究。从 1981 年到 2015 年,美国、日本和欧洲国家的基础科研成果的世界份额都在下滑。

首先是美国。1981 年的美国,论文数量占了世界 38%,论文被引用次数占世界 55%,这两个方面都高居世界第 1 位。而到了 2015 年,论文数量下降到世界的 24%,论文被引用次数下降到世界的 22%,但仍然是世界第 1 位。

我们再看看除了美国以外的世界其他国家。1981 年,世界基础科学研究第 2 位是英国,论文被引用次数占了世界 10% 左右;德国居世界第 3 位,论文被引用次数占世界大约 6%;日本居世界第 4 位,论文被引用次数占世界大约 5%。

那么中国呢?1981 年中国发表的论文被引用次数占全球 1% 以下。到了 2015 年,论文被引用次数已经占到了全球的 13.5%,跃居世界第 2 位。对比一下,居世界第 1 位的美国是 22%;世界第 3 位的英国,大约 7%;世界第 4 位的德国,6.7%。可见,中国增速一枝独秀。

1981—2015 年,日本科技成果跟随其经济发展,经历了一个先盛后衰的过程,论文被引用次数从 5% 跃升到了 8% 以上,然后随着"失去的 20 年"直线下降,来到了 3.5% 左右的位置。

我们再看 2011 年到 2015 年的科研成果变化情况。只有中国在直线飙升,其他主要科技国家,除了韩国以外全部是回落状态。这意味着德国、英国、日本这些国家科研输出占世界的比例全部都在下降。中国已经在总量上显著领先除美国以外的其他国家。

看了基础科学研究的输出,我们再看看代表技术应用层面的专利数量。中国专利申请的许可量2014年已经跃居世界第3位,注意是许可量。如果按照申请量来看,中国每年专利申请100多万件,已经是世界第一专利申请大国,但是我们还是要看许可量,这个比专利申请量更有意义。

再看其他主要国家申请人申请专利的许可量。2014年,日本29.7万件,世界第1位;美国25.6万件,世界第2位;中国17.6万件,世界第3位;韩国12.7万件,世界第4位。但中国专利许可量是处于迅速上升的态势,而日本2012年至2014年则在不断下降。日本不管是论文数量、论文被引用次数,还是专利许可数量,占世界比例都在不断下滑。还有一个数据,也反映出日本经济发展的前景不太好,那就是技术贸易额。

日本每年技术贸易是顺差,顺差的金额仅次于美国,居世界第2位,经常被作为日本科技发达的证据。然而实际上,如果真的看一下世界各国技术贸易进出口金额的情况,会发现日本的趋势非常不好。首先,日本的技术贸易顺差是世界第2位,并不是因为其技术出口居世界第2位。看看日本人自己的统计,其技术贸易出口额2014年约为374亿美元,居世界第4位,位于美国、德国、英国之后。美国居世界第1位,技术出口1 362.7亿美元;德国居世界第2位,技术出口714.4亿美元;英国居世界第3位,技术出口456.6亿美元。

那么为什么日本技术贸易顺差高居第2位呢?这是因为日本在引进技术方面相对比较封闭。

实际上,日本在2003年以前经济繁荣的顶峰时期,其技术贸易一直是赤字,也就是引进的技术多,出口的技术少。在经济逐渐低迷之后,反而从2003年开始不断增加技术出口和转移,技术盈余逐渐增大,这对日本是不利的。

只有在一个国家创新力不断提升的时候，技术盈余的增加才是合理的，而一个国家创新力在不断下降的时候，反而必须要不停地从外界输入技术，加快本国的技术变迁，否则该国的科技和经济竞争力一定会下降。

我们从日本的科技报告中可以看出，中国的科技投入和产出都已经居世界第2位，同时还在快速发展，而日本的科研产出世界份额在不断下滑。在自身科技发展停滞的情况下，日本反而加大对外转移技术，同时在引进技术方面又很保守，这不是一个良性的现象，因为这会大大拉近竞争对手和自己的差距。只有在自身科技和经济顺利发展的情况下，对外技术转移才是良性的。日本在自身技术进步不大的情况下，应该加大技术引进的力度，才能确保自己不掉队。而不是去追求那一点200亿美元不到的技术贸易盈余，这是战略上短视的表现。

在日本的报告里，他们用总的论文被引用次数和总的论文数量来衡量国家科研产出。实际上，如果我们用高质量论文，也就是被引用次数排在全球前10%的论文数量来比较，中国现在也是世界第2位。如果我们再进一步，比较世界各国被引用次数排在全球前1%的论文数量，中国也是世界第2位。

汤森路透2016年统计的2004—2014年全球论文被引用次数排在前1%的顶尖科学家数量，美国遥遥领先，顶尖科学家人数几乎占了世界的一半——47.5%；中国科学家有175人，占世界5.7%；日本仅为74人，占全球2.9%。可见日本在基础科学领域衰退速度之快。当然如果统计2007—2017年的被引用论文数量，中国只会更多，应该已经超过德国，跃居世界第3位了。

我们再看世界顶级科技杂志《自然》编写的自然指数，统计68种全球影响力最大的科技杂志发表的论文，根据不同权重做了自然指数，2016年

2月1日至2017年1月31日的自然指数排名，WFC① 中国是6 462.29，稳居世界第2位，已经是日本的两倍以上，当然同美国的15 794相比，差距还很大。日本只排在世界第5位。

创新力的来源

在日本文部科学省的报告里，基础科学研究，按照论文引用次数排名世界前4位的分别是美、中、英、德。文部科学省的这份报告数据，和世界其他知名机构的排名基本是一致的，例如《自然》杂志的自然指数排名，基本反映了各国基础科学研究的情况，排名是美、中、德、英。汤森路透的论文引用次数全球前1%的高水平科学家数量排名，前4位分别是美、英、德、中。

再看文部科学省报告的专利许可量，反映的是技术应用层面创新输出，世界排名前4位的是日、美、中、韩。这和世界知识产权组织的排名基本一致，根据世界知识产权组织的PCT② 国际专利申请量排名，2016年世界排名前5位的分别是美、日、中、德、韩。

看到了吗？在几乎所有的反映科技输出总量的排名里，中国基本都在世界前3位，所以要有自信地说我们是世界科技强国。

另外，我们还可以得出一个结论，日本在基础科学研究领域已经逐渐落后其经济总量的排名，在各项排名里面，日本基础科学的输出都已经跌出世界前4位，低于美、中、英、德。但其目前在技术应用领域比较领先，专利数量和美国一起位于全球前两位。

但是基础科学的逐渐落伍一定会反映到技术应用上。实际上，不仅文部科学省的报告里日本近年来专利许可量呈现下降趋势，日本专利特许厅

---

① WFC，加权分值计数法（Weighted Fractional Count）。
② PCT，专利合作协定（Patent Cooperation Treaty）。

统计的日本本土的专利申请量近年来也呈现下降的趋势，日本本土的专利申请量从2005年的40.87万件下降到2015年的31.87万件，10年下降了近四分之一。这反映出日本企业在创新方面的颓势，反映在市场上就是份额不断下滑，利润原地踏步甚至亏损。在这种自身创新乏力的情况下，日本还在大量向国外转移技术，同时引进的技术金额又偏少。例如美国一年花900亿美元引进技术，中国也在大力花钱购买各种专利技术进军国际市场，而日本只花200亿美元引进技术，这种趋势预示着日本科技的未来不乐观。

第十三章
中美新兴产业竞争态势

2018年中国经济形势不太好。2018年汽车销量大幅下滑，2019年1—2月继续下滑。各个互联网公司频频爆出裁员的消息。

我们曾通过2018年全球上市公司的股票市值的角度，分析了中美在"七条赛道"上的竞争。这"七条赛道"分别是ICT、金融、制药、消费品牌和渠道、能源化工、航空航天、新能源汽车。

本文从另外一个角度，也就是中国政府对产业发展的理解的角度，看新兴产业的全球竞争情况，这反映了中国政府对于未来产业的发展态度，定义了哪些是新兴产业，对我们普通人也有参考意义。

中国国家统计局在2018年11月7日公布了《战略性新兴产业分类（2018）》，列出了中国认为的战略性新兴产业。换句话说，这些产业将在未来成为经济发展的核心动力，也是经济产值最大的领域。

中国定义的战略性新兴产业覆盖了九大领域，分别是新一代信息技术产业、高端装备制造产业、新材料产业、生物产业、新能源汽车产业、新能源产业、节能环保产业、数字创意产业、相关服务业。这九个领域和中美竞争的"七条赛道"重合度很高，有六个是重合的，只是名字和范围有所不同：

新一代信息技术产业——ICT；

高端装备制造产业——航空航天＋能源化工；

生物产业——制药；

新能源汽车产业——新能源汽车；

数字创意产业——消费品牌和渠道。

当然了，中国官方还另外定义了新材料、节能环保产业为战略性新兴产业。接下来我们看一下战略性新兴产业的具体定义。

BAT+华为VS美国科技公司

新一代信息技术产业，包括下一代信息网络产业，电子核心产业（半导体分立器件、光电子器件、半导体照明器件、光纤光缆、电阻电容电感元件），新兴软件和新型信息技术服务，互联网与云计算、大数据服务，人工智能等。

这个产业大家都很熟悉了，华为、中兴、中芯国际、阿里巴巴、百度、腾讯、浪潮、小米等企业都在里面。这个产业也是美国的核心赛道。

我们也可以看到，中国在这方面并不是所有领域都落后。至少在新一代信息网络产业（5G）这个领域，中国已经领先美国了。而且这个差距是清晰可见的，即使是现在5G还没有大规模部署，我们在中国的大城市和美国的大城市感受下网速就知道了。美国现在禁止华为进入美国，只能找其他公司来建设5G网络，首先其他厂家在技术上已经落后于华为。

其次在成本上，如果不使用华为设备，那意味着同样的投资下美国的5G网络覆盖能力将会缩减。当然美国也找到了解决方案，那就是通过刑事和民事指控试图扼杀华为的发展。"我竞争不过你，那就干掉你"，这也是一个"解决方案"。

另外就是在工业互联网、云计算、大数据、人工智能领域，中国紧跟美国。全世界技术能力和产业化能力排名，中国都仅次于美国。不仅是阿里巴巴、腾讯、百度等互联网企业，华为也在这方面进行战略投入。

2018年，中国主要的IT公司都进行了架构调整，而调整的方向也非常明显，那就是加大对云计算、人工智能、大数据等的投入，将公司内部从事这些新兴产业的部门独立出来，提高其在架构中的地位。

2018年9月30日，腾讯宣布进行架构调整，由七大事业群整合成六大事业群，有的事业群进行了合并，但是值得注意的是腾讯新成立了云与智慧产业事业群（CSIG，即Cloud and Smart Industries Group），新成立的云与智慧产业事业群，整合包括腾讯云、智慧零售、安全产品、腾讯地图、优图等核心产品线，帮助医疗、教育、交通、制造业、能源等行业向智能化、数字化转型。这是腾讯的第三次架构调整，上两次是在2005年和2012年。

百度也类似，2018年12月18日，百度宣布启动新一轮组织架构调整。一是智能云事业部（ACU）升级为智能云事业群组（ACG），同时承载面向企业的人工智能和云业务的发展。二是将搜索公司及各BG的运维、基础架构和集团级共享平台整合到基础技术体系（TG）。

2018年11月26日，阿里巴巴宣布继2015年之后进行最大一次组织机构调整，阿里云事业群升级为阿里云智能事业群。阿里巴巴官方称，"阿里云智能平台目标是构建面向全社会基于云计算的智能化技术基础设施"。

华为公司也类似，在2018年底调整了组织架构，将Cloud和AI单独组成了一个事业群，而原有的网络设备业务单独组成一个事业群。

BAT和华为进行组织架构的调整，其背景都是类似的。中国ICT公司的基本业务已经进入了成熟期，阿里巴巴的电商、腾讯的社交和游戏、百度的搜索、华为的网络设备，都已经成为这些公司的基本盘。而这些IT巨头，都不约而同地看到了各个产业迅速地走向智能化的强烈需求，因此纷纷进入云计算和人工智能领域。在未来，全世界的几百万甚至上千万家企业，其内部的办公和运营系统都会向云计算平台转移，这是一个巨大的市场。很显然，这块大蛋糕主要就是中美企业在争夺。当然目前美国企业还是处于优势地位，但是以阿里巴巴为首的中国企业发展很快。

云计算市场分为三部分：IaaS（基础设施部分，包括服务器、存储等）、PaaS（平台服务，包括操作系统、开发工具、数据库和中间件）、SaaS（各种软件应用）。中国公司主要集中在 IaaS 方面，例如在服务器领域，这个是 IaaS 下层的部件，我国联想、华为、浪潮都在世界前 10 位。

当然有点遗憾的是，我国服务器芯片还是基本买英特尔的，因此国内这三家服务器巨头其实在该领域并没有获得多少利润。值得一提的是，阿里巴巴在 PaaS 方面取得突破，并且在中国 PaaS 市场取得了最大的份额。其操作系统、数据库和中间件均为自研，国内其他公司也在自研数据库和中间件。

不过该市场全球性的"玩家"，仍然主要是亚马逊、微软、Salesforce、谷歌等美国公司。即使在中国市场，PaaS 主要"玩家"中，中国公司也只有阿里巴巴能排上号，其他公司和阿里巴巴差距还比较大。

在 SaaS 这个领域中国公司实力并不弱，搞应用算是强项，比如我们日常使用的淘宝，就是跑在阿里云上面。关于 IaaS、PaaS、SaaS 三者的关系，可以这样解释，把 IaaS 看成一台电脑，PaaS 就是除了电脑，还提供操作系统和软件开发工具，但是目前这台电脑没有装应用软件，SaaS 就是在 PaaS 的基础上，把 Office 等各种应用软件都给客户装好了，客户直接用就好了。

在基础设施部分，2019 年 1 月 17 日，IDC 公布 2018 年上半年全球公有云 IaaS 厂商市场份额数据，在过去 5 年中，阿里云全球市场份额增长 12 倍，在 2018 年上半年全球份额超过了 IBM，一举跃居世界第 3 位，仅次于亚马逊和微软。

全球目前最大的两个云计算"玩家"亚马逊和微软，都把阿里巴巴视为全球最主要的竞争对手。微软 CEO Satya Nadella 2018 年在接受《财富》

杂志采访时，明确表示微软在公有云市场只有三个主要竞争对手，分别是亚马逊、阿里巴巴和谷歌公司。

阿里云目前仍然保持极高的增速，2018年第二季度，阿里云营收为46.98亿元人民币（7.1亿美元），同比增长93%，而2017年同期为24.31亿人民币，2016年同期为12.43亿人民币，基本上保持了每年倍增的态势。当然，阿里巴巴总体上和美国公司的差距还是很大，以2017财年为例，亚马逊云业务营收为122.21亿美元，微软为31.3亿美元，阿里云为10.9亿美元，尚有10倍的差距。

在新一代信息技术产业这个新兴产业里，还有新型电子元器件（半导体分立器件、光电子器件、半导体照明器件、光纤光缆、电阻电容电感元件）和集成电路制造等领域。这些看起来是两个领域，但其实新型电子元器件里面的半导体分立器件、光电子器件、半导体照明器件都属于半导体的范畴。所以我们可以把这些产业分为半导体、光纤光缆、被动元件三大类。

其中光纤光缆领域的技术，中国大部分已经攻克，全球份额也是最高，只是在高端领域，例如海底光缆方案、低衰减方案上还有欠缺。中国的光纤到户是全世界规模最大的，网速也在全球名列前茅，庞大的市场造就了本土厂家的崛起。

被动元件（电容电感电阻之类），这方面日本全球最强，而中国台湾厂家占据着市场最大的份额。中国2018年几家主力厂家发展情况均不错。深圳宇阳电子，是港股上市公司天利控股旗下负责MLCC（片式多层陶瓷电容器）的公司，主要专注于小微型MLCC产品，可实现大规模生产01005、0201、0402、0603、0805等规格的微型MLCC产品。其中目前较为先进主流的0402、0201生产比例较高，同时01005超微型规格产品也实现了量产，并对第三代超微型产品——08004进行预研，宇阳电子是中国大陆MLCC技术最为领先的企业之一。2018年上半年，天利控股集团的MLCC

业务收入比上年同期增长了132.6%，达到了5.653亿元人民币，税前利润更是增加了2.743亿元人民币。

国内最大的被动元件制造商风华高科，主要提供MLCC和片式电阻器等产品，也是全球八大片式元器件制造商之一。2018年1—9月实现营业收入35.11亿元，同比增长53.27%，归属于上市公司股东的净利润8.88亿元，同比增长386.52%。

潮州三环，这其实是一家以生产陶瓷材料为主的高科技公司，最主要的产品是光通信的各种接插件陶瓷产品，另外还生产片式电阻用的陶瓷基板，MLCC也是公司的重要业务之一。

受益于被动元件业务的增长，该公司2018年第三季度单个季度实现营业收入10.59亿元，同比增长31.76%；归属于上市公司股东的净利润3.8亿元，同比增长41%。

深圳顺络电子是中国最大的片式电感生产企业，也是龙头企业。该公司也在快速扩张，其2018年前三季度营业收入17.5亿元，同比增长25.88%；归属于上市公司股东的净利润3.61亿元，同比增长40.81%。该公司的业务呈现加速发展的趋势，2017年的营收增速约为14%。

艾华集团主要是做工业设备和照明设备用的电容器（笔记本电脑和手机里用的片式电容器也做，只是份额占比很小），这是我国铝电解电容龙头企业。更值得一提的是，该公司不仅能够制造生产铝电解电容，而且上游的原材料（腐蚀箔、化成箔）也自己生产，同时电容器生产设备，以及电容器品质专业管理软件系统都是自主研发，是本行业中全球少数具有完整产业链的高科技企业之一。该公司占全球中高档节能灯铝电解电容器市场的70%左右，为全球最大，德国欧司朗、荷兰飞利浦、美国GE、日本松下、东芝、海尔、海信、长虹等灯具品牌都是其客户。

艾华在铝电解电容器全球市占率位列第5。除了在照明领域做到了世界第一之外，该公司在另外一个细分领域——智能手机快充领域市占率也持续保持全球第1位，其中在中国大陆市占率达到了80%。2018年度，公司实现营业总收入21.75亿元，同比增长21.35%；实现归属于母公司所有者的净利润为3.03亿元，同比增长3.92%。

另外还有法拉电子，该公司是中国大陆最大的薄膜电容器制造商，专业从事薄膜电容器及其金属化膜制造与研发。2018年1—9月实现营业收入12.89亿元，同比增长2.54%；归属于上市公司股东的净利润为3.25亿元，同比增长9.54%。

在被动元件领域，我国还是处于比较落后的状态。当然，从全球范围来看，主要的生产商也就是集中在日本、韩国，以及中国台湾地区。实际上，中国台湾地区最大的被动元件生产商国巨电子，2018年1—9月累计净合并营收为609.37亿元新台币，较2017年同期增加169.6%，按照4.5741的汇率，是133亿元人民币左右，而同期风华高科是35亿元人民币，差距虽然大，但已经不是"银河系的距离"。再过5年的时间，中国大陆被动元件厂家体量将会增长到世界主流"玩家"的级别。

半导体领域，是2018年中兴事件发生后，举国上下都非常关注的领域。至少在太阳能发电和半导体照明（LED）方面，中国公司已经完成了逆袭，太阳能领域不用说了。在LED部分，三安光电等中国本土LED芯片公司已经实现了进口替代。当然了，LED芯片和我们一般认为的芯片是不一样的，LED芯片是发光的核心部分。

我国的半导体产业发展，其实主要是指集成电路产业，这里面有三个关键的时间节点。

第一个时间节点是2008年。这是02专项启动的时间点，到目前为止该专项已经执行了11年，大批的业内龙头企业得到国家资助，该计划的特征是布局非常完整。集成电路所有的领域，包括材料、装备、设计、制造、EDA开发工具都有考虑。例如2018年5月31日，江丰电子公告，公司主持的国家科技重大专项"45-28nm配线用超高纯系列溅射靶材开发与产业化"项目顺利通过国家02专项验收专家组的正式验收。项目正式验收通过后,预计获得政府补助资金不超过2 825.5万元。

第二个时间节点是2014年。国家集成电路大基金启动,截至2017年底,大基金累计项目承诺投资额1 188亿元,实际出资818亿元,分别占一期募资总额的86%和61%。

当然,媒体报道的数字是"大基金一期撬动了5 145亿元的社会资本投入",另外还有地方政府出资成立的各种基金,这里面总共实际投入多少,就很难算清了。关于各地的"宣称投入数字",一个是最终不一定落实,一个是项目周期本来就长达数年,把未来的投资都算在现在了。

保守估计,2014—2017年国家大基金4年实际出资818亿元,再加上地方政府和社会资本,每年投入500亿元人民币以上是合理的。这个数字与世界半导体先进地区差距并没有那么大了。当然,存在的问题是我国的投资是分散在所有的领域,相比于韩国主要投资存储器,中国台湾地区主要投资制造,在单个项目的强度上还是有很大差距。像台积电就在发布2018年Q4财报时表示,其2019年的资本开支预计在100亿~110亿美元之间,差不多700亿元人民币。

我们也可以看出来,相对于在投资方面比较"小气",主要是起跟踪作用的02专项,大基金的投入很显然要大气很多。简单地说,02专项更多是跟踪和保持技术能力,大基金则是支持产业不断走向赶超,我国已经在2018年启动了集成电路大基金二期的募资。

2018年4月25日,工业和信息化部总工程师、新闻发言人陈因在国新办举行的发布会上公开称,"当前国家集成电路产业基金正在进行第二期募集资金,欢迎各方企业参与基金的募集"。二期的规模肯定比一期更大,估计会在1 500亿~2 000亿元人民币。不过可能是因为2018年发生了中兴事件的缘故,集成电路大基金二期低调了很多,媒体报道的进展较少。

有一点是肯定的,不管是国家集成电路大基金,还是地方政府的集成电路发展基金,其投资规模都是不断增长的。另外更为重要的是,我国的集成电路企业的规模总体越来越大,到 2018 年已经涌现了一批规模超过 100 亿元人民币或者达到 100 亿元人民币的龙头企业,包括华为海思、中芯国际、长电科技、豪威科技、紫光展锐、比特大陆。这些企业自身的投入也在不断地增长。

不过当前存在的问题是,在芯片设计领域,除了华为海思遥遥领先以外,其他企业距离华为海思的差距普遍太大,未来有可能在体量上赶超华为海思的国内其他集成电路企业,只有长江存储和合肥长鑫。

华为海思有多强?2018 年其收入差不多超过 500 亿元人民币,同时华为海思在 2018 年的校招中大大地增加了薪资,导致国内集成电路相关专业应届毕业生薪资 2018 年出现了大幅的上涨,一家企业的应届生薪资改变,直接改变了整个行业的薪资态势。

第三个时间节点是 2018 年,就是中兴事件。美国以中兴给 30 多名员工发了奖金为由,指责中兴没有遵守协议,并且撒谎,处罚了 14 亿美元。同时美国上游芯片供应商的禁售,造成中兴直接业务停摆差不多三个月。这件事情对中国各大 ICT 公司的刺激很大,自主研发和摆脱对美国的依赖已经成为中国产业界的共识。

我查询了 2018 年不少公司的股东沟通记录,最被经常提到的问题就是,是否存在对美国芯片的依赖,而声称自己对美国芯片依赖更小的公司,会获得更高的估值。美国制裁给中兴造成了十几亿美元的巨大损失,极大地震动了中国的产业界,对中国 ICT 产业走向自主化的推动作用,可以说超过了任何其他力量。

工业机器人初露头角

战略性新兴产业的第二个部分,是高端装备制造产业。包括什么呢?

工业机器人制造、重大成套设备制造（深海石油钻探设备制造、石油钻采专用设备制造、矿山机械制造、拖拉机制造等）、智能测控装备制造（金属切削机床制造、工业自动控制系统装置制造、实验分析仪器、试验机制造）、智能关键基础零部件制造（液压动力机械及元件制造、液力动力机械及元件制造、气压动力机械及元件制造、机械零部件加工、滚动轴承制造等）、航空装备产业（包括飞机制造、飞机系统制造、电动机制造、航空通信系统制造、航空器修理等）、各种类型卫星制造（包括导航、测绘、气象及海洋专用仪器制造等）、各种卫星应用服务、其他航天器和运载火箭制造、轨道交通装备产业（高速列车和轨道车辆制造）、海洋工程装备和服务产业（包括潜水装备制造、水下救捞装备制造、地质勘查专用设备制造、船用配套设备制造、雷达及配套设备制造等）。

这个产业相信大家也能够找出不少代表性企业来，中国商飞、中国中车、中石油装备制造、库卡、格力智能装备等。

美国在这个产业，主要是在航空航天和能源开采装备两个领域比较领先。不过值得注意的是，这两个领域我国对美国的依赖反而比较小，这跟我国一直非常重视这两个领域自主化的技术体系有关系。

在航空领域我们尤其注重国产民航客机的交付情况。应该说现在最为振奋的消息，就是国产的 ARJ21 飞机交付速度越来越快。2019 年 2 月 22 日，中国商飞发布消息说，向内蒙古天骄航空交付的首架 ARJ21 飞机，当天从上海顺利飞抵呼和浩特白塔国际机场。至此，ARJ21 飞机已交付客户 12 架，安全运营逾 9 000 小时，运送旅客超过 27 万人次。

这尤其是对于天骄航空，具有很大的意义，因为 ARJ21 飞机的前 11 架全部是交付给成都航空的，而天骄航空成为成都航空之后全球第二家开始接收 ARJ21 飞机的航空公司。2019 年预计 ARJ21 的交付还将继续提速，我们看能不能突破 10 架的交付量。

更值得我们高兴的是，中国的大飞机 C919 预计商用时间是 2021 年。

这个时间离我们已经越来越近了,还有不到两年的时间。参考 ARJ21 的交付进度,C919 真正地开始规模化交付要等到 2025 年了,随后主要子系统零部件的国产化工作才会真正地逐步展开。因此在航空领域赶超美国是个长期的任务,我想 10 年的时间也不够,或许需要用 20 年的时间。

在某些领域,例如全球铁路轨道交通设备制造领域,仅仅从份额和销售金额上来看,中国公司已经占据了领先地位。据日经中文网的报道,全球 8 强中有两家是中国公司,分别是中国中车和中国通号,分别排在世界第 1 位和第 5 位。

总的来说,在高端装备制造领域,尽管在多个领域我国还存在较大差距,但是我国总体上并不依赖于国外。同时全球发达国家,在这个领域也是各有千秋,例如日本在工业机器人领域领先,韩国在海洋工程装备领域领先,美国和欧洲垄断全球民航客机市场,同时欧美在航天领域、能源开采设备领域领先等。

单独看美国,其实也需要其他发达国家制造的产品,例如美国的制造业部门每年要大量进口日本、德国生产的机床和工业机器人,因为全球最大的几家机床和工业机器人生产企业中,并没有美国公司。

在被各方面关注的工业机器人领域,中国在 2018 年进展还是比较顺利。中国的工业机器人产业,我认为在规模上会超过美国,全球 4 强之一的库卡已经是美的集团旗下公司。更为重要的是,主要的国产机器人龙头企业在 2018 年进展均不错。

以下为主要的几家龙头工业机器人企业的表现。

(1)来自安徽省经信厅的数据显示,2018 年,安徽省生产工业机器人 1.1 万台,增长 37.5%。

安徽埃夫特有限公司陆续收购了意大利 4 家机器人企业,形成从核心零部件到机器人整机再到高端系统集成的全产业链协同发展格局。根据中国工业新闻网的报道,2018 年埃夫特的工业机器人产量达 3 000 台,产值超过 20 亿元。

（2）广东拓斯达公司 2018 年前三季度实现营收 8.51 亿元，同比增长 67.57%；归属于上市公司股东的净利润为 1.29 亿元，同比增长 24.29%。该公司位于东莞，是属于该行业里机械技术工程师薪资较高的企业之一。

该公司 2019 年 1 月 30 日发布社招信息，机械设计工程师，要求大专以上学历即可，薪资在 6 000~30 000 元/月，还有奖金提成。应该说类似于这样的国产机器人企业的崛起，会带动一向属于就业难的机械专业毕业生薪资待遇的提高。

（3）南京埃斯顿公司 2018 年营业总收入为 14.86 亿元，比上年同期增长 38.01%；归属于上市公司股东的净利润为 1.05 亿元，比上年同期增长 12.99%。埃斯顿公司成立于 1993 年，目前公司有两大核心业务，一个是自动化核心部件及运动控制系统，一个是工业机器人及智能制造系统。其中自动化核心部件的生产，自从收购了英国 Trio 公司之后，大量应用了 Trio 公司的运动控制系统器。埃斯顿在工业机器人领域在推进"ALL Made By ESTUN"战略，目前工业机器人的几个主要组成部分，除了减速器之外，伺服电机、控制器和机器人本体埃斯顿都可以自制，是国内零部件自研比例较高的国产工业机器人企业之一。

（4）沈阳新松公司，2018 年前三季度实现营业收入 20.74 亿元，同比增长 23.69%；实现归属于上市公司股东的净利润为 3.29 亿元，同比增长 20.29%。

（5）上海新时达公司，2018 年 1—9 月实现营业收入 27.27 亿元，同比增长 5.71%；归属于上市公司股东的净利润为 0.52 亿元，同比下降 67.46%。当然，相对于其他公司，新时达的主营业务中机器人的占比相对较低，其自我定位是"全球电梯控制系统领导品牌、中国机器人行业领军企业"，其在电梯控制领域为电梯整梯厂提供电梯控制成套系统、电梯智能化微机控制板、电梯操纵箱与召唤箱、线缆、电梯物联网、电梯变频器等。其业绩在2018年表现不佳，是因为电梯控制类产品出现了下滑，而工业机器人和运动控制产品保持增长的态势。值得一提的是，新时达公司也可以自研伺服电机和驱动器，以及机器人控制器。这和南京埃斯顿类似。同样，减速器也没有看到能够自研和大规模应用。

（6）江苏哈工智能机器人公司，2018年前三季度实现营业收入18.26亿元，同比增长90.17%，归属于上市公司股东的净利润为1.01亿元，同比增长58.66%。不过比起前面的公司，该公司更像是一家整合性的平台企业，例如房地产是该公司三大业务之一。

（7）深圳汇川技术公司，汇川技术发布的2018年度业绩快报，实现营业总收入58.67亿元，同比增长22.81%；归属于上市公司股东的净利润为11.66亿元，同比增长9.97%。该公司的主要业务是工业自动化产品（电梯控制器、变频器、传感器之类）和工业机器人，可以说是我国工业自动化领域的龙头企业之一了。

当然，也有表现不好的公司，华中数控公司2018年前三季度实现营业收入4.7亿元，同比下降32.44%，实现归属于上市公司股东的净利润为负0.59亿元，同比下降1 083.46%，该公司的订单高度集中在消费电子领域。

国内机器人龙头企业，和国外巨头的差距有多大，我们看一下营收的差距就知道了。2018年国内机器人龙头企业，规模能够超过20亿元人民币就算不错了，像拓斯达和埃斯顿，都只有十几个亿人民币。而机器人的四大家族之一，总部位于瑞士的ABB集团2018年上半年的营收就有175.16亿美元，净利润12.53亿美元。日本的安川电机，2018—2019年度，销售额近300亿元人民币，利润近30亿元人民币。

虽然国外巨头都是多业务集团，但是中国的这些国产机器人龙头企业大多也是多业务。这个差距不是短期内能弥补的，但是乐观地讲，保持目前20%~30%的增速，尤其是有的企业增值速度还更快，10年后的规模将不是现在能比的。

和美国相比,中国最大的优势就是拥有大量的制造业企业,是世界工厂,而这恰好是工业机器人最大的用武之地,这给了中国国产工业机器人极大的发展空间。从长期来看,在该领域我们是可以实现领先美国的。

中国战略性新兴产业大阅兵

新材料产业

什么是新材料呢?一是先进钢铁材料,包括高性能轴承、高性能齿轮、高应力弹簧、高强度紧固件等用钢,其他还有高技术船舶、海洋工程、车轮、铁轨、高强度汽车用冷轧板等用钢,核电、超超临界火电等用钢,高性能油气钻采、高温和低温压力容器等用钢,桥梁、高强耐火耐候房屋等用钢,高品质不锈钢等。

二是先进有色金属材料,包括铝合金、铜合金、钛合金、镁合金,以及各种稀有金属制成的锻材和材料;贵金属材料制造,包括电子浆料制造、稀土新材料制造(稀土光功能材料制造、稀土磁性材料、稀土光功能材料等);硬质合金及制品制造,其他还有高纯金属制造、高性能靶材等。

三是石化类,包括高性能塑料及树脂制造、高性能膜材料(比如光学膜、电池膜)、氟硅合成材料、新型功能涂层材料、生物基合成材料、生物基高分子材料等。

四是先进无机非金属材料,比如各种陶瓷、玻璃、人工晶体、隔热隔音材料、防水密封材料、保温材料。

五是高性能纤维及制品和复合材料,包括化学纤维、碳纤维、陶瓷纤维等。

六是前沿新材料,包括3D打印用材料、超导材料、金属纳米材料、仿生材料、液态金属等。

我们可以看出来，我国列出的新材料其实有六大类，纤维只是六大类中的一种，而碳纤维又只是纤维中的一种。当然我们最为熟悉的新材料还是碳纤维，原因跟中国网络上有一群喜欢大力宣传日本制造的人群有关系。

当然，我国经过过去十几年在碳纤维领域的不断投入，龙头企业也开始逐渐形成规模，国内的光威碳纤公司 2018 年度实现主营业务收入 13.29 亿~13.77 亿元，比上年同期增长 40%~45%，归属于上市公司股东的净利润为 3.68 亿~3.91 亿元，比上年增长 55%~65%。不过该公司的财报，很大程度上来自国家的补贴扶持，在市场上的竞争力还需要加强。

另外就是中国建材旗下的中复神鹰公司。该公司在 2018 年 1 月因为量产千吨级 T800 碳纤维干喷湿纺工艺而荣获国家科技进步一等奖。中复神鹰公司计划 2020 年达到产能 1 万吨，同时外销 1 000 吨的目标。尽管该公司非上市公司，未公布 2018 年的业绩，但其官网的新闻明确表示，2018 年碳纤维销量、主营收入、净利润等各项经济指标同比实现大幅增长。

在玻璃纤维领域，我国有中国巨石这样一家世界级的公司。该公司和中复神鹰一样，也是中国建材拥有大量股份的高科技企业。2018 年前三季度，巨石公司实现营业收入 76.29 亿元，增长 18.48%，净利润 19.12 亿元，增长 23.26%，是全球最大的玻纤生产企业。

高性能陶瓷企业方面，有前面提到的潮州三环集团等。这里值得注意的是，我国在液态金属上的研究进度也算是比较快的。2018 年中国科学技术大学、澳大利亚伍伦贡大学李卫华教授研究团队和苏州大学组成的联合研究组，就首次实现了液态金属驱动的功能性轮式移动机器人。

总体来说，在新材料领域，我国发展速度很快。一个是与半导体和电子元件相关的电子化学新材料，比如给 MLCC 陶瓷电容提供陶瓷材料的国瓷材料，2018 年前三季度营收增长高达 41.23%，净利润更是增长了 127.88%。比如电子产品的显示面板，需要偏光片、滤光片、液晶材料、OLED 材料、液晶玻璃基板等各种新型电子材料产品，京东方、天马、和辉等下游面板厂家,都在不断地加大对上游国产供应商的采购力度。另一个是和新能源汽车相关的锂电池材料,包括锂电池正极材料、负极材料、隔膜纸、电解液、外壳材料等。

2018年我国锂电池标杆宁德时代的业绩疯狂增长,从中就可以想象这家企业给上游的国产锂电池材料供应商带来了多少机遇,这也是发展新能源汽车的意义之一。

再一个是与航空和军事工业发展相关的金属材料和纤维材料,我国正在不断试飞,即将在2021年投放市场的C919大飞机,就大量使用了我国自主开发的铝锂合金,这也是大飞机平台项目带动新材料发展的例子。

当然,还有我国的军事工业,最为典型的就是鞍山钢铁公司为我国辽宁号航母开发的航母甲板用钢,这也带动鞍钢提升了自己的技术实力。

生物产业

其实这里的生物,不仅指人,还有动物、农作物和园艺业、林业中的植物等。这个产业包括:生物医药产业、生物医学工程产业(医疗器械、生物医用材料)、生物农业及相关产业(种子、农药、化肥、饲料、兽药)、生物质能产业(畜禽粪污处理活动、机械化农业及园艺机具制造、生物质燃料)、其他生物业(生物基材料、生物化工制品,例如用于果树的化学品、生物相关设备比如农林牧渔专用仪器仪表、畜牧机械等)。

我国的制药业领域,绝对是以后发展的重头戏,欧美目前在这方面遥遥领先。2018年6月12日,美国《制药经理人》(*Pharm Exec*)杂志公布了2018年全球制药企业TOP50,该排名主要依据各企业处方药销售收入,与2017年相比,企业排名没有任何改变,辉瑞、诺华、罗氏、默沙东、赛诺菲依然占据前5位,研发投入这5家也最多。这份榜单里,东亚国家规模最大的制药企业武田制药,也只能排在全球第19位。这个行业以后发展起来,也会诞生大量的高薪岗位。全球营收在200亿美元以上的大型药企就有 10 家。

2018 年全球制药 TOP 50 中，我国只有两家企业上榜，一家是江苏恒瑞，一家是深圳迈瑞，也是目前中国市值最高的两家医疗产业的相关企业。这两家目前的发展都处于初始的阶段。

迈瑞位于深圳，从事的也是医疗器械这样的高利润行业，但是其薪资水平在深圳还无法达到类似华为、腾讯、大疆这样著名高薪企业的水平。恒瑞是目前国内的龙头药企，也是研发投入最大的企业，地处江苏连云港。

连云港集中了恒瑞、豪森、天晴等制药企业，初步形成了产业聚集，恒瑞和豪森之间更是有紧密的联系。

恒瑞公司 2018 年实现营业收入 174.18 亿元，同比增长 25.89%；实现归属于上市公司股东的净利润 40.66 亿元，同比增长 26.39%。2018 年公司投入研发资金 26.7 亿元，比上年增长 51.81%，研发投入占销售收入的比重达到 15.33%。更值得注意的是创新药的开发。2018 年内，有 56 个创新药正在临床开发。在创新药开发上，已基本形成了每年都有创新药申请临床，每 2~3 年都有创新药上市的良性发展态势。

新能源汽车产业

这个产业我们很熟悉了，不只包括整车，也包括新能源汽车的各种零部件，例如锂电池、电动机、发电机、各种元器件之类。

目前该产业国内最强的是比亚迪，虽然比亚迪现在销量和营业总收入连年增长，但净利润却在近两年持续下滑。2019 年 2 月 26 日，比亚迪公布的 2018 年度业绩快报，公司营业总收入达 1 300.55 亿元，同比增长 22.79%；归属于上市公司股东的净利润达 27.91 亿元，同比下滑 31.37%。一边是比亚迪的营收连续 6 年增长，一边是 2018 年比亚迪净利润连续第二年下滑，且相比 2017 年下滑幅度进一步增加。比亚迪 2017 年归母净利润为 40.66 亿，同比下滑 19.51%。

PART 4
中国创造——产业跃升时代的来临

对于净利润的下滑，比亚迪在财报里面解释是燃油车业务盈利下降，再加上手机部件及组装业务受到市场影响，光伏业务受政策变动及计提减值等因素影响，亏损于年内有所扩大。此外，融资成本的上升带来的财务费用增加也影响了集团的整体盈利。

实际上，比亚迪在2018年的销量是很不错的，在中国车市28年来首次出现负增长的2018年，比亚迪全年销量同比增长23%，为52.07万辆。尤其是新能源汽车，超出了预期，全年销量为24.78万辆，超过了年初制定的20万辆销量目标。到了2019年1—2月，比亚迪新能源车累计销量为43097辆，同比增长175%。与之形成对比的是燃油车，1月销售1.52万辆，同比下滑56.4%；2月销售1.24万辆，同比下滑47.74%。

比亚迪在自己的核心业务上，始终无法完成稳定的增长，对待撑起了公司相当一部分的燃油车业务态度不够坚定，车型始终缺乏竞争力。在电子业务上发展也起伏不定，始终不能稳健增长。

在核心业务缺乏稳健增长的情况下，比亚迪又无法完全聚焦。光伏业务亏损多年，却依然不屈不挠，不抛弃不放弃。这样一个技术完全成熟，完全拼产能和成本的产业，如此坚持对比亚迪未必是好事。

另外还有云轨业务。去做多业务的前提，是核心业务已经做好了，领先对手，但是核心业务趋向于饱和，需要开拓新的增长点。以上汽为例，2018年新能源车销量超过14万辆，同比增长超过120%，和比亚迪的差距在缩小。2019年，特斯拉也在上海建厂，竞争将会进一步加剧。

中国的新能源汽车产业，需要上汽和吉利尽快地赶上来，形成集群化，既然比亚迪一家扛不起大旗，那就只能一群企业上场竞争，看谁能出头。

2018年还出现了一件非常好的事情，就是有汽车初创公司首次实现了销售超过1万辆，就是蔚来汽车ES8发布后，交付超过了1.1万辆。但是这样的初创公司，前景还不明朗，毕竟汽车制造是一个强制造业属性的行业，即使现在逐渐电子化，也并没有因此降低其技术复杂性和制造难度。

纯电动领域的特斯拉，混动领域的丰田、宝马等仍然具有品牌和技术优势，国产汽车企业目前还看不到强力突破的迹象。

2018年的中国新能源汽车产业，仍然处于不明朗的态势。

新能源产业

一是核电产业，包括核电燃料加工，核电装备制造，核电工程技术服务等；二是风能产业，包括风能发电机装备及其各种零部件的制造，风能发电设施的运维和工程服务等；三是太阳能产业，主要是太阳能设备和生产设备的制造等；四是生物质能及其他新能源产业，包括生物质能供热和燃气生产等；五是智能电网产业，包括智能电力控制设备及电缆制造，智能电网输送与配电和智能元器件制造。

这个是我们最不需要担心的产业之一，不管是智能电网、核电、风能还是太阳能，这些技术中国都陆续突破，现在至少在份额上已经领先美国了。

2018年核电领域的大事，就是10月11日，美国能源部以中国盗窃美国核技术用于军事为由，宣布对中国采取以下措施。

（1）2018年以前批准的核电站技术转移协议，全部不再延长。其中指定的几项反应堆技术立即禁止，不管是不是2018年1月1日之前签署的技术转让协议。

（2）对中广核全面禁运，技术、设备、材料全部禁止出口给中广核及其子公司。

（3）对中国国产的"华龙一号"以及国产化的CAP1400核电站全面禁止出口零部件设备和材料，只有使用美式技术AP1000、CAP1000的核电站可以出口美国零部件设备和材料。

中广核和中兴一样，遭遇了全面禁运。但是从中广核的声明来看，中广核显得非常淡定，先是说不理解，保留法律手段维护企业合法权益；后又说该公司英国核电站项目就没有用美国技术，会继续推动项目进行。

负责"华龙一号"核电站建设的中核集团 2018 年 10 月 12 日在微信公众号回应说："华龙一号的进口设备基本没有美国提供的产品。""即使有，我们认为也不存在唯一性，所以此次禁令不会对华龙一号的建设产生影响。华龙一号示范工程福清 5 号机组、6 号机组自 2015 年开工以来，进展顺利，所有重大节点均按期或提前实现。目前 5 号机组、6 号机组均处于安装阶段，工程建设的安全、质量、进度和投资均符合计划要求。"

2018 年 10 月，美国能源部对中国两大核电高科技企业的禁运，可以说成为中国制造成色的试金石，那就是在核电领域，中国已经完全走出了独立自主的道路。

从长期来看，由于中广核和中核承担的核电站项目全世界最多，同时研发投资金额全世界最高，因此在该领域我国逐渐走向世界领先地位是可以预期的。

节能环保产业

包括各种高效节能通用设备制造（锅炉、汽轮机、液压动力机械和元件、气压动力机械和元件、风扇、空调等），高效节能专用设备制造，高效节能电气机械器材制造，绿色节能建筑材料制造，高效节能工业控制装置制造，环境保护专用设备制造，环境保护监测仪器及电子设备制造，环境污染处理药剂材料制造，矿产资源与工业废弃资源利用设备制造，城乡生活垃圾与农林废弃资源利用设备制造，工业固体废物、废气、废液处理，海水淡化等。

这两年我国大力搞环保风暴，其产生的正面效果之一，就是我国环保相关的制造业出现了高速的发展。我国环保装备业上市企业，2017 年营收排在前 5 名的企业为三聚环保、启迪桑德、龙净环保、华光股份、瀚蓝环境。

其中三聚环保表现非常突出，营收从 2014 年的 30.10 亿元增长至 2017 年的 224.78 亿元，4 年间增长了 6.5 倍，其快速增长主要得益于近年来巨大的政策红利。该企业 2012 年以前，主营收入来自净化、催化剂的生产和销售。从 2012 年开始战略转型，逐步向能源净化综合服务商转变，在积极推动各个应用领域能源净化产品（剂种）销售的同时，根据不同脱硫净化差异化需求的特点，为客户提供脱硫成套设备及脱硫服务。

其他四家主要的环保装备制造业企业，启迪桑德、龙净环保、华光股份、瀚蓝环境，2017 年营收分别为 93.58 亿元、81.13 亿元、58.49 亿元、42.02 亿元，较 2014 年分别增长了 114%、34.6%、86% 和 72.6%。

2018 年，环保装备产业在经历了暴增之后，发展大大放缓，同时受经济大环境，以及各路资本涌入该行业影响，竞争开始加剧。以三聚环保为例，2019 年 1 月 30 日发布 2018 年业绩，公司 2018 年全年净利润为 5.06 亿元，上年同期为 25.39 亿元，同比下降 80.09%。

启迪桑德 2018 年前三季度实现营收 84.8 亿元，同比增长 29.95%，实现归属净利润 8.48 亿元，同比增加 2.07%；龙净环保 2018 年前三季度营业收入 56.6 亿元，同比增长 13.8%，归属于上市公司股东的净利润 5.3 亿元，同比增长 12.56%；华光股份 2018 年前三季度营业收入 52.9 亿元，同比增长 41.87%，归属于上市公司股东的净利润 3.26 亿元，同比增长 4.34%；瀚蓝环境 2018 年前三季度营收 35.85 亿元，增长 17.16%，净利润 7.44 亿元，增长 36.3%。

总体上，环保装备产业仍然处于较快发展的态势，必然是未来制造业发展的一个增长点，这将是一个万亿销售金额的产业。

数字创意产业

这个主要是与文化相关，包括各种软件开发、动漫、游戏、广播、电视和新媒体的内容服务等。

我国目前文化输出表现比较突出的，一个是手机游戏，另一个是抖音和微信。手机游戏尤其是跟随国产手机的平台，出海力度很大。目前国内一线城市不少手游是由中小公司甚至就是工作室开发，而不少公司的老板是"90后"，在这一波手游的红利中赚了不少钱。微信在过去的几年，国际化一直不温不火，倒是以抖音为代表的视频软件，在全世界出现了下载的高潮，成为目前文化输出的最大平台。

根据 App 数据统计平台 Sensor Tower 的数据，在 2018 年 11 月全球 App Store 和 Google Play 排行榜中，抖音海外版 TikTok 已上升到第 2 名，比 10 月的第 3 名上升一个名次，而榜单前 5 名除 TikTok 之外均为 Facebook 所有——前 5 名分别是 WhatsApp、TikTok、FB Messenger、Facebook 和 Instagram。这可以说是前所未有的成就。

相关服务业

比如气象服务、研发服务、检验检测认证服务、知识产权及相关服务、创业创新服务、现代金融服务等，基本可以认为是为前面的制造业提供各种便利的产业，这个可以认为是支撑性的产业。仔细想一想，中国加强知识产权保护，国内哪些产业会受影响，会给我们普通人带来哪些机会？

距离美国还差几步

我们现在总结一下，这九大新兴产业，跟制造业相关的主要就是七大类：新一代信息技术产业、高端装备制造产业、新材料产业、生物产业、新能源汽车产业、新能源产业、节能环保产业。我们看一下美国在这七大类里的领先程度。

信息技术就不用说了，美国在全世界遥遥领先，但是中国追得很紧，华为和阿里巴巴已经走在了比较靠前的位置。

操作系统和半导体领域，美国仍具有绝对领先的优势。但是中国公司在平台方面，已经逐渐赶超美国，对操作系统和芯片的投入也在逐渐加大。

2018年在中兴事件刺激下，工信部创建了芯片和操作系统工程，这意味着，中国不管是企业还是政府层面，在2018年在这两方面的投入意识和力度都上了一个层次。在未来10年，我们会看到中国公司在这两方面不断给予我们惊喜。

高端装备这方面，美国的代表产业有：全球油气资源开采装备和服务，以民航客机和军用飞机为首的航空产业（波音、洛马），以卫星为核心的航天产业（最为典型的是GPS），以及军工产业。

当然美国也并非处处领先，比如轨道交通，现在很明显中国就赶上来了。中国中车占了全球高铁70%的份额，而美国现在是不能制造高铁的。不仅是高铁，美国现在各种地铁车辆也要从中国、日本，以及欧洲进口。

另外工业机器人和机床产业，美国总体上是落后日本和欧洲的，实际上美国每年从德国、日本都进口不少机床和工业机器人。不管是机床还是工业机器人，全球排前几位的巨头公司都来自日本和欧洲，根据美国高德纳咨询公司的调查数据，2017年全球整体机床产值为873.97亿美元。调查是以2001年以后，机床进口额达到100万美元以上的60国为对象。

依国家产量来看，中国为245.2亿美元，已连续10年居首位。位居第2位的日本为133.42亿美元，2016年居第3位，排序上升。排名第3位的德国为129.96亿美元。居第4位的意大利为60.3亿美元，已连续2年超过60亿美元。居第5位的美国为58.4亿美元，比前一年增加约10%，顺利增长。

以上前5位国家，即占全球整体机床总产量的72%。我们可以看出，在机床生产这一方面，中国在中低端部分占有比较高的份额，但是高端部分依旧是日本和德国最为领先，美国在这一部分并非全球最领先的国家。

美国最为核心的军工装备、航空航天和油气开采装备，中国都有比较高的自主化程度，从中可以看出我们从新中国成立以来70年的持续投入是有效果的。至于以后谁会更领先，这要取决于中国在这几方面的市场化开放程度，军工、航空航天、油气开采三大领域，我国都还是以国企为绝对的主导，民营企业参与比较少，国企具备重资产重资本投入能力。但是效率相对较为低下的国企，和资本能力相对较差，但是效率更高较为灵活的民营企业进行组合，相当于篮球比赛中的中锋和后卫，互相配合才能赢得比赛。这也是我国现在的一个改革方向，军工装备、航空航天、油气开采装备都在不断地开放和吸引民营资本参与。2018年我国民营航天的蓬勃发展，以及民营油气装备企业不断获得海外订单都是积极的变化。

美国在新材料领域，总体上处于领先地位，但不是绝对领先。材料最终是要应用到下游产业的，因此材料领域具有下游产业带动上游新材料发展的特性。以电子科技为例，由于全球电子科技的制造已经大量地转移到了以中国为核心的东亚国家，电子科技所需要的新材料技术，以及对应的产业化能力，大多掌握在东亚经济体手中。

以半导体材料为例，日本占了全球50%左右的份额，是最领先的国家。美国也占有不少份额，但是总体少于日本。中国大陆现在也出现了半导体材料公司的全面兴起，尽管目前体量还非常小。

再以目前最为火爆的OLED显示面板为例，其上游的原材料，最为领先的是日韩，中国大陆现在也在紧紧追赶。美国只是在部分领域领先，比如美国康宁公司制造的显示面板用的玻璃基板。

其他例如汽车新材料领域也类似。虽然美国在汽车新材料领域有类似3M电气这样的企业，但是并没有处于说一不二的绝对领先地位。

美国比较领先的新材料，比较集中于美国下游平台遥遥领先的领域，比如军工装备、航空航天等领域，美国F22战机的隐身涂料、美国火箭的外层涂料、各式航天器的金属材料和涂料等，实际上就是强大的下游需求带动上游材料开发的例子。

生物产业不用说了，美国拥有极大的优势。不管是医疗器械，还是制药业，美国都是世界领先。另外农业和林业使用的各种机械和化工产品领域，美国也是全球佼佼者。亚洲在这些领域就比较落后，这个也是欧美国家的最大优势领域之一。

新能源汽车领域，全球具有代表性的公司就是特斯拉。但总体而言，美国在该领域并不能做到绝对技术领先。例如电池技术就要依赖于亚洲。

新能源领域，可以说中国领先于美国。风电、太阳能发电，中国都是世界第一，美国并不占优势。核电领域美国虽然处于第一集团，但是也非领先世界。另外，核电站以后会集中在中国。

节能环保产业美国并不占优势，各种环保节能设备，反而是日本做得比较好，这跟日本自然资源短缺有关系。自然资源丰富的美国，对节能的动力没有日本大。

这七大产业领域里面，美国真正能够做到绝对领先中国的，就是生物产业（制药+医疗）。这个领域我国目前还处于产业发展的初期，不过值得欣喜的是，已经形成了一批百亿人民币级别的企业了，至少有像样的选手能够上场比赛了。

另外就是信息技术产业，美国也有很大优势。这是七大产业里面利润最高、市场最大的产业，全世界市值最高的企业高度集中在信息技术产业里面。美国打压华为最狠，背后的实质还是因为利益，华为是中国信息技术产业最为强大先进的公司，跟几乎所有的美国ICT公司产生了正面竞争，美国当然要打压，毕竟利益至上。

除此之外，还有高端装备制造，比如高端装备制造里面的科研仪器仪表，我国各大科研院校使用的各种科学仪器，需要大量从美国进口。还有油气开采装备，美国也领先我国较多，虽然我国国产油气装备厂家现在也在和美国人抢市场。另外就是美国的先进军工装备和航空航天领域了，我国在这两个领域追赶得也比较快。

除去生物产业、信息技术产业、高端装备制造产业三大项之外，其他四项：新材料产业、新能源汽车产业、新能源产业、节能环保产业，我国除了新能源产业可以说在份额上领先美国之外，总体还是落后。这里面新能源汽车产业的市场最大，也是未来争夺的焦点，所幸的是我国对这方面非常重视，技术并没有代差，就看我国相关的新能源汽车公司的表现了。

最后，在以上七个制造业相关的产业之外，我们再说一下"数字创意产业"。这是我国官方定义的新兴产业。其实对应的就是文化创意产业了，这个美国毫无疑问领先全世界，而且能够做到润物细无声。

我发现，现在国内小孩看的各种儿童读物、儿童绘本，不管是网络上销售的，还是早教班里面贩售的，还是书店里面卖的，基本都是外国儿童读物的翻译版。里面的人名、地名、生活的场景、城市的样貌和布局都是外国的场景。想一下，如果有一本儿童绘本，能把我们最熟悉的深圳莲花山公园、北京的北海公园、上海的街巷画出来，反映中国的场景、中国的人物和地名、中国的故事，该多好！可惜我现在还没有找到。

随着中国人日益富裕，有能力消费文化产品的家庭越来越多。在满足了基本的温饱需求之后，中国人对文化消费产品的要求在日益提高，对被尊重的需求也在日益提高。这几年，仅从电影来看，《战狼2》《红海行动》《流浪地球》连续创造了票房奇迹，而从电影本身来讲，它们在剧情等各方面真的有那么出色吗？是电影题材本身散发出的吸引力，中国人在境外消灭恐怖分子，中国人拯救地球，以及由中国团队做出的科幻电影特效，极大地吸引了观众走进影院。实际上，这是中国人民在物质上走向富裕，在精神上需求层次提升的结果。

中国人逐渐不再满足于只是阅读和消费外来文化的翻译品，而是需要更高层次的原创精品文化成果。不只是电影，各种儿童读物、服装品牌等都是这样。以服装为例，电商中本土设计的原创服饰店铺越来越多，而非直接引进按照欧美人体型设计的外资品牌服装和饰品。

从这个意义上讲，这也说明我国文化创意产业拥有巨大的潜力和机会，这简直是一座金矿，满足了人民群众日益增长的精神文化需求，就可以获得很好的经济回报。

以上是对中美新兴产业的一些介绍，我们只要做到能够对竞争的大格局心里有数，就不会随便被人忽悠，也会对中国在发展和超越美国过程中的各种风浪和起伏保持镇静。

第十四章
目标只有美国——崛起的中国人工智能

人类未来10年或者说20年最赚钱的行业，是移动互联网、大数据、云计算和人工智能。为什么ICT公司估值高？因为人们看的是预期，看的是未来。全球市值最高的公司，前7位都已经被ICT公司占据：苹果、谷歌、微软、亚马逊、Facebook、腾讯和阿里巴巴。

全球7强里，6家是做软件和服务的，只有苹果做硬件。实际上，苹果也是软件公司，软件的价值已经大大高于硬件的价值，这是一个趋势。请注意这不是说硬件不重要。

当然问题来了，全球市值20强，排名8~20位的13家公司都是干什么的？有7家是金融机构（银行、投行、VISA支付），另外还有1家能源公司埃克森美孚，1家零售商沃尔玛，1家医疗产业公司强生，1家日化产品公司宝洁，剩下的2家也是ICT公司，三星和台积电。

市值代表了对未来发展的预期，我们可以很清楚地看到，全球市值20强，除去金融和零售，单看科技公司，12家公司有9家是ICT产业公司。

移动互联网我们已经非常熟悉了，我们玩的手机在线游戏、直播、社交、移动支付、手机购物都是基于移动互联网的业务。

美国领跑，中国追赶，其他国家重在参与

大数据、云计算和人工智能三者有什么区别呢？

简单地说，云计算一般用于数据中心，可以看成是基础设施以及基于需求对设施资源分配，没有云就没有对大数据的汇总和存储，所以云计算和大数据总是在一起。云计算可以根据用户需求对几十万台甚至上百万台服务器的存储和计算资源进行协调和调用。百度、微软、谷歌、亚马逊、阿里巴巴的云计算中心，都有几十万台甚至上百万台服务器，根据用户不同的需求进行资源调用和管理。

人工智能可以看成是算法。我们可以用一个例子来说明，你的大脑就是一个拥有数十亿神经触突的云计算中心，能够存储和分配资源。而你的意识就是人工智能，能够听懂语言说的是什么，能够识别图像是什么东西，比方说把你看到的图像和你大脑里存储的图像比对，识别出这是一条狗，这就是人工智能。但是你的意识并不会去决定数十亿个神经触突中哪些参与此次计算，那是你的大脑自主完成的。

当然，这只是一个不恰当的比喻，实际上，云计算和人工智能的边界是模糊的，很难严格区分。也可以这样说，云计算必然会用到人工智能，但是人工智能却不只是应用于云计算。

人工智能将会广泛地应用于各行各业。自动驾驶汽车、智能手机（比如人脸识别）、机器人，甚至一个摄像头都可以应用人工智能。2017年底在乌镇举行的世界互联网大会，如果看嘉宾们的发言，会发现一个共同点：所有的公司大佬、所有的行业专家都在谈论人工智能。

本文谈论全球人工智能产业的发展情况，目前来说，这个产业还处于初期发展阶段。但是非常明显的是，目前人工智能处于中美领跑世界的阶段。当然这个领跑，主要是中国跟着美国跑，美国是领跑者，中国是跟跑

者。至于其他国家，大多处于重在参与的阶段。

人工智能产业初创公司的数量

根据 Venture Scanner 的数据，截至 2017 年 6 月底，全球专业从事人工智能的初创企业总数达到 2 542 家。中美两国在这一新兴产业中居于明显的领先位置，两国人工智能初创企业总数占据全球人工智能初创企业总数的三分之二，遥遥领先于其他国家，构成人工智能产业的第一集团军。这个统计里面，美国 1 100 家左右，中国 600 家左右，其他国家的总和 800 多家。

中国除了 BAT 三巨头和华为在做人工智能，另外有语音识别最为知名的科大讯飞，从科大讯飞近 10 年营业收入来看，2016 年的营业收入 33.2 亿元人民币是 2008 年 2.58 亿元人民币的近乎 13 倍，总体营收增长较快。

由于科大讯飞与 BAT 三巨头巨大的体量差距，必然面临来自三巨头的激烈竞争。从数据来看，科大讯飞在孤注一掷地壮大自己，目前科大讯飞的体量只有阿里巴巴和腾讯的五十分之一，只有百度的二十分之一不到。2017 年科大讯飞前三季度管理费用达到 8.15 亿元，同比增长 60.57%，超过 2016 年全年管理费用的 7.29 亿元。什么是管理费用呢？管理人员的工资、员工的社保支出、对客户的业务招待费、差旅费用等，这说明科大讯飞在不断加大业务拓展和市场开拓力度。

科大讯飞的研发投入 2017 年前三季度约为 5.11 亿元，同比增长 55.85%，占营业收入的比例高达 15% 以上，研发投入高速增长保证企业的竞争力。到 2017 年，科大讯飞营收增长由 2016 年前三季度的 27.9% 上升到 2017 年前三季度的 58.16%，三个季度总营收达到 33.87 亿元，超过了 2016 年全年的 33.2 亿元。但是同时，由于研发投入、管理费用、销售费用等的大幅上升，2017 年前三季度净利润由 2016 年同期约 2.78 亿元降为 1.69 亿元，降幅达 39.45%。

科大讯飞最大的风险就是遭到 BAT 三大巨头的碾压，其必须迅速地壮大自己的体量。当然，科大讯飞并不孤单，背后还有当地政府的支持和补贴。争分夺秒不计利润地扩大营收，才能在巨头市场中生存。像国内 AI 最强的百度，2016 年研发总费用为 101.5 亿元人民币，占总营收的比例高达 14.3%，这个研发费用就是科大讯飞营收的 3 倍了。

其他还有近几年来涌现的中科寒武纪、依图、智齿客服、深鉴科技、碳云智能、出门问问、商汤科技、达闼科技、地平线等一大批初创型人工智能企业，在智能芯片、计算机视觉、语音识别、智能生活解决方案和医疗基因等领域形成了竞争优势，并在各自领域内的技术领先度或市场占有率上领先。

目前中国人工智能创业公司所在的排名前 3 的领域为：计算机视觉与图像，有 146 家公司；智能机器人，有 125 家公司；自然语言处理，有 92 家公司。请注意机器人排在第 2 位，以后机器人的发展趋势会和手机一样。手机硬件当然会很赚钱，但是做手机软件，例如微信、支付宝什么的，总的趋势会比硬件还要赚钱。

请注意，中美以外，只有英国还算有点规模。实际上，在过去 5 年英国诞生了不少人工智能初创企业，但是由于英国缺乏巨头科技公司，因此这类初创企业大量被美国科技巨头公司收购。

再一次强调，一个国家必须要有巨头公司，一个产业必须要有龙头企业，都是些小而散的企业，产业肯定发展不起来，和国外巨头竞争就是被碾压的命运，英国就是典型。

以英国的人工智能公司为例，纷纷被国外巨头收购：

2011 年，惠普以 104 亿美元收购擅长语义处理的英国公司 Autonomy；

2013 年，亚马逊用 2 600 万美元收购英国语音搜索公司 True Knowledge；

2014 年，谷歌以约 4 亿英镑的价格把 Dark Blue Labs、Vision Factory 两家专精深度学习的英国公司收入麾下；

2017年初，微软以2.5亿美元价格收购英国企业SwiftKey；

2017年6月，Twitter宣布以1.5亿美元收购伦敦的机器学习和视觉处理技术开发商Magic Pony；

2017年底，三星公司投资人工智能芯片公司Graphcore。

除了人工智能公司以外，英国还有一些明星科技公司，例如我们熟知的ARM公司被日本软银收购。再比如苹果公司移动GPU的芯片供应商Imagination公司2017年被中国资本收购。

除了Venture Scanner的数据，我们再看看腾讯研究院进行的统计。截止到2017年6月全球人工智能初创企业的数量分布，全球总共2 617家，美国1 078家，占全球41%；中国592家，占全球23%。

人工智能企业融资情况

美国在人工智能领域领先优势明显，既是目前全球人工智能企业数量最多的国家，也是全球人工智能领域投融资最活跃的国家。过去一年在有记录的创投记录中，融资金额超过全球其他所有国家的总和。

其次，中国融资规模呈爆炸式剧增态势。据IT桔子数据显示，截止至2017年6月，我国创业投资机构共发生767项针对人工智能的投资案例。从投资金额来看，2014—2016年，年均涨幅在80%左右，呈现出疯狂的涨幅。

我们看一下来自腾讯研究院的数据，从1999年到2017年上半年，全球各国人工智能产业融资情况，注意是18年的累计融资金额，美国人工智能融资金额为978亿元人民币，占据全球总融资50.1%，超过全球其他国家总和。中国人工智能融资金额为635亿元人民币，占据全球33.18%，超过除美国外其他国家总和。其他国家合计301亿元人民币，占全球15.72%。

从融资情况看，中国投资者在应用层关注得更多。中国人工智能企业中，融资占比排名前3的领域为：计算机视觉与图像，融资额为143亿元人民币，占23%；自然语言处理，融资额为122亿元人民币，占19%；自动驾驶及辅助驾驶，融资额为107亿元人民币，占18%。

我们看到，中国的自动驾驶及辅助驾驶企业虽然数量不多（只有31家），但融资额却排名第3位，表明中国投资者非常看好这一领域。

再一次强调，视觉和图像识别、自然语言处理和自动驾驶三项目前最火热。

另外一个现象非常明显：我国以前是资本短缺、人力富余，因此资本很贵，人力很便宜。当年我国各个地方政府近乎乞求式吸引外资，就体现了资本的极度短缺，以及对资本的渴望。而今我国正在逐渐走向资本富余甚至过剩的年代，而随着生育率的下降人力在逐渐走向短缺。资本富余表现也非常明显，大量的创业公司和初创公司都能获得各种各样的融资，国内各种投资资本和投资人越来越多。

从长期看，涌入人工智能的投资额会越来越大，而人力走向短缺也非常明显。你有没有发现现在人工越来越贵了，比方说，你家里换个水管，你的门换个锁，你找人安装一个家具，收费都不便宜。

人工智能论文数量

《日本经济新闻》和学术出版巨头爱思唯尔（Elsevier，位于荷兰阿姆斯特丹）共同分析了全球有关人工智能（AI）的论文的动向，主要是各国研究机构和大学关于人工智能的论文被引用的次数。统计时间段为2012—2016年，在排名世界前100位的机构中，美国有30家总数排名第1位，中国有15家排名第2位，日本只有东京大学1家入围，排在世界第64位。

如果看全球前10的机构，美国有5家，中国有2家，其中中科院排名世界第3位。法国、新加坡、加拿大各有1家。

另外一个数据，日本文部科学省统计调查了AI研究领域有权威的三个国际会议。参加这些会议之前都有专家审查，获得通过的还不到3成，只有水平高的成果能发表。以 2010—2015 年举行的会议为对象，按照发表者、所属机构和国籍等进行了分类。

从最具权威的美国人工智能学会的国际会议来看，最近 3 年来，美国和中国的发表成果出现激增。2015 年美国的大学和企业的发表成果达到 326 项（48.4%），比例最高，其次中国为 138 项（20.5%）。两国占整体的约 7 成。而日本排在第 8 位，仅为 20 项（3%）。

另外我们从 AAAI 会议的论文数量也可以看出来，AAAI 成立于 1979 年，名为"人工智能促进协会"（Association for the Advancement of Artificial Intelligence），是全球人工智能顶尖会议之一。

2016 年，AAAI 宣布 2017 年的年会将于 1 月末在新奥尔良举行，但由于日期跟中国春节撞车，AAAI 不得不因此改期。"没人会把 AAAI 安排在圣诞节。"AAAI 现任主席苏巴劳·卡姆巴哈帕蒂（Subbarao Kambhampati）说，"我们几乎立即改变计划，将会议往后挪了一个星期。"2017 年第 31 届 AAAI 年会最终改到 2017 年 2 月 4 日在旧金山举行。卡姆巴哈帕蒂说，他最初在国际人工智能会议上看到中国研究人员时，他们通常都来自清华大学和北京大学。但他现在已经看到来自中国各地的研究人员发表的论文，而不限于最顶尖的高校。

2016 年，AAAI 在全世界范围内评选了 6 位 Fellow，3 位都是华人。特别是南京大学的周志华教授，是完完全全在中国大陆成长起来的学者，周志华现在是南京大学计算机科学与技术系副主任。

根据周志华教授发布的统计结果：

AAAI 2017 共收到 2 590 篇投稿，录用 638 篇，录用率为 24.6%。其中中国投稿 785.4 篇，录用 172.4 篇，录用率为 21.95%；美国投稿 776.4 篇，录用 189.9 篇，录用率为 24.46%。有些论文是合著，所以会有小数点。在投稿数上，中美占了 60.3%，在录用数上，中美占了 56.8%。

周志华教授在 2017 年 AAAI 年会上当选 2019 年 AAAI 的程序委员会主

席。这在 AAAI 历史上尚属首次，充分表明了中国 AI 影响力。

清华大学计算机科学与技术系 2017 年有 5 篇论文被 AAAI 收录，北大、复旦、浙大也均有论文收录。值得一提的是，除了中国的高校有大量论文被录用之外，中国的科技公司也有不少论文被 AAAI 收录。百度、腾讯、华为、360、今日头条、携程、iPIN 公司等都有论文被收录。其中百度有 2 篇，其中一篇内容为如何对人力资源实现人工智能化的管理。

有意思的是，携程也有一篇论文被会议收录，一家旅游网站居然也有人工智能研究团队，该文章基于携程自主研发的通用化推荐系统写成，携程团队称系统采用了深度神经网络的自动编码技术，有效地提升了用户的出行体验。

华为诺亚方舟实验室的李航团队的入选论文，是关于端到端神经机器翻译（NMT）的论文。360 首席科学家颜水成教授的团队今年也有论文入选 AAAI 2017，主要内容是多路径图像处理。

在 AAAI 的 All in Pratice 这个环节，主要是讲人工智能成功的产业化实践，此次被邀请发表演讲的有百度副总裁王海峰，其他演讲公司有谷歌、Facebook、亚马逊、Uber 和纽约大学、Quora 公司。所有的演讲公司都来自中美。

百度前首席科学家、人工智能大佬吴恩达在 2017 年 AAAI 年会上接受记者采访时说，随着科学研究的逐步成熟，中国人工智能也自成一派。他还记得，在 2016 年 12 月参加了巴塞罗那的国际会议 NIPS 后，立刻就出现了一些相关的中文报道。但他却没有看到英文信息。语言问题造成了一种不对称的现状：中国研究人员往往都会使用英文，所以他们可以接触到所有用英文呈现的成果。但英文研究人员却不太可能接触到中文人工智能领域的成果。中国人工智能的发展竟然开始出现了中文信息领跑的趋势。

中国人工智能的机遇与问题

从前面的数据，我们可以很明显地看出，不管是论文数量、产业公司数量、融资金额，中国和美国都稳稳地领跑，但是这不代表不存在问题。

第一个问题是和美国的技术差距。

不管是 AAAI 还是其他国际顶级人工智能学术会议，尽管我国入选论文不断增多，但是最佳论文总体还是比较少，以 AAAI 为例，我国只有在 2012 年由浙江大学团队获得最佳论文。

国家千人计划专家、微软亚洲研究院前副院长张峥评论说："我个人一直认为中美差距在加大，不是我们走得慢，而是别人跑得快，我纽大的同事 Cho 刚刚写完一篇非常好的学术长文，对深度学习在自然语言处理子领域做了总结和展望。能进入这样的 review 可以认为是真正有影响力的：在 120 篇文章中，来自大陆地区只有 10 篇（华为实验室 3，百度实验室 2，北大 2，中科院、清华、哈工大各 1），就是说不到 10%。视觉、智能等分领域的情况不会差太多。饶毅曾把李开复和我拉在一起说过这事，我们都同意中国落地会更快，但核心技术缺乏实力和后劲。"

人工智能主要分为技术层、应用层和基础层。技术层包括人工智能通用技术平台（例如计算机视觉与图像、自然语言处理、语音识别），例如百度发布的阿波罗自动驾驶平台。应用层包括人工智能行业应用方案、消费类终端或服务等。基础层包括人工智能芯片、算法和数据。相比美国的全产业布局特征，中国主要集中在应用侧，在技术层和基础层只是局部有所突破。

第二个问题是人才的缺乏。

中国人工智能产业极其需要人才。据腾讯研究院的报告，中国近 600 家人工智能初创公司中有近 4 万名员工，且中国人工智能产业的主要从业人员集中在应用层,而美国主要集中在基础层和技术层。中国的基础层人才太薄弱,中国的很多高校在很长时间内并没有人工智能专业,而在人工智能的诞生地美国,基本上大的院校都有人工智能专业和研究方向。以美国卡梅隆大学为例,设有专门的机器人研究所,其中光教授就有100多位。

当然,中国蓬勃发展的互联网产业,也让企业界成为人工智能人才培训集中地。除了初创公司的4万名员工外,中国的产业界人工智能人才主要在BAT和华为为首的企业,其中百度在人工智能方面是中国最大的人才集中地。

据人才大数据研究院2017年4月发布的《BAT人工智能领域人才发展报告》显示,在人工智能人才储备上,百度处于领衔的地位,数量多于腾讯和阿里巴巴。

百度目前在国内人工智能领域处于领军地位。我在腾讯发布的《2017互联网科技创新白皮书》中发现了这样一句话,也是腾讯对BAT三家人工智能人才现状的评价:"百度正在扮演人工智能国内人才'黄埔军校'角色","阿里偏向高薪引才",而腾讯对自己的评价是"稳扎稳打实现人才高效产出比"。

对中国的年轻学生来说,人才的紧缺同时也意味着机遇,好好投身人工智能领域搞研发,毕业几年内年薪30万以上并不难。

当然,在人工智能领域,对中国来说更多的是机遇。

首先是人工智能已经上升为中国的国家战略,2017年7月,国务院印发《新一代人工智能发展规划》,从国家层面对人工智能进行系统布局,《新一代人工智能发展规划》确立了"三步走"目标:

到2020年人工智能总体技术和应用与世界先进水平同步;

到2025年人工智能基础理论实现重大突破,部分技术与应用达到世界领先水平;

到2030年人工智能理论、技术与应用总体达到世界领先水平,成为世界主要人工智能创新中心。

到 2030 年人工智能核心产业规模超过 1 万亿元，带动相关产业规模超过 10 万亿元。

应该说，在中国这么多发展规划里，罕见的是人工智能的规划非常霸气和自信，国务院很清楚目前人工智能就是中美竞争，其他国家基本只能重在参与。

用直白的话来说：

第一步到 2020 年是要所有领域紧跟美国，美国有的我也有，只是落后而已；

第二步到 2025 年和美国互有领先；

第三步到 2030 年总体要领先美国，容忍局部落后美国。

中国压倒性的规模优势已经在逐渐形成。

人工智能发展的发动机，其实就是两个——资金和人才。

虽然这两项目前美国都领先中国，但是对中国来说，由于中国庞大的人口规模和海量的理工科毕业生，不缺乏高智商的人力资源，只要给予合适的产业环境，他们能迅速地在实际研发中成长为人才。

中国庞大的规模，为中国人工智能产业的发展提供了巨大的原动力。截至 2017 年 6 月，我国网民规模达到 7.51 亿，互联网普及率为 54.3%，较 2016 年底提升 1.1 个百分点；截至 2017 年 6 月末，中国移动宽带用户（即 3G 和 4G 用户）总数达到 10.4 亿户，4G 用户总数达到 8.88 亿户，占移动电话用户的 65.1%。其中手机网民规模达 7.24 亿，网民使用手机上网的比例高达 96.3%，移动互联网居于绝对主导地位。

海量的互联网用户带来了庞大的市场，2017 年 6 月，中国有 6.25 亿人上网看新闻，5.14 亿人用网络购物，5.11 亿人使用网络支付，4.22 亿人玩网络游戏，3.53 亿人看网络文学，5.65 亿人看网络视频，5.24 亿人听网络音乐。

这种 4 亿到 6 亿人体量的用户，超过了美国人口，和欧洲人口总量差不多，而且还在进一步增长。这让中国人工智能公司拥有巨大的市场，每一项技术投向市场，得到的回报都会比小市场要高得多。

据普华永道对人工智能产业的发展前景的预测，到 2030 年，中国的人工智能产业规模为 7 万亿美元，是世界第 1 位；美国人工智能产业规模为 3.7 万亿美元，是世界第 2 位；欧洲人工智能产业规模为 2.5 万亿美元，是世界第 3 位。也就是说，中国的产业规模会比美国和欧洲之和更大。

规模优势会给自己带来巨大的价值，同样是一项技术，在中国应用会让企业赚到更多的钱，反过来刺激企业进一步加大研发力度，形成正向循环。在中美以外的其他国家，除了英国的高校和初创公司还具备较强实力以外，总体都已经大大落后。

日本企业整体上在人工智能领域进展相对较慢，主要因为日本企业重视硬件、轻视软件的传统，导致业界对人工智能的重视不够。即便是目前人工智能持续火爆的情况下，日本学界和工业界仍然持续有对人工智能的质疑声音，认为这不是未来产业的发展方向，日本在内部仍然没有完全统一认识。

2008—2013 年，来自日本的人工智能领域科研论文只占全球人工智能论文总数的 2%，远少于美国和中国。除了论文以外，日本在人工智能初创企业方面完全落后，"独角兽企业"只有一家。

2017 年 12 月，美国 CBInsights 统计，日本估值超过 10 亿美元的"独角兽企业"初创公司只有 Mercari 一家，该企业还是以做二手电商交易平台为主，并非人工智能科技企业。《日本经济新闻》以日本国内企业为对象实施的"NEXT 独角兽企业调查"显示，只有人工智能企业 Preferred Networks 的估值超过 2 300 亿日元，这也是日本唯一一家估值超过 10 亿美元的人工智能初创企业。

2017 年 12 月 7 日，日本汽车公司本田与中国人工智能企业商汤科技联合宣布：两家公司签订长期合作协定，共同研发自动驾驶技术。其中本田提供车辆控制技术系统，商汤科技提供视觉演算法和开发平台，共同研发适合乘用车场景的L4级自动驾驶方案。此外，本田未来还将与商汤科技在机器人方面展开合作。

什么是L4级自动驾驶呢？

美国高速路安全管理局将汽车的自动驾驶分为五个级别：驾驶支援（L1）、部分自动化（L2）、有条件自动化（L3）、高度自动化（L4）、完全自动化（L5）。

简单地说，L3是人机共驾的过程，要求驾驶员可以撒手，但又要随时准备接管；到了L4级，根据系统要求，驾驶者不必对所有的系统请求做出应答，包括限定道路和环境条件等；而L5级则代表了完全自动化驾驶，是人们理想中的无人驾驶状态。L4级要求对环境识别率达到几乎100%，同时又要有极高的安全能力防止黑客入侵。业界普遍认为，L4级水平的自动驾驶要想能在所有的道路上行驶，2030年也不一定能实现。

在这起合作中，中国公司事实上是作为平台和算法的技术输出方，而本田提供的汽车控制系统还是属于汽车技术的范围。实际上，此次与本田的合作，商汤不仅提供视觉演算法和平台，还提供用于自动驾驶的芯片和嵌入式系统。

本田未选择自主研发是有原因的，自动驾驶对演算法及开发平台提出了严苛的要求，技术攻关难度极高，包括谷歌、苹果、特斯拉等在内的国际科技巨头均进行了持久的投入。

实际上，就连大众、现代这样的世界前5的汽车公司都选择和硅谷的人工智能初创公司Aurora进行联合研发自动驾驶系统。Aurora于2016年成立，创始人包括机器人专家Drew Bagnell、前谷歌员工Chris Urmson和前特斯拉员工Sterling Anderson。大众准备把和Aurora联合研发的自动驾驶技术融合到整个大众品牌和不同产品中，包括通勤车、货车、自动驾驶卡车等。

对韩国现代汽车来说，这也是首次和其他公司进行自动驾驶的技术合作。传统上，韩国汽车制造商一直坚持自主研发，而非合作的策略。然而现今也选择和硅谷科技公司合作，这也充分说明研发自动驾驶技术的难度。

韩国与德国的汽车企业和美国人工智能公司合作，日本汽车企业和中国人工智能公司合作，体现了美国和中国在人工智能方面的领先地位。

说起商汤科技，2017 年 7 月，商汤科技以 4.1 亿美元的 B 轮融资，创下当时全球人工智能领域单笔最高融资纪录，跻身 AI 独角兽行列；2017 年 12 月，阿里巴巴向其投资 15 亿元人民币。商汤科技成立于 2014 年 10 月 15 日，创始人为汤晓鸥。汤晓鸥博士毕业于麻省理工，是中国科学院深圳先进技术研究院副院长、香港中文大学教授。2016 年，汤晓鸥所在的研究院和香港中文大学联合实验室入选 NVIDIA 评出的全球人工智能的十大先锋实验室，成为亚洲区唯一入选的实验室。

汤晓鸥团队也是人脸识别准确率世界纪录保持者。2014 年初，Facebook 发布了 DeepFace 算法，准确率接近于人眼识别能力（97.53%）的 97.35%，引起了世界轰动。2014 年 3 月，汤晓鸥团队发布 GaussianFace 人脸识别算法，在 LFW 数据库上准确率达 98.52%，在全球首次突破人眼识别能力。从 2014 年 6 月起，汤晓鸥实验室开始发表的 DeepID 系列算法，逐步将人脸识别准确率提升至 99.55%，开启了整个人脸识别行业技术落地的时代，令我国在该领域跃居世界领先地位。

2017 年 9 月 20 日，新加坡总理参观商汤科技，专门参观体验其人脸识别技术；2017 年 11 月 28 日，华为在荣耀 V10 发布会上展示了自主研发的人脸识别系统，该项技术就是由商汤科技提供。目前商汤科技已经发展到了 1 500 人，除了人脸识别外，也进军汽车自动驾驶领域。

汽车自动驾驶技术被认为是目前人工智能项目中复杂度和技术要求最高的项目，对技术的要求相当严苛。英特尔中国研究院首席工程师吴甘沙曾撰文，人工智能系统算法太复杂，一辆奔驰 S 级轿车的代码行数，是一架波音787梦想客机代码行数的16倍，它要处理的环境比天上复杂得多。

我们在道路上会遇到飙车党、快递员、闯红灯小电动、碰瓷老头、乱跑的小孩、横穿马路的行人、铁道路口、损坏的红绿灯、指挥你行进的交警、石头障碍物，甚至牛羊挡路、倒下的树木等各种复杂情况，每一种情况都有巨大的代码量。

本田在其对外的稿件中指出，商汤科技在运用深度学习原创技术进行图像识别，特别是移动物体识别方面拥有先进技术，在全球享有很高评价。

我认为，全球所有的汽车公司，由于其技术实力和研发架构都集中于硬件，因此在自动驾驶领域，除了并不是传统厂家的特斯拉以外，都没有通过自主研发成功的基因。那些凡是说要完全自主研发自动驾驶的汽车公司，除非从架构到业务上做出颠覆性的改变，否则很难成功。自动驾驶等级从L1到L5，越往上越难。这些汽车公司必须以各种方式和人工智能公司合作才有机会做出具有竞争力的自动驾驶车型。

世界第一大汽车公司丰田公司，开发自动驾驶技术一样要和美国大学合作，其无人驾驶研究中心设在美国硅谷，在美国进行研发，同时积极收购各种人工智能初创公司。

大众、现代和本田都选择和人工智能公司合作研发，而不是自主研发，是有道理的。不要说复杂的自动驾驶，就连做智能手机的华为，尽管本身也具备较强的人工智能实力，在其智能手机上一样要和商汤科技、寒武纪等初创公司合作。

我几年前就在央视报道上看到，一汽开发了无人驾驶汽车，而且还上路了。我当时还在想，无人驾驶不是非常复杂的技术吗？中美那么多人工智能公司在做，而且从阿里巴巴到三星，一大拨科技公司都在投资自动驾驶初创公司，怎么一汽都已经做出来了？

实际上，不只是一汽，国内很多汽车公司，以及全球很多汽车公司都开发了自动驾驶汽车，但是基本上仍然是L2级别（部分自动化）为主，离真正的无人驾驶差得很远。

中国在整个人工智能产业，不仅已经形成了 BAT 三巨头，而且华为正成为人工智能第四巨头，其人工智能开发围绕手机进行。中国巨头在部分技术上已经不输给美国同行，2017 年 10 月，《麻省理工科技评论》发表 China's AI Awakening（中国人工智能崛起）时就提道："2016 年，微软发布'比人类表现更好'的语音识别系统时，只有很少的西方记者意识到，百度早在一年前就已经做到了。"

同时在四大巨头之外，还形成了商汤科技、科大讯飞、旷视科技等数百家新兴人工智能公司。

2017 年 10 月，以视觉智能为主业的旷视科技 Face++ 宣布完成 C 轮 4.6 亿美元的融资，一举创造国际范围内的人工智能领域融资纪录，打破了商汤科技 3 个月前创造的全球纪录。

在人工智能基础层的芯片领域，也出现了寒武纪、深鉴科技、地平线三家芯片公司。事实上，其他如大疆科技、今日头条也可以看作是人工智能公司。

前途无量的产业

关于人类社会的未来几十年，我有两个基本的判断。

（1）中美两国在经济总量上不仅是正在，而且未来将继续把其他国家越甩越远，我们从人工智能的发展上就可以看出来。

当一个物体变得更聪明、更智能，那它的价值就将逐渐地转移到软件上。

一部功能手机创造的价值只有短信、彩信、通话等；而一部智能手机能创造手机游戏、移动支付和购物、实时社交等更多的产业价值。做智能手机上微信应用程序的腾讯，利润率远高于中国做手机的公司。

人工智能在让城市里一切物体变得更聪明，这会导致硬件价值比例降低，软件和算法的价值比例越来越高，这对人工智能落后国家来说，是非常致命的，这意味着这些国家在全球新增产值上无法和中美竞争，只能固守硬件的老本。

再一次强调，这并不是说硬件不重要。

（2）美国依然是人工智能产业的领跑者。

我国只要跟得紧，跟得上美国，凭借规模优势可以实现总产值和利润上的赶超，同时海量资本反哺产业发展，最终一定会实现人工智能技术上的超越。实际上，我们可以发现阿里巴巴和腾讯的净利润，都已经在百亿美元级别，而且增速惊人，在逐渐逼近谷歌、微软等美国顶尖ICT公司。

我国人工智能在技术和理论上赶超美国是什么时间？

我们重温下国务院的《新一代人工智能发展规划》，到2030年人工智能理论、技术与应用总体达到世界领先水平，成为世界主要人工智能创新中心。

对现在的学生和刚毕业的年轻人来说，要赚取高薪成为社会的高收入者，投身人工智能公司可能是最简单的路径之一。

第十五章
从研发投入看各国未来

现代国家搞科技，跟以前不一样了。科技研发支出越来越高。

我小时候读书，特别喜欢看西方工业革命时期的科学家们的故事。多年过去，已经记不清这些科学家的具体事迹了，但是有一点记住了，他们很多人是凭借个人力量，在实验室甚至在自己家里就能搞出科研成果。但是到了现在，这样子搞研发就行不通了。现在搞研发越来越依赖两个输入量：一个是大规模的资本投入，一个是大规模的团队协作。

要是有一天，有个自称是985本硕博的高才生，说他独自研发出了堪比英特尔的芯片，你只需要微微一笑，就知道肯定是遇到了某些民间科学家。芯片这个东西，设计就不说了。即使搞设计，也是要买EDA工具，还要买别人的IP核。我们不说设计，就说流片。光是一个流片验证的费用之高，以至于一般的中小企业和学校都很难负担。所以一般是搞MPW，即多项目晶圆（Multi Project Wafer），就是将多个使用相同工艺的芯片设计放在同一晶圆片上流片，制造完成后，每个设计可以得到数十片芯片样品，而制造费用就由所有参加MPW的各方，按照芯片面积分摊，成本仅为单独进行原型制造成本的5%~10%，这样可以极大地降低产品开发费用。那么这个"按照面积收费",究竟有多贵呢?制程越高越贵,而且贵的倍数不是按照比例分布的。

比如 28nm 这种制程,按照 2015 年的报价,每平方毫米收费就达几十万人民币。所以集成电路先进地区,往往都会由政府出面,安排工厂给高校研究机构提供个优惠的价格流片,不然一般的学校也很难负担这么昂贵的费用。我国现在也在走这样的模式。

要是制程继续往下走,费用还会呈现几何级数的放大,华为的 7nm 麒麟 980 处理器,研发费用是以 10 亿元人民币为单位。这就导致了只有苹果、三星和华为三家大公司才有足够资金自研处理器。另外更为重要的是,只有大公司才有足够的销量来摊薄天价的成本,实现投资回收。小米自研松果处理器,成为全球第四家,真的很有勇气,但是这条路并不好走。

一个是数以亿计的资金投入,另外一个就是搭载这款芯片的机型,如果不能做到百万、千万级别的出货,那意味着芯片研发的费用收不回,还不如买高通、联发科的芯片。

可以简单地计算一下,如果一款处理器的研发费用是 5 亿元人民币,搭载这款处理器的手机卖了 1 000 万部,那么每部手机的处理器成本就高达 50 元。

世界上能够单款卖出 1 000 万部的机型真的不多,华为努力了这么多年,2016 年才有了首款销量过千万部的机型 P9,2018 年底也才有 P9、P10、P20、Mate 9、Mate 10 总共 5 个千万机型系列。华为早期的被网友称为万年不变的海思 K3V2,搭载在多款定价不同的机型上,除了后续新型号设计研发进度慢之外,摊薄成本也是重要考虑。

华为现在都是采取多款机型共享同一款芯片的策略,2017 年 10 月发布的 Mate 10 和 2018 年 3 月发布的 P20,就都是采用麒麟 970 芯片,其他如荣耀 V10 等也是用该款芯片,也可见芯片设计研发费用的昂贵。

我们买的手机为啥越来越贵?其实看到新闻,芯片制程越来越先进,从 28nm 一路到 7nm 的时候，这其中的费用是几何级别的增长，最终会传导到消费者手里。所以 OV 选择直接采购高通、联发科的处理器，也是一种选择，总体算下来更便宜。如果自研芯片，几十个亿投进去了，搞出来的这款芯片，卖一两年又落伍了，这个损失是中小公司承受不起的。搞自主研发，不只是技术问题，也是商业问题。

所以我们知道了，现代科技研发，对钱多和人多的大公司和大国越来越有利。凭借单个人的努力就能搞出重大科技突破的时代已经过去了。一个人要想单打独斗搞出高科技是不可能的，一个人想自己研发芯片，都不用到流片阶段，他就已经破产了。

自主科研，一个超级烧钱的游戏

科技越是发展，玩家就越少，这个定律不只是适用于集成电路行业，可以说对几乎一切行业都很适用。

就拿显示面板来说吧，现在全球还在玩显示面板的，就只有中日韩三家。日本现在整个国家被老龄化拖累，政府是靠不断的借债来维持运作的，因此只能靠企业自身盈利来维持研发投入，一旦企业出现连续亏损，日本政府也根本无力像中国政府一样进行大规模投入输血，以维持该领域的技术投入力量。所以该企业会陷入一个死循环，出现亏损—无力承担高额研发支出—技术上逐渐落伍—产品竞争力进一步减弱—出现更大亏损。

日本显示面板产业现状就是这样，唯一大规模量产的企业 JDI 处于连续亏损状态，而日本政府也无足够资金救场，无怪乎 JDI 在到处找钱融资。日本最大的集成电路公司东芝存储器，就在 2017 年因为东芝集团不断地亏损，被集团以 180 亿美元卖给了美国贝恩资本主导的收购联盟，贝恩资本成为东芝存储器的第一大股东，连韩国 SK 海力士也成为东芝存储器的股东。说实话,这件事如果发生在中国,即中国第一大集成电路公司海思被卖给了美国资本,那是肯定要举国哗然的。

日本人其实并不甘心东芝存储器被出售,比如在贝恩资本主导的收购联盟中,我们会发现出现了日本产业革新机构和日本开发银行这样的名字,另外东芝集团通过向收购联盟公司出资的形式,保留了在东芝存储器的50.1%的表决权。可见日本人也知道,东芝存储器作为日本最大的集成电路公司,是个宝贝,只是一旦亏损就要被外国资本乘虚而入,日本人心里虽然不太愿意,但是也没有别的选择。

这里有必要延伸说明一下这个问题。日本政府为什么在本国第一大显示面板企业,第一大集成电路企业出现经营困难的时候表现得这么弱势,无力救场,而不得不让企业求助外国资本?

我们看一下共同社的报道,日本政府编制的2018年度预算案,支出总额为97.7万亿日元。那收入呢?预计日本一年的税收收入仅为59.1万亿日元,远远比不上支出的97.7万亿日元,怎么办呢?继续发国债,新发行33.7万亿日元国债,日本自1999年起,财政收入的30%以上始终来自国债。

为什么日本政府一直要发行国债呢?日本老龄化严重,医疗支出和养老金支出很高,2018年预算中,税收收入59.1万亿日元,社会保障支出就有33万亿日元了,占了55.8%。支出后只剩下26.1万亿日元。而到期的国债得还给日本老百姓,不然就信用破产了。那么2018年需要还多少呢?23.3万亿日元。而税收收入支付社保以及偿还到期国债后,就只剩下2.8万亿日元了,换成人民币,就是大约只有1 700亿人民币不到,还没有苏州市一年的财政收入多。然而,其他还有科教文卫、军费、基础设施支出呢,这些算下来也需要25.9万亿日元。2.8万亿日元根本就不够,只能继续借钱。所以现在日本负债率一路攀升,已经是GDP的两倍多了。

那日本会不会因此崩溃?暂时还不会,虽然政府每年赤字运行,但是日本老百姓存款很多，现金存款就有900多万亿日元，其他还有股票等各种金融资产。据日本央行2018年9月20日发布最新数据显示，截至2018年6月底，日本家庭金融资产额同比增加2.2%，至1848万亿日元，其中现金和存款增加2.0%，达到971万亿日元。

日本政府目前每年新发行国债向老百姓借30多万亿日元，然后还给老百姓20多万亿日元，也就是每年从日本老百姓手中新增10万亿日元的负债，还可以挥霍下去，10年、20年都不是问题。

当然，日本政府这种借新钱还旧钱的状态，肯定是无法长期维持的，也注定了其没有太多能力去救助企业，哪怕是本国最为先进产业的龙头企业也不行。因此选择出售是一种略显无奈的选择。

回到显示面板产业，由于缺钱，日本在显示面板研发上的投入资金力量明显在减弱，因此以后的全球显示面板产业，就是中韩竞争。而韩国的主力三星，显然压力有点大，存储器芯片业务要对战长江存储和合肥长鑫，智能手机业务要对战华为、小米和OPPO、vivo，显示面板业务要对战京东方、华星光电、深天马，而中国在这三大方向上研发投入之和远超过三星，所以未来的胜负概率，其实很明显。

我们在更多的领域也可以看到几乎一样的例子。比如军事方面的第五代（或者说第四代）战斗机，现在就只有中美俄已经有飞机研制成功，连欧洲都没有。这背后的原因，美中俄的军费基本上一直维持在世界前3位，美国第1，中国第2，俄罗斯第3，俄罗斯偶尔会被挤出前3。充足的军费投入，保证了三国的军事科技研发投入力度。

而如果我们把飞机往前一代，全球的各式"三代机"就多了。中国、美国、日本、俄罗斯、以色列以及欧洲，甚至印度也有自称的国产三代机。飞机越是先进，投入研发的费用就越高，成本就越贵，所以就越是投资不起。

从上面的例子可以看出什么呢？即使是小米这样的全球巨头，日本这样的世界第三经济大国,欧洲这样的巨型经济集团,在面对芯片研发、显示面板和存储器研发、五代机研发的时候,我们都能感受到高投入门槛带来的显著效果:

小米是全球第4家自主研发处理器的手机公司,被很多人夸奖很有勇气;

日本是政府无力救助JDI和东芝存储器,不得不求助于外资;

欧洲则是对五代机开发犹豫不决进度缓慢。

我们再以轨道交通设备为例,看看全球会继续发生什么样的变化。中国轨道交通从21世纪初开始强势崛起之后,目前的世界已经形成了中国和欧洲对决的局面。世界四大轨道交通公司,分别是中国中车、德国西门子、法国阿尔斯通和加拿大庞巴迪。

2016财年来自轨道交通的营收,中车超过170亿欧元,西门子78亿欧元,阿尔斯通76亿欧元,庞巴迪大约70亿欧元。当然还有日本,2016年日立轨道交通收入为5 000亿日元,大约38亿欧元;川崎2 400亿日元,大约10亿欧元,合计48亿欧元。日本已经和这四家公司拉开较大差距。由于体量的关系,中车公司的研发投入远高于全球其他竞争对手,而技术上的投入将会逐渐传导到末端的轨道交通产品的竞争力上。

其中实力较弱的日本川崎公司,2018年10月30日举行2018财年中期财报发布会,就宣布其铁路车辆业务处于严重亏损状态。川崎重工社长表示,在自身努力无法奏效时,公司将考虑所有选项,其中包括:与其他公司合作、合并以及退出铁路车辆业务等。不过有意思的是,川崎重工宣布其亏损的原因,是因为计入了改修费用,这是什么费用呢?

2018年5月,在检查交付至华盛顿都市交通管理局的车辆时,发现列车存在焊料、布线、连接器处理等缺陷,被认为存在安全隐患,该公司交付到美国华盛顿地铁的已接收并投入使用的地铁列车有548辆。

这些地铁车辆每一辆都需要在一段时间内停运以更换布线。所有列车的维修需要分阶段完成，而不是一次完成，整体维修成本大约为 30 亿日元。国内现在，还有很多人对日本制造存在着一种近乎盲目的相信。实际上日本制造近年来屡屡爆出造假，并不是孤例。就以日本轨道交通两大巨头为例，日立在 2017 年就发生了著名的英国高铁漏水事件，而川崎则在 2018 年因为华盛顿地铁列车质量问题而陷入亏损。在未来，由于业务规模小，同时还陷入亏损，日本两家主力轨道交通企业的研发投入已经大大低于中国中车和欧洲公司，未来在技术能力上，必然开始逐渐产生差距。

而在欧洲的两大巨头阿尔斯通和西门子，于 2017 年 9 月宣布将合并。其实两家公司的合并，按照其管理层的说法，就是为了集中力量对付中国中车的威胁，因为两家各自的体量，都只有中车的一半不到。但是到 2018 年 11 月，其合并方案依然没有得到欧盟的批准，理由是两家公司在信号系统方面合并的市场份额太高，而中国中车在欧洲信号系统市场并没有什么份额，因此合并会造成垄断。

欧盟一直阻挡两家公司合并对中国中车是件好事，因为这样意味着两家公司的研发支出一直不能实现整合，依然存在互相竞争的关系，降低研发效率。而中国中车则始终可以在研发支出金额上，保持对西门子和阿尔斯通的优势。这种投入上的差距，经过时间的积累就会不断地体现在产品的竞争力上，因此欧洲审批两大巨头合并进展缓慢，对欧洲轨道交通的产业竞争力并不是好事。

后发国家是不是彻底没机会了？为什么有的大产业不需要天量研发投入？

既然现代科技是高资金投入，同时还要市场够大才能有足额的回报，那后发的国家是不是就彻底没有机会了？当然不是。即使是经济和科技大国，其研发投入也只是集中在少数的行业。不过这些行业的特征就是研发投资金额极高，因此有门槛，而且即使初始门槛被小国迈过去了，大国相比于小国仍会有很大优势，毕竟在资金上压了一头，可以保持持续的高强

PART 4
中国创造——产业跃升时代的来临

度的研发投入，长跑能力更强。

但是有很多其他行业，尤其是劳动密集型产业和所谓的夕阳产业，由于这些行业的技术早就已经发展成熟，因此对研发投入的要求没那么高。

我们就以全世界发达国家，包括中国在内的其他新兴国家为例，这些国家都经历过纺织业和服装业这样的劳动密集型产业蓬勃发展的时代。那么到了今天，这些行业还需要大量的研发投入吗？说实话很少。以纺织业为例子，中国在2017年出口了超过1 000亿美元，达到1 097.7亿美元的纺织品，而中国纺织业2017年的研发投入是多少呢？才30多亿美元。这是个连后发国家也可以负担的费用，因此后发国家和先发国家，小国和大国在资金上的差距就被抹掉了。由于技术已经成熟，所以用很小的研发投入就能促成千亿美元级别的出口，能赚到不少钱，同时还解决了大量的就业岗位。

为什么后发国家、小国家、穷国家，都必须要从劳动密集型产业做起，这个阶段不能跨越，我们从中国纺织业每年30亿美元多点的研发费用和高达1 100亿美元的出口金额就可以看出来。可以用较小的投入，获取巨大的收益，创造出大量的就业机会，同时政府也获取了不少税收，积累了推动产业升级的原始资金。

不只是纺织业，服装产业、鞋类箱包之类产业也是一样，技术早已成熟，不需要太高的技术门槛，出口可达到几百亿和几千亿美元，越南2017年服装纺织和鞋类箱包出口就接近500亿美元，这几年越南经济飞速增长，也是有原因的。

当然，对越南来说，下一步至关重要，积累起了原始资本之后，下一步必须要做更复杂的产业，越南本身有超过9 000万人口，巨大的国内市场是其优势，可以好好利用。但是，就全球范围来说，大型的有技术门槛的中高端产业，基本被大国占据，小国家只能在大型产业的细分领域"捡漏"。这些领域的特征就是，由于领域比较细分，因此对资金投入的要求不高，大国对小国的竞争优势不明显。

另外一个就是小国抱团，欧洲就是典型。当然欧洲的法德之类，在经济实力上是世界大国而不是小国，但是它们依然采取了抱团的策略。

大量的欧洲公司，其实国界的区别已经有点模糊了，空中客车是最为著名的欧洲公司合作的例子。其实这样的欧洲公司还有很多，比如瑞典和瑞士的 ABB，英国和瑞典的阿斯利康，再比如意大利的 EXOR 集团，是尤文图斯、法拉利、菲亚特、Jeep、玛莎拉蒂、SGS 等的大股东，总部设在荷兰。还有意大利的 SGS 微电子公司和法国 Thomson 半导体公司于 1988 年合并而成的意法半导体，以及现在还在审批中的西门子和阿尔斯通轨道交通业务合并等，通过抱团的形式，进行分工协作，增强力量。

全球的大型中高端产业、集成电路、汽车、电子品牌、通信设备、显示面板、航空航天、轨道交通、军工制造、制药业、油气装备等，中国现在均已占据了一席之地。而由于门槛太高，后来者大都寥寥。究其原因，科技越发展，研发费用越高，门槛越来越高。

亚洲的基础科研看中国

我们都知道，中东的以色列虽然体量小，只有 870 多万人，却是世界科技强国，中国也从以色列引进了不少科技成果。北欧国家瑞典，小小的国家却拥有大量的世界一流制造业企业。亚洲的韩国，是 2010—2017 年这 8 年全球经济 15 强中经济增速仅次于中国和印度的国家。这三个国家的共同点，就是 R&D 经费占 GDP 的比例都是全球一流水平。

2016 年的研发投入占 GDP 比例，以色列居世界第 1 位，4.251%；韩国居世界第 2 位，4.227%。值得一提的是，以色列和韩国是全球仅有的两个研发投入占 GDP 比例超过 4% 的国家，而且两国在世界第一这个位置上轮流坐庄。世界第 3 位就是瑞典，3.255%。接下来是日本，3.141%。

PART 4
中国创造——产业跃升时代的来临

国内网络上有不少文章，说日本研发投入占GDP的比例是世界第1位。其实不是，这些年日本基本保持在第3或者第4位的水平。另外，让我对中国很有信心的数据，也是我国的研发投入强度，2016年已经达到了2.108%，超过了英国、意大利、加拿大、挪威、荷兰这样的发达国家，也超过了欧盟1.935%的平均水平，而且2017年进一步达到了2.13%的水平，还在不断提升。

考虑到我国的体量，因此可以说我国研发投入非常可观了。更为强大的是美国，在经济体量世界第一的情况下，研发经费占GDP比例依然高达2.744%，比绝大部分欧洲国家，包括英国、法国、意大利之类都要高。当然，增长最快的还是中国，2013—2016年研发经费年平均增长高达11.1%，而同期美国平均增长为2.7%，欧盟平均增长为2.3%，日本最差，平均增长仅为0.6%。

我认为，各项指标中中国研发经费投入超过美国才是最为核心的标志性事件。

2017年我国研发经费依然呈现快速增长的态势，增速达到了12.3%。就看这个数据什么时候能超美国。按照IMF的数据，2017年我国经济总量是美国的62%左右，由于研发经费比例低于美国，因此差不多是美国的50%左右。

另外是日本，2013—2016年这4年的科研经费投入增速太慢，远低于欧美和中国。这几年日本制造频频暴露问题只是表象，背后是日本研发投入增长乏力，技术领先优势不断缩小甚至被反超，产品竞争力衰退，而日本制造又是高成本，因此企业不得不依靠放松质量控制的手段来维持利润。

而从研发投入数据来看，美国在发达国家中继续保持领先毫无悬念，美国在美欧日3强中，一直保持最快的经济增长速度。而从本文的数据也可以看到，美国在R&D经费投入增长方面，也是三国中最快的，这可并不是巧合。另外一个数据，我们也可以感受一下美国的力量，基础研发的投入占经费的比例,以 2015 年为例:美国为 17.2%,日本为 11.9%,中国仅为 5.5%。

另外值得一提的是俄罗斯,俄罗斯现在虽然经济发展缓慢,但是基础研发占研发经费的比例达到 15.5%,这也让俄罗斯保持了较强的基础研究实力。

另外一个值得注意的是韩国,基础研究占研发经费的比例达到了 17.2%,和美国同一水准。总体而言,韩国虽然比例高但是总额低,中日虽然总额高但是比例低。因此亚洲在 0 到 1 的基础科学研究领域,还是远不如欧美的。

由于日本的研发经费投入基本算是停滞了,韩国体量暂时上不去,因此亚洲基础研究崛起的希望还是只能在中国身上。

从研发投入看国内各省潜力

最后,我们简单看一下国内各省份研发经费投入的情况,还有几个比较特别的地方。有什么特别呢?

1. 北京和上海智力资源丰富

北京 2017 年经济总量居全国第 12 位,但是科研经费投入排到了全国第 5 位,是科研经费领先经济总量最多的省市。其背后的原因,是北京的智力资源实在太丰富。同样领先非常多的是上海,经济总量居全国第 11 位,科研经费居全国第 6 位。

2. 一个省份真的需要一流大学

我们都知道河南省引进富士康等发展电子产业集群,另外还发展装备制造集群、食品产业集群等,现在是我国北方发展较快的省份之一,经济总量排在全国第 5 位。但是科研经费总量,河南省只排在全国第 9 位,被四川省和湖北省超过了。四川省和湖北省的中心城市成都和武汉现在刚好是如日中天，都有不少一流大学。

虽然经济总量上，河南省领先不少，2017年大约4.5万亿元，而四川省3.7万亿元，湖北省3.65万亿元，但是一看研发经费，湖北省700.6亿元，四川省600多亿元，而河南省是500多亿元，反而差了不少。集中力量建设一所好大学，实现优秀智力资源聚集，对河南省很重要。

当然了，河南省至少凭借电子产业等劳动密集型产业，经济还在快速发展，也对科研经费总额起到了很大的提振作用。相比之下，河北省就比较差了，不只是没有一流大学，经济发展也不行，经济总量居全国第6位，研发投入居全国第15位，足足差了9位，这是全国科研经费落后经济总量排名最多的省份。这也多少说明河北省产业结构有问题，大量经济产出来自不怎么需要研发投入的低端产业和技术已经成熟的夕阳产业。需要大量研发资金投入的中高端产业没有起来，经济发展后劲不足。

另外一个很好的例子是安徽省，该省2017年GDP为2.75万亿元，科研经费却一举超过了福建省，而福建省的GDP为3.33万亿元，比安徽省多了不少。另外还有天津市，经济总量仅仅排在全国第20位，但是科研经费却能排到第14位。

3. 从科研经费也能看出南北经济差距还将继续拉大

除了河北省这个例子外，一些数据可以说对我很有冲击。比如我国内蒙古自治区，这样一个省级单位，2017年一年的研发投入仅为132.3亿元，同样的还有科研经费146.6亿元的黑龙江省和128亿元的吉林省。

我国2018年被美国禁售的中兴公司，一年研发投入也有一百多亿元，一个公司的研发投入，就相当于一个北方省级单位的投入了。青海、甘肃、宁夏、新疆等，一年研发经费投入只有几十个亿。北京已经成为北方的绝对核心，一年1 579.7亿元的研发经费投入，研发密度最大。

第十六章
从研发投入看中国各主要产业的未来

本章研究 2015—2017 年，中国对各个产业的研发投入情况。特制作了表 1，注意单位都是人民币和 3 年累计的名义增速。

表 1 2015—2017 年中国各产业研发投入增速

（单位：亿元，%）

排名	产业	2015年	2016年	2017年	3年增速
1	计算机、通信和其他电子设备制造业	1 611.7	1 811.0	2 002.8	24.27
2	电气机械和器材制造业	1 012.7	1 102.4	1 242.4	22.68
3	汽车制造业	904.2	1 048.7	1 164.6	28.80
4	化学原料和化学制品制造业	794.5	840.7	912.5	14.85
5	通用设备制造业	632.6	665.7	696.8	10.15
6	黑色金属冶炼和压延加工业	561.2	537.7	638.7	13.81
7	专用设备制造业	567.1	577.1	636.9	12.31
8	医药制造业	441.5	488.5	543.2	23.04
9	有色金属冶炼和压延加工业	371.5	406.8	461.6	24.25
10	铁路、船舶、航空航天和其他运输设备制造业	435.9	459.6	428.8	−1.63

续表

排名	产业	2015年	2016年	2017年	3年增速
11	非金属矿物制品业	277.6	323.1	362.8	30.69
12	金属制品业	282.7	326.3	343.2	21.40
13	橡胶和塑料制品业	242.6	278.8	307.2	26.63
14	农副食品加工业	216.0	249.7	274.6	27.13
15	纺织业	207.7	219.9	233.2	12.28
16	仪器仪表制造业	180.9	185.7	210.2	16.20
17	煤炭开采和洗选业	143.3	132.1	148.9	3.91
18	食品制造业	135.4	152.8	148.1	9.38
19	石油加工、炼焦和核燃料加工业	100.8	119.6	146.6	45.44
20	造纸和纸制品业	107.6	122.8	144.6	34.39
21	纺织服装、服饰业	90.1	107	110.5	2 264
22	酒、饲料和精制茶制造业	90.0	100.6	99.8	10.89

★数据来源：中国国家统计局官网。

我们可以注意到，电气机械和器材制造业的研发投入排在了第2位，超过了汽车制造业。

中国制造的稳定器

电气机械和器材制造业究竟包括什么呢？简单地说，这是和电力的产生、输送、使用等相关的产业。比如发电设备机组、各种变压器、整流器、配电开关、太阳能面板、光纤、电缆，还有我们手机和电动汽车使用的锂离子电池、家里的空调、洗衣机以及电灯、电磁炉、厨具炊具等。从这个产业里，我们可以看到很多知名的公司。比如国外的ABB、西门子、施耐德、松下、三菱等。

我们可以看到，在电气机械和器材制造业这个领域，国内总体已经比较强了，比如和电网建设相关的各种发电机组、各种输配电设备、太阳能面板、光纤、电缆等，国产化进度都非常快，而且实现了大量出口。

像光纤光缆领域，2017年中国已经形成了多家百亿人民币级别的大企业。以2017年企业总体营业收入为例，中天科技达到271.01亿元，亨通光电达到254亿元，烽火通信达到211亿元，长飞光纤达到103.66亿元。如果单看光纤光缆的收入，长飞光纤在2017年排在中国第1位，亨通光电是中国第2位，烽火通信是中国第3位。但是从全球范围来看，中国企业还达不到最强的地步。

2017年的全球十大光纤光缆公司，虽然中国占了5家，但是世界第1位仍然是美国康宁公司，另外日本的古河电工排在世界第4位，住友电工是世界第8位，藤仓是世界第10位，另外还有意大利普睿司曼是世界第7位，而技术含量很高的海底光缆，我国企业的份额并不高。

另外在技术上，根据我国发布的《中国光电子器件产业技术发展路线图（2018—2022年）》，到2022年，中国光纤光缆的发展方向是"超低衰减"，同时要实现超低衰减光纤光缆的国产化全产业链条，但是目前几个主要产品：硅锗料、光纤预制棒、光纤涂料、光纤光缆，除了光纤光缆，以及难度很高的光纤预制棒技术被我国公司陆续攻克，并且实现较高份额以外，高纯度的硅锗料、高性能的帮助实现超低衰减的光纤涂料等，我国还大量依赖进口。这也是我国公司的发展方向。

其他很多方面是类似的，比如电力的发电、输电、配电设备等，中国也形成了一大批世界知名的公司，例如上海电气、哈尔滨电气、东方电气、西电集团、特变电工、许继电气、正泰、德力西、大全等，对应于国外的通用电气、施耐德、西门子、ABB等，但是明显技术水平上还是差了一截。

其他例如发电设备（火力、水力、核电），早在2013年中国就占据了全球60%的产量，尤其是火力发电设备和水力发电设备，到现在已经不只

PART 4
中国创造——产业跃升时代的来临

是市场份额全球领先,在技术上也赶上了世界先进水平。在核电领域我们也在奋力追赶。

再多说一句,中国"系统强,部件弱"的态势目前几乎是贯穿于各个产业,但是实际上,随着这些年的技术和管理进步,国产元器件虽然慢于系统的发展,但是也在逐渐赶上来。只是很多人,包括我们自己都还有疑虑,究竟国产器件行不行?

我之前做项目的时候就发现,虽然国外客户认同中国的系统,但是在部件领域,对中国品牌的认可度还比较低。比如我已经不止一次遇到客户要求某个部件用欧洲品牌的情况。不过当客户没有指定某个品牌的时候,我们就一律使用中国品牌器件出货,产品在客户的使用环境中经受了数年的检验之后,客户对中国品牌器件的信任就建立起来了。每当客户质疑中国产元器件不行的时候,我们就把欧洲其他客户使用的例子拿出来,总会有客户被说服。

很多人在做项目的时候,遇到国外客户指定某个元器件品牌,一般就服从了,因为不想丢了项目。但是我们可以尽量说服客户用国产元器件,至少我们认为国产元器件在很多领域已经堪用,跟随中国的各种系统设备在不知不觉中大量出口。这里面有一个信任和机会的问题。实际上按照以往经验,只要能真的讲出用中国产元器件有什么好处,国外客户一般是持有开放的态度,毕竟在商言商。当然总体而言,国产元器件品牌在技术上和国外知名品牌仍然有差距。

除了"系统强,部件弱"之外,还存在"份额高,技术一般"的情况。电气机械和器材制造业几乎所有的子行业都是类似的情形,比如电动汽车使用的锂离子电池,2017年宁德时代和比亚迪已经到全球前3了,宁德时代出货量还是世界第1位,比亚迪是世界第3位。但是在技术上,中国公司仍然和日本的松下、韩国的三星SDI和LG化学存在差距。空调、洗衣机等都是类似,中国公司在份额上已经很高,但是在高端化、品牌化方面还有欠缺。

中国公司的份额高，是因为占据了最大头的中端领域，高端的份额还是很小。还有一个原因，一些以前曾经很高端的产业，现在因为中国的进入，已经被完全"白菜化"，最为典型的就是太阳能产业。从上游的硅料、硅片，到电池片、电池面板全部国产化，各个环节的全球份额都超过了50%，并且在技术上和国外的差距已经抹平，发达国家的光伏产业公司纷纷倒闭。可以说中国的晶硅光伏技术来源于澳大利亚，尚德太阳能的创始人就是新南威尔士大学毕业，老师是国际太阳能电池权威马丁格林教授。

施正荣2000年在中国创立尚德太阳能，一度还成为中国首富，可见当年光伏产业带给中国的冲击力。2010年全球光伏产业红火的时候，中国各个光伏大厂全部供不应求，欧洲客户抢着到中国拿产能，中国的光伏企业销售员拿订单拿到手软。一个本科毕业两三年的销售，一个月销售提成很轻松达到一两万人民币，年入20万人民币以上非常正常。不过后来补贴逐渐退坡，另外产能暴增，好日子就逐渐过去了。而到现在，可以说向中国输出了太阳能技术的澳大利亚，本土的太阳能厂家都已经破产了，欧洲尤其是德国的主流光伏厂家也基本倒闭。

总体而言，电气机械和器材制造业我认为不需要太担心，因为中国在该领域已经实现了普遍性的技术突破，同时大量出口世界，全球份额已经很高，例如家用空调格力就是全球老大。

有的技术上也已经全球领先，比如全球发电效率最高的火力发电厂，还有我们的特高压电网，全球标准都是我们主导的。但是总体而言欠缺的是高端化、品牌化。

这个领域技术盲点有，但是并不太多，国外也没有办法在该领域卡中国脖子，因为中国基本上有国产产品可以替代。

还有一个原因是，中国在光伏领域2015—2017年3年的研发投入累计增长达到了22.68%，保持了很高的增速。在前十大研发投入产业中，光伏产业增速排名到了第 4 位。

光伏产业可以说是中国制造的稳定器之一。

汽车产业的两个利好

我们再来看汽车产业，研发投入排在中国各行业第 3 位。我认为，汽车产业的发展可以说是我国最大的产业失误了，没有之一。

目前我国搞产业升级，各个主要领域都进展顺利，唯独汽车产业这个主战场进展缓慢。

我国自主品牌乘用车市场份额，从 2010 年的 45.6%，到 2017 年的 43.9%，总体居然还处于下滑的状态，这还是 SUV 市场爆发的结果，可以说这是极为罕见的情况。

2018 年第二季度，自主品牌乘用车份额更是下降到了 38.2%。原因主要还是我们搞自主品牌的时间太晚了，人为地自我压制自主品牌的发展。

汽车产业和电子产业的明显区别是：全球电子产业的消费电子品牌，较汽车产业的品牌总体非常年轻。现如今的全球消费电子 3 强：苹果、三星、华为，年纪最大的三星 1969 年 1 月成立，苹果 1976 年成立，华为 1987 年成立。其他更年轻的如 OPPO、vivo、小米等就更不用说了，小米更是 2010 年后成立。

相比之下，电子品牌实现后来居上，没有汽车产业那么难。vivo 品牌是 2009 年才创立的，到今年才 10 年。小米 2010 年成立，到现在成立才 9 年，OPPO 品牌是 2004 年创立的。华为虽然 1987 年就成立了，但是真正地下决心开始做消费电子市场，抛弃 B2B 给运营商定制手机，真正地开始做华为手机品牌是 2012 年。

汽车产业就不一样了。由于属于价格更昂贵、技术更复杂的商品，要被认可需要更长的时间积淀。韩系车被认为是全球发达国家汽车品牌的底层了，但是实际上现代汽车距今也已经有52年的历史了（成立于1967年），属于"年轻"汽车品牌。而处于全球汽车顶端的汽车品牌，宝马（成立于1916年）、奔驰（1885年）、奥迪（1909年）、丰田（1938年）、本田（1946年）、日产（1933年）、福特（1903年）、通用（1908年）等，基本都有80年以上的历史。公认比较高端的宝马、奔驰、奥迪，历史都在100年以上。因此作为昂贵的大型复杂机械，要做出品牌是需要长时间的积淀的，品牌建设走在我们前面的韩国，用了50年的时间，虽然其汽车品牌销量已经进入世界前5位，但是其汽车品牌形象依然处于最底层，可见时间的重要性。

当然也有例外，那就是特斯拉，2003年成立，仅仅16年现在已经被视为高端品牌。因为特斯拉是在电动汽车这条全新的赛道上，虽然也是汽车，但是带有强烈的电子产品属性，维度完全不同了，并且特斯拉也是站在美国汽车和电子工业的肩膀上发展。另外特斯拉从销量上来说，依然很少。

时间是自主品牌最需要的东西，而长期自我压制自主品牌，是我国最大的产业战略失误之一，这直接导致了我国自主品牌的"年轻化"。我国现在的自主车企龙头吉利，就是在2001年加入世贸组织前一天才拿到汽车"准生证"，也由此可见世贸组织对中国汽车自主品牌的推动作用。

我们说中国加入世贸组织给中国带来的好处的时候，最喜欢说的是这以后中国出口大发展，2001年之后，中国出口金额平均每年增长20%以上。但我们忽略的是，中国加入世贸组织，最好的"衍生产品"是中国的自主汽车品牌被彻底松绑了，迎来了大发展时期，这也是"对外开放能带来什么好处"的最好案例。

2001年加入世贸组织后，自主品牌汽车可以说政策上就被松绑了，奇瑞、吉利等想自己搞汽车的公司都可以公开上场了，要知道在没有加入世贸组织的时候，奇瑞即使有地方政府的鼎力支持，也还要挂一个上汽奇瑞的牌子。后面的自主品牌汽车的主要"玩家"比亚迪，2005年也进入汽车领域，如果没有加入世贸组织带来的大松绑，比亚迪进入汽车领域就不是2005年，而是要大大延后。

中国自主品牌启动的这一天来得太晚了点，如果早10年、20年，不是2001年，而是1991年、1981年就大力鼓励发展，自主品牌就可以多赢得10年甚至20年的发展时间，那么今天中国的汽车产业恐怕又不一样了。

不做自主品牌，就会直接压制汽车产业的研发投入，尤其是对本土汽车技术的研发投入。我们从表中的数据就可以看出来，到了2017年，我国对汽车产业的研发投入是多少呢？1 164.6亿元人民币，仅仅排在第3位。

排在第1位的"计算机、通信和其他电子设备制造业"，2017年的研发投入达到了2 002.8亿元人民币，几乎是汽车产业的两倍。我们再横向比较一下，2017年12月，欧盟委员会（EU）公布2017年工业研发投入排行榜，大众汽车公司研发投入为136.72亿欧元，按照现在7.9的汇率，就是1 080亿元人民币，和我国全国的汽车研发投入差不多了。

我们再看看世界其他主流汽车公司的研发投入情况。美国通用汽车76.84亿欧元，德国戴姆勒汽车75.36亿欧元，日本丰田汽车75.00亿欧元，美国福特汽车69.25亿欧元。这里较低的福特研发投入达到了中国全国研发投入的47%，丰田、通用、戴姆勒的研发投入都超过了中国全国汽车产业的50%。

不过多少让人欣慰的是，有两个数据可以说明中国在逐渐地扭转局面。

1. 在电动汽车新赛道上，中国和西方公司的投入差距大大缩小

为什么这么说？因为电动汽车发生了两个价值份额变化，一个是价值向电池转移，电池的成本占到了电动汽车总成本的四分之一甚至更高，而电池的研发投入属于电气机械和器材制造业，中国在这方面的投入很大，并不弱。

一个是价值向电子产品转移，电动汽车的"电子化"非常明显，各种电子设备、车载软件的价值占比增大，而中国在电子设备方面的价值份额和研发投入都是高于汽车产业的，而且我们要注意到"计算机、通信和其他电子设备制造业"是我国研发投入最高的产业。

电动汽车的出现，让汽车产业发生了赛道偏移，汽车产业和计算机、通信和其他电子设备制造业，以及电气机械和器材制造业重合了起来，直接导致中国合并计算的研发投入大大增加。

2. 最近3年中国对汽车产业的投入增速很高

实际上，2015—2017年中国汽车产业的研发投入3年累计增长了28.8%，是研发投入排名前15的产业中增速最高的。除了自主品牌领头企业上汽、吉利、广汽等这几年的快速增长，以及各大车企越来越重视自主品牌之外，各种造车新势力的涌入也是一个原因。

当然，隐忧是我国汽车产业在2018年遭受了市场的寒流，据中国汽车工业协会统计分析，乘用车方面的数据显示：

7月乘用车销售158.95万辆，同比下降5.3%；

8月乘用车销售178.99万辆，同比下降4.55%；

9月乘用车销售206.05万辆，同比下降12.04%；

10月乘用车销售204.68万辆，同比下降12.99%。

2018年7—10月，乘用车的销量都出现了不小的跌幅，已经影响到我国自主品牌头部企业的营收增幅，也一定会影响到我国汽车产业研发投入的增速。

这几年的房地产贷款增速过高，挤压了作为大宗消费的汽车的空间，最终也会传导到汽车的研发投入增速上面。而2018年10月开始的个税减税，可能带来一些积极的影响。

其他主要产业发展趋势

我国目前研发投入最高的产业，是计算机、通信和其他电子设备制造业。

我国在系统集成方面，已经跻身世界先进水平之列，中国设计出来的智能旗舰手机，创新力越来越强，和苹果的差距在不断缩小——从中国和全球市场销量对比变化就可以很容易看出来。华为和中兴在全球通信设备市场已经占据了主要份额，西方公司节节败退。

我国在各种外围结构件和元器件上面，都在不断取得突破，摄像头模组、镜头、金属壳、屏幕、PCB板、FPC柔性印刷线路板、振动马达、微型麦克风、微型扬声器、触摸屏、天线等都在不断获取份额，呈现全线推进的态势。

目前就硬件来说，我国最大的短板就是集成电路和被动元件（电容、电阻、电感）。

集成电路在制造方面，中芯国际可以说是突飞猛进，2018年8月，中芯国际发布第二季度的业绩公告：

"我们欣喜地告诉大家，在14nmFinFET技术开发上获得重大进展。第一代FinFET技术研发已进入客户导入阶段。除了28nm PolySiON和HKC，我们28nm HKC+技术开发也已完成。28nmHKC持续上量，良率达到业界水平。我们将继续扩展和提升我们的成熟和先进技术平台，提供给客户全面有竞争力的服务。"

这里面的信息其实很明确，那就是28nm的新工艺良率已经成熟，同时中芯国际表示其14nmFinFET工艺将在2019年上半年量产，客户来自手机芯片行业，逐渐追上手机行业的脚步，这对中芯国际来说也是个重大突破。

总体来说，计算机、通信和其他电子设备制造业在我国是研发投入最高的产业。2017年达到了2 002.8亿元，而且2015—2017年3年总计增长了24.27%，在研发投入前10位的产业中，这个增速仅次于汽车产业，排在第2位。这里面的增长动力，主要是来自集成电路产业，因此该行业研发投入将会在未来保持高增长的态势。

对集成电路行业研发投入和其他投入的提高，也带动了从业人员薪资的增长。集成电路芯片设计公司的 2018 年校招研发岗位，待遇相比去年明显提高。主要是两个原因，一个是对集成电路产业的大量投入，各种资本涌入进行投资。最为典型的就是 2018 年 4 月阿里巴巴全资收购了杭州中天微，现在变成了平头哥半导体。以国内 2015 年初才成立的芯片设计初创公司忆芯科技为例，该公司主要开发超大规模企业级 SSD 主控芯片，其研发人员分布在北京、上海、成都、贵阳等城市，团队成员 90% 以上拥有硕士学历，主要来自国内名校，或来自国际国内知名芯片和存储公司。2018 年校招的硕士生年薪范围，成都为 18.2 万~21 万元，北京、上海为 19.6 万~22.5 万元，均为 12% 的公积金。

另外一个原因是华为拉高了校招薪资水平，华为旗下的海思 2018 年大量招聘芯片设计人才，同时校招待遇大幅提高，还发了不少 SP（Special Offer）。华为海思 2018 年给集成电路专业毕业生发了不少年薪 25 万元以上的 Offer，直接拉高了行业的薪资水平。

业界从华为出来的人，似乎都有给高薪的传统，例如董事长是华为工程师出身的上海集成电路设计公司艾为电子，2018 年校招开出的硕士应届生月薪就在 1.8 万元以上，高的能到 2.2 万元。即使只按照 2 个月年终奖计算，年薪也在 25 万~30 万元了。

实际上，在一个行业或者一个企业处于高速发展的时期，往往会出现薪资倒挂的现象，也就是应届生的薪资比入职了两三年的员工薪资还高。集成电路设计专业 2018 年的校招就是这样，我相信一定有不少企业的老员工的薪资被今年的校招倒挂。这很正常，某种意义上这并不是一件坏事。

我国对 IT 产业的研发投入，本来就是各行业第 1 位，并且还在保持平均 3 年增长 20% 以上的速度。我国的芯片产业，现在需要的只是时间，以目前的发展速度，哪怕是再过 3 年，情况都会跟现在大不一样。

第四个我们需要重点关注的是医药制造业。《我不是药神》热映，国内网络和自媒体掀起了一波感谢跨国公司的浪潮，称国外药企在中国卖药就应该卖得贵，不然收不回成本就不会搞研发了。而且还出现了很多有关科学家是如何攻克各种疑难疾病的文章，这些文章都有意无意地把全球科学家在基础科学研究上的付出，算在了几家跨国药企头上。我看好多文章里面提到的科学家，其实根本就没有在这些跨国药企工作，而且有的科学家是反对药企把在自己研究成果的基础上开发出的药物拿来申请专利的。同时还有文章通过说明医药研发是高额投入行业，以此来渲染跨国公司在我国卖高价药的合理性。

请问那些渲染卖高价药合理的人，如何看待我国开展的国家谈判，利用中国市场的力量要求药企降价呢？

2017年4月，人社部公布了包含44个谈判药品的名单。人社部介绍，经过与相关企业的谈判，其中36个药品谈判成功，成功率达到81.8%。与2016年平均零售价相比，谈判药品的平均降幅达到44%，最高的达到70%，大部分进口药品谈判后的支付标准低于周边国际市场价格。

事实上，跨国药企和其他行业的西方跨国公司没有区别，之所以可以在中国卖高价药，背后的原因就是高技术门槛带来的市场垄断，缺乏竞争。

我们可以观察，一旦有同样效果的国产药上市，他们就会立即降价。2018年12月央视就报道了这样一个事情，国内工程机械领域的徐工集团，在2016年之前是一直不能生产起重机控制系统的，包括软件和控制器硬件，而国外供应商一直拒绝将最新的控制系统卖给徐工集团，导致徐工集团需要做性能升级匹配的时候，受制于控制系统的性能。同时如果徐工集团要为某个客户调整参数，供应商排期要一个月，然后才能派工程师到徐工集团，徐工集团还需要付费。起重机的控制器，国外供应商提供的价格是7万元，而2012年国外供应商听说徐工集团要开始自研控制系统，立即威胁将价格提高到10万元，希望中方停止研发。徐工集团的团队在2016年成功地做出了自研的控制系统，一个控制器才3万元，国外的供应商就立即降价到4万元。

全球制药公司，尤其是跨国药企的利润率普遍很高。我们上财富中文网站上看看2018年世界500强名单，苹果营业收入2 292.34亿美元，利润483.51亿美元，利润率21.09%；我们再看一下美国辉瑞制药，作为美国最大的制药企业，营收525.46亿美元，利润218.08亿美元，利润率为41.5%。这是电子行业标杆企业对制药行业标杆企业，可见制药业的利润之高。

如果你要说，并不是每家药企的利润率都像辉瑞这么高，那么现在我可以告诉你，手机电子品牌行业更是这样。苹果一家就攫取了大部分利润，除了苹果、三星、华为、OPPO、vivo等少数几家，一大堆公司都是亏损的，研发投入高不是卖高价的原因，缺乏竞争的垄断才是。

华为的研发投入高，每年研发投入近1 000亿元人民币，秒杀全球所有的药企研发投入，没有任何一家药企比得过华为。然而华为的净利润率却只有7%左右，在很多国家，华为不惜全网赠送通信设备给客户。

是华为心地善良，不想卖高价吗？当然不是，是因为有三星、诺西、爱立信这些竞争对手在。实际上，在华为等中国公司进入这个市场之前，西方公司就是卖高价的，我们应该还记得20年前家里装一部固定电话就要几百元初装费的时代。

我们要记住一个真理：价格，从来都是市场竞争决定，而不是投入成本决定的。否则这个世界上就不会有亏损的企业了，竞争是获取合理价格的最有力武器，所以医药制造国产化对我们如此重要。

我国的医药制造业，目前还处于很落后的阶段。2017年的全行业研发投入，仅仅只有543.2亿元，排在所有行业的第8位，甚至低于黑色金属冶炼和压延加工业、专用设备制造业等传统的重工业制造部分。

当然值得欣喜的是，医药制造业2015—2017年3年研发投入增速达到了23.04%，在研发投入超过400亿元人民币的十个行业里面，增速排在第4位。我国目前已经出现了一批年营收超过100亿元人民币的医药制造业企业。

研发投入在国内处于领先地位的几家药企，2018年上半年恒瑞医药累计投入研发资金9.95亿元，比上年同期增长27.26%。复星医药2018年1—9月，研发费用共计11.14亿元，较去年同期增长59.13%，其中第三季度研发费用为4.05亿元，同比增长69.65%。上海医药2018年1—9月研发费用投入7.56亿元，同比增长50.31%。其他正大天晴（中国生物制药的子公司）、海正药业、科伦药业、豪森药业等药企，其研发增速都很快，并且快于行业平均水平，可见中国制药业在逐渐地走向集中化。

可以看出，复星医药和恒瑞医药这样的领头羊企业，尽管研发增速很快，但是基数还处于赶不上跨国公司零头的水平。不是10倍的差距，而是更多。全球几大医药巨头，强生、诺华、辉瑞、罗氏、拜耳，营收都在3 000亿人民币以上，研发投入普遍达到四五百亿人民币。

制药业是一个很大的产业，而且是一个高薪资高技术的产业，这个产业的发展，能够给化工、生物、药学等各大类的毕业生带来更多的高薪机会。中国目前的高薪机会，高度集中在互联网产业，以及以智能手机为核心的电子制造业，目前正在蓬勃发展的半导体产业、汽车产业、制药业等，都能够带来不少高薪就业机会。

中国对制药业的研发投入，目前是位于所有行业的第8位，但是其增速显著地快于第4~7位，因此其很可能在未来成为仅次于电子、电气、汽车的第四大研发投入产业。

第五个我们关注下化学原料和化学制品制造业。化工制造业，我国其实到现在还很落后，和前面电子、汽车、制药、电气四个蓬勃发展、高薪岗位不断增加的产业相比，化工制造业规模非常大，但其中很大一部分是属于传统的成熟产业。

该产业发展倒是比较稳定，2017年全行业研发投入为912.5亿元，非常接近汽车产业的水平，排在所有行业第 4 位，3 年总共增长了 14.85%，增速低于全国平均水平。

2018 年 7 月 30 日，美国《化学与工程新闻》（C&EN）杂志公布最新的"全球化工 50 强"榜单，德国巴斯夫依然是世界第 1。

当然，中国有 3 家入围，中国石化世界第 3 位，已经被中国化工集团收购的先正达排在第 34 位，万华化学排在第 43 位。相比于 2017 年全球 50 强中国只有中石化孤零零一家，2018 年多了 2 家，不过还是比较惨淡。当然，和其他各种排名一样，该排名也是因为有的中国企业并没有申报和提供数据，不然中国企业数量还会增加。

总体而言，相对于中国的整体速度，该行业的总体发展还是相对乏力的。但是因为这个产业规模非常庞大，所以在里面很多领域，中国公司有极大的产业升级机会，也能给个人带来机遇。

以生产 MDI，目前国内化工届炙手可热的万华化学为例，该公司这几年迅猛发展，全球份额不断提升，2017 年拥有员工 9 165 人，2017 年人均薪酬 26.43 万元。而在 3 年前的 2014 年，该公司的员工总数为 7 250 人，人均薪酬为 13.05 万元。尽管人均薪酬不代表公司员工普遍水平和中位线，但是我们也可以看出，产业升级带来的公司薪酬能力的巨大变化，3 年实现人均薪酬翻番。

2017 年底，万华化学雇用了 97 名博士、1 066 名硕士、2 137 名本科生、4 442 名大专生和 1423 名大专以下学历的员工，他们可以说都是这几年万华化学发展的受益者。

我们日常接触的化工产品，最常见的日用化工品包括化妆品，这个领域其实差距非常大，而中国公司的增长也是不温不火，还没有出现大规模替代的现象。

以国产化妆品龙头上海家化为例，2018 年上半年营业收入为 36.7 亿元，同比增长 9.29%；上半年的研发支出仅为 0.67 亿元，只占收入 1.83%。

当然了，总体而言，国产化妆品的份额还是在不断上升的，2012—2017年，本土品牌化妆品在中国市场前20位品牌的合计市场份额中的比例，从2012年的10.8%增长到2017年的20.9%。

我们再以基础的化工产品乙烯为例，这是石油化工工业的核心产品，或者说是标志性产品。然而全球乙烯产量最高的国家并不是中国，而是美国，中国是世界第2位。目前我国仍然需要进口乙烯，如果加上使用乙烯制作的下游化工产品，实际的需求量更高。

2017年，我国对乙烯的需求量，加上由乙烯制作的主要产品聚乙烯、苯乙烯、乙二醇进口量折算，大约在4 000万吨，然而我国2017年乙烯总产量只有1 800万吨左右。

聚乙烯是由乙烯制作的主要产品，约占我国乙烯总需求的64%。广泛地用于塑料薄膜、城市市政工程的塑料管道，我们平时用的塑料袋、保鲜膜，你买的零食的包装袋都包含有聚乙烯材料。然而2017年我国聚乙烯产量1 398.6万吨，净进口1 155.1万吨，总计消费2 553.7万吨，对进口的依赖很高。当然这跟原料也有关系，化工产品的原料无非石油、天然气、煤炭三大项，其中主要来自油和气。美国油气资源丰富，成本低廉，这也是其化工工业强大的原因之一，另外我国也从沙特、阿联酋、伊朗、新加坡等国大量进口聚乙烯。

其他还有著名的对二甲苯，我国也不得不从国外例如日韩大量进口。

化工产业和电子、汽车、制药这些火热性的产业不同，总体而言化工产业很多是大量生产的常见产品，技术也相对成熟，属于传统重工业领域。化工装置的资本投入金额非常高，同时化工产品的价格受资源价格影响大，因此总体相对其他产业来说薪资不高，利润率不高。但是在里面很多具体领域，我国有很大的进步空间，尤其是可以直接面向消费者的领域，比如化妆品、轮胎等，是可以有较好的利润空间的。

这个行业由于资本密集型和高投资的特征，更多地会依赖国家的布局，会跟随国家整体实力的进步而进步。

第六个是专用设备制造业和通用设备制造业。所谓通用设备就是能够给一个以上行业使用的设备，最为典型的就是螺钉、螺母、密封件、弹簧、紧固件、风扇、机床、锅炉、铸造机器、轴承、齿轮、叉车、工业机器人等。

我们可以看出来，这个行业除了少数领域以外，大部分领域肯定是赚不了大钱的。2017年对该行业的研发投入为696.8亿元，排在所有行业的第5位，但是3年增速仅为10.15%。我们从该行业的代表公司也可以看出来，规模最大的就是做汽轮机和燃气轮机的企业，例如上海电气，2017年净利润也就是26.6亿元。

工业机器人产业，也属于通用设备制造业，目前蓬勃发展，这也是该行业的一个很大增长点，代表企业就是库卡、埃夫特、汇川技术等。应该说机器人产业会诞生一批高薪岗位，工业机器人是通用设备制造业领域最为耀眼的一个产业，以后的发展潜力非常大。前文提及过，目前国内的知名国产机器人厂家，已经能给应届硕士开出20万元左右的年薪，可见这个产业的发展潜力。其他还有激光器，代表企业就是大族激光，激光的用途很广，可以用来打标，也可以用于不同行业的产品加工等。

专用设备制造业，包括比如食品加工机械、矿山开采机械之类。比较受关注的行业就是半导体生产设备，比如北方华创、中微半导体，还有工程机械公司，例如徐工集团、三一集团、中联重科等。还有就是油气资源开采专用设备，这一块是非常大的市场，一部陆地石油钻机加上服务就是过亿人民币的合同价值，这方面中石油是全国的龙头企业，2018年1—10月，中石油装备制造旗下的五家直属企业，实现销售收入222.1亿元。

医疗器械是我国目前比较弱的方面，国内器械领域的三巨头，迈瑞、鱼跃、联影增速都还不错。迈瑞公司2018年前三季度实现营业收入102.8亿元，同比增长23.19%；归属于上市公司股东的净利润28.97亿元，同比增长45.27%；鱼跃医疗前三季度营收31.8亿元，增长18.12%，净利润6.28亿元，增长19.06%。

还有农业机械制造，目前我国农机方面也比较弱势，需要进口的金额较高。

专用设备制造业2017年的研发投入为636.9亿元，2015—2017年3年增长了12.31%，总体来说增长也不快，慢于全国平均水平。这里面的一些细分领域，会诞生一些高薪的岗位，比如技术和利润都较高的医疗器械行业、半导体生产设备行业等。

第七个我们关注下唯一研发投入出现下降的产业。除了六个比较重要而且关注度高的产业（电子、电气、汽车、制药、化工、专用设备制造和通用设备制造）之外，值得注意的是，我国研发投入达到和超过100亿人民币的22个产业中，有一个产业出现了研发投入下降，而且是22个产业中唯一出现下降的产业，那就是"铁路、船舶、航空航天和其他运输设备制造业"。

这个运输设备行业出现研发投入下降，原因有两个。一个是铁路已经是传统市场，曾经是增长点的高铁，其技术和市场已经逐渐成熟和饱和，已经没有大幅增长的空间。

中国中车2015年度实现营业收入2 419.13亿元，同比增长8.98%；而到2017年，中车全年营业收入2 110亿元，同比下滑8.14%，收入还不及2015年，研发投入当然没有太大增长的空间。

第二个原因是船舶产业现在中日韩竞争激烈，整个行业增长乏力，经营惨淡，研发投入也没有太多增长的空间。实际上我国船舶产业的增长主要靠军事工业来拉动，大家都知道我国目前号称每年下水一个舰队，大量的军舰在建中，其实是船舶工业的一个亮点。

运输设备最大的增长机会还是来自航空航天产业，中国商飞目前在日益壮大。根据央广网2018年11月16日的消息，中国民用航空局在推进

C919飞机型号合格审查工作，中国商飞公司综合考虑研制进度和取证工作量，希望于2020年底取得C919飞机型号合格证。

第八个，也是最后一个值得关注的是仪器仪表制造业。我们进口的第三大工业品就是仪器仪表，2017年总共进口额为454.6亿美元，尤其是科研领域，非常依赖从国外进口高端科研设备。虽然国产仪器仪表近年来发展非常迅速，但是与外国同类产品总体来说差距仍然非常大，例如实验室的高端科研仪器基本上还是依赖进口。

仪器仪表行业究竟包括什么呢？试验仪器、光学仪器、医疗仪器设备、环境监测仪器仪表、工业自动化仪表与控制系统等。我国在仪器仪表领域的研发投入目前非常少，2017年仅仅210.2亿元，2015—2017年3年总共才增长了16.2%，这个速度离赶超世界先进水平还有很长的距离。在以后相当长的一段时间里面，我们还将面临实验室、科研院所、工厂等依旧依赖进口的情况。

2017年，中国仪器仪表行业规模以上企业4 622个，实现主营业务收入10 323亿元，同比增长10.71%。我们和进口的454.6亿美元对比，2017年出口为278.1亿美元，逆差达到176.5亿美元，比起2016年还增加了16.8亿美元。

所以说中国的制造业并不是只有芯片产业逆差在持续扩大，仪器仪表产业也是一样。虽然我国也能制造一些高附加值的仪器仪表，例如显微镜、压力测量仪表、测距仪、水平仪等商品出口金额较大，但仍未改变现状。

总体而言，我国仪器仪表企业规模都还很小，虽然也在不断整合，但是比较知名的企业，其营收规模也就十几亿元人民币，全行业只有2家公司营收超过了100亿元人民币。随着工业自动化在中国制造业的迅速发展，对各种仪器仪表的需求还会不断增加。同时，我国电力、燃气和水务三大领域，由于政府有不断实现自动化的诉求，对智能电表、智能气表（煤改气)、智能水表的需求也在迅速上升,因此我国电子技术的发展也多少可以让仪器仪表产业受益,像做气表和水表的金卡智能和新天科技,企业营收和利润增幅均达到40%以上。

另外就是我国非常弱势的科学仪器仪表领域,和机床行业类似,由于外资品牌在市场上非常强势,我国目前也在依靠军工产业发展推进科研仪器仪表的国产化。

不过由于2017年中国开始了"环保风暴",尤其是随着国家对水、气、土污染整治力度不断加强,导致国内对环境监测专用仪器的需求增加。不只是政府机构的需求增加,国内企业为了应对环保的压力,也产生了采购仪器仪表的诉求,同时环保对减少和降低各类废弃水、气、固废等排放的压力是不可逆的,国内的龙头企业,例如先河环保、雪迪龙、聚光科技等,增幅都较快,2017年都大于20%。

最后一个是传感器了,这方面我国也很落后。但是我国物联网的发展,对于传感器的要求增加,因此也会出现电子产业的资本进入传感器领域,或者和传感器领域的国产厂家合作,共同推动国产发展的情况。

其他行业,本文先不关注了,或许还可以看一下我国钢铁产业去产能的结果。我们都知道,我国从2015年底开始的这几年,钢铁产业进行大裁员,根据工信部的数据,从业人员在2015年底还有362.7万人,到2018年5月,从业人员只有226.8万人,两年半的时间减少了135.9万人。

另一方面,黑色金属冶炼和压延加工业的研发投入,也跟随去产能出现了变化,2016年全行业研发投入为537.7亿元,下降了4.2%,而到了2017年,则出现了18.8%的大幅增长。2017年我国钢铁产业也出现了业绩大幅回升的情况。

下一个职业"风口"

做一个简单的总结,从研发投入看我国制造业的发展。

1. 以后高薪岗位将集中在电子、汽车、制药三大产业里面,尤其是电子相关产业

我们都知道程序员是一个普遍的高薪群体,这是过去十几年中国的一个很显著的变化,至少几百万中国家庭成为高收入家庭,哪怕是从全球范围来看,中国的程序员都是高薪群体。

但是其实我国以智能手机为核心的消费电子产业也是一个高薪产业,虽然无法和互联网相比。本科毕业生在华为、OPPO、vivo、小米这样的公司工作5年以上,拿年薪50万元以上并不困难。早在五六年前,深圳有的中小型手机方案公司,就能够做到十几个人的销售团队年终奖300万元人民币。华强北是一个大量造富的地方,在华强北有很多创业的老板,可以说学历和能力并不高,但是因为敢闯敢拼,造就了不少高收入者。"80后""90后"做老板,手下雇用几个人、十几个人甚至几十个人的各种小公司在华强北比比皆是。

在系统之后,核心零部件将是电子产业下一个高薪岗位方向,其中最主要的就是半导体器件,另外还有显示面板、摄像头(镜头)等。以显示面板为例,全国目前在不停地建厂,对工艺人才的需求在不断增加,虽然总体而言,显示面板产业离高薪产业还有距离,但是由于产业的广阔性,也会产生大量高薪岗位。

大陆面板企业,从京东方到华星光电,由于本土技术人才的缺失,大量雇用台湾地区的工程师和主管,也雇用了韩国的工程师和主管,雇用人数动辄数百人甚至上千人。台大教授甚至说"华星光电就是台湾人培养起来的",其支付的薪酬也非常给力,实际上如果不能给出几十万甚至百万人民币的年薪，根本没有办法吸引来自显示面板行业的人才。而本土的人才相对工资较低，这种现象是技术能力缺失的结果。

制药产业虽然目前的研发投入仅仅排在所有行业第 8 位，但是从其增速来看，逐渐进入前 4 位是可以预期的。制药产业也是美国的核心产业之一。

在电子、汽车、制药三大产业之外，电气机械和器材制造业（锂电池、输配电设备、光纤光缆等），化工产业（高端化学品和原料制造、新材料），通用设备制造业（工业机器人、激光器、注塑机），专用设备制造业（医疗器械、半导体生产设备），铁路、船舶、航空航天和其他运输设备制造业（民用客机研发制造）这 5 个产业，也会有一些子领域产生较多的高薪岗位。但是总体而言，高薪岗位的数量或者比例是没有办法和以上 3 个产业比较的。

当然，电气行业可能以后是个例外。因为电气行业是以上 5 个行业中唯一一个整体全行业研发投入 2015—2017 年 3 年增加了 20% 以上的，大大超过了其他 4 个，说明该行业中大部分产业的研发投入增长较快，未来也可以期待成为一个次高薪的行业。比如锂电池制造，在深圳有 5 年工作经验的本科生，到 ATL、欣旺达、惠州德赛电池等公司，拿 20 万元以上的年薪并不困难。

电子、汽车和制药业，2015—2017 年 3 年研发投入增速都在 20% 以上，必然会带动行业薪资增长。汽车产业的薪资现在其实还不行，这是因为自主品牌发展不力，但是随着该行业研发投入逐渐增加，国产汽车品牌逐渐高端化，未来是可以预期的。

2. 中国比较大的落后产业

我们现在需要大量进口的工业品，除了半导体产业工业品之外，还有汽车和零部件、化工产品、仪器仪表、民用航空飞机、制药和医疗器械、电子元器件六大项，这些都是我国进口前 10 位的工业品。

我们从研发投入来看，六大项里面民用航空飞机、制药业、电子元器件、汽车制造4项增速较快。化工产业研发投入金额还可以，排在各大产业第4位，但是增速不快。仪器仪表产业研发投入较少，2017年才210.2亿元，基数太小，而且增速虽然还可以，2015—2017年3年的累计增速为16.2%，但低于3年增长20%这个高速平台，而我国一年还要进口价值共计450多亿美元的仪器仪表。

另外再强调一次，我国军工产业对落后产业的拉动作用。在我国目前比较惨淡、处于亏损状态的机床产业、船舶产业中，军工牵引的需求成为行业的一个强心剂，华中数控参与的换脑工程，就是以沈飞、航天科技等军工企业为主，保证国防工业自主可控。中国海军订购军舰，也为我国船舶企业在市场大环境不好的情况下提供了稳定的利润来源。

同样的还有民用航空工业，由于在军用飞机和军用航空发动机领域的一系列技术突破，也为以中国商飞为首的民用航空工业的发展提供了助力，实际上如果看中国商飞的供应商，会发现各个军工航空系统企业赫然在列。

另外还有科研使用的仪器仪表工业等。在商用市场追求科研成果而购买外资品牌，国产科研仪器仪表缺乏足够市场空间的情况下，军用需求的拉动也提升了国产科研仪器仪表的技术水平。

3. 以IT电子产业为核心，各个行业正在逐渐交叉，方向在逐渐重合

最为典型的是仪器仪表行业，尽管这是我国的落后产业，但你会发现仪器仪表行业在和电子行业的物联网迅速地交融在一起，而电子行业是目前我国研发投入的优势方向，因此尽管仪器仪表行业研发投入惨淡，但是可以因为方向逐渐交叉，从而接受电子产业高研发投入的外溢。

以智能城市概念为例，国内例如华为、中兴、小米、海康威视、阿里巴巴，乃至于腾讯等都在搞。同样的还有汽车产业，汽车在逐渐从机械产品向智能产品转化，而我国在智能电子产品方向，不管是全球市场份额，还是研发投入，都明显比汽车产业方向更有优势。

因此我国在电动汽车时代，一定会比在燃油汽车时代占据更高的全球份额。值得注意的是，所谓的交叉，其实都是电子产业和某个产业交叉。也就是说，每个产业都在逐渐地"电子化"，并且融入物联网当中，互相连接在一起，这个连接让原本两个不相关的产业产生了交叉。比如仪器仪表行业的电表、水表、气表，原来都是人工抄表，现在智能化之后，成为物联网的一部分，电表、水表和气表也实现了电子产品化。汽车在电动化和电子化之后，也通过车联网融入网络之中。理论上，我们也可以在汽车里面读取家里电表、水表、气表的数据。我们的汽车和家里的水表，原本是两个不相关的东西，它们分属于汽车产业和仪器仪表业，因为都实现了电子产品化，所以连接在了一起，这就是电子产业向所有产业渗透的例子。

这也就解释了，为什么5G和半导体（芯片）如此关键，为什么全球的大公司都在竞相投入，为什么美国对中国的5G技术和集成电路发展如此忌惮。因为负责连接的5G和负责产品电子化的芯片，是两个实现各个产业走向交叉融合的核心技术。

不同的产业交叉融合有什么好处？最简单的，可以实现优势产业带动弱势产业的发展。我国的智能手机产业就是个例子，华为是全球通信设备领域的龙头，但是在手机领域曾非常弱小，市场份额被国外品牌占据，其实手机本质上也是个通信设备，因此在华为转向做手机之后，技术上能够迅速地实现进步并且占领市场，尤其是极容易遭到专利侵权诉讼的国际市场，这跟其在通信技术方面的积累是不无关系的。相比之下，其他国产手机厂家走向国际市场，都需要大量地购买专利，以避免被诉讼。

再举个例子，我们一提起大疆，都知道是研制无人机的，但是鲜有人知道大疆已经进入农业专用设备的领域了。大疆开发的植保无人机和播撒系统，都瞄准了农业市场。再比如国内的舜宇光学，我们都知道是国内消费电子品牌的供应商，但是舜宇光学同时也开展了显微镜业务，而显微镜是属于仪器仪表制造业。总的来说，电子产业正在以超出人们想象的速度向所有产业渗透。

尽管现在汽车产业仍然是中流砥柱行业，但是随着各行各业的电子化，或者说智能化，从长期来看，各个国家之间的核心竞争还是 IT 电子技术（软件和硬件）的竞争（注意不是说其他产业不重要），其产值将会越来越大，实现在所有产业中的产值最大化。目前炙手可热的 5G、半导体、物联网、人工智能、云计算等，都属于 IT 电子产业。

我们看看美国人的市场估值里，特斯拉甚至高于福特、通用这样的美国老牌汽车厂家，显然特斯拉的强项并不在于机械技术，而是 IT 电子技术，这也充分说明了美国对未来趋势的判断。

因此，可以简单地说，作为普通员工，要想收入还不错，学 IT 或是最好的出路。